云在青天水在瓶

观虚斋教学侧记

戈国龙　新　弘　著

华龄出版社

图书在版编目（CIP）数据

云在青天水在瓶：观虚斋教学侧记 / 戈国龙，新弘
著 . -- 北京：华龄出版社，2024. 10. -- ISBN 978-7
-5169-2912-4

Ⅰ . B223.05

中国国家版本馆 CIP 数据核字第 20242DZ842 号

策划编辑 董 巍	**责任印制** 李末圻	
责任编辑 郑 雍 谷慈音	**装帧设计** 华彩瑞视	

书 名	云在青天水在瓶：观虚斋教学侧记	作 者	戈国龙 新 弘	
出 版	**华龄出版社**			
发 行	HUALING PRESS			
社 址	北京市东城区安定门外大街甲 57 号	邮 编	100011	
发 行	（010）58122255	传 真	（010）84049572	
承 印	运河（唐山）印务有限公司			
版 次	2024 年 10 月第 1 版	印 次	2024 年 10 月第 1 次印刷	
规 格	710mm×1000mm	开 本	1/16	
印 张	27.5	字 数	296 千字	
书 号	ISBN 978-7-5169-2912-4			
定 价	88.00 元			

目录

观虚自序

　　《云在青天水在瓶》是观虚斋教学的一部独具特色的作品，它既不是我的学术专著，也不像《飞翔的翅膀：中国文化的生命智慧》这一类由完整的观虚斋教学课程记录而成的书，而是由我在日常生活中与道友的谈话以及点点滴滴的教言汇集而成。由于谈话的对象不同，场景各异，应机而发的智慧灵感也就别具风格，读来更加亲切有味。这不同于通过思考与想象所构思出来的各类作品，它所记录的完全是真实的生命体验及其智慧洞见。

　　在某种意义上，此书可以看作是一部访谈录，真实记载了诸方道友参访观虚道人时的对话与问答，也记录了新弘作为学生和助理与我"在"一起修学的金色时光，记录了观虚斋教学在不同场合下的智慧教言以及新弘聆听这些演讲时的真切感受，生动体现了观虚斋教学在日常生活中的运用。今天重校此书，我也深切地感受到观虚斋教学"出山"以来，那最初几年朝气蓬勃、意气风发的气象，这种觉他事业中的智慧呈现正好在某种意义上可以和"道上的风景"系列所呈现的自觉境界相互辉映，也为观虚斋教学描绘了一段浓墨重彩的华章。

　　这本书可以说综合体现了观虚斋教学的主要内容与精神境界，是一本可以一窥观虚斋教学智慧精髓的佳作。这本书能够得以完成，新弘付出了艰辛的劳动，功不可没！如果读者能够从这本书中有所收益，那也要感谢新弘的辛苦记录与整理，我只是对新弘的记录稿做了必要的校订。在整理与记录的过程中，新弘也加以了自己的创作与发挥，使本书有了别具一格的风貌。当然，这本书的思想观点都是观虚斋教学智慧的体现，为了表示对本书内容的高度负责，我仍然作为本书的第一作者。

　　一切道上的风景，都是无限本性的幻化游舞，所有观虚斋教学的教言警句，也不过是吾人明觉妙心的自然呈现，万法如如，法住法位，平平常常，此所以道人最终将此书名为《云在青天水在瓶》之故也。

戈国龙

2023 年 11 月 23 日

新弘自序

观虚书院的虚拟道场成立以后，我有幸作为助理与戈师一起弘扬观虚斋教学，多有机会聆听戈师的智慧教言。每每有道友来访，品茶谈道，听得会心处，法喜充满，仿佛身在极乐世界，听佛讲法，好几个小时的谈道仿佛一瞬间就过去了，从此知道所谓的"天上一日，地下一年"，原来如此。时间只是相对的，在你静心的一刹那，时光就永恒了。走进道的世界，沐浴正法的滋润，让我每天有生活在天堂之感！

我越来越觉知，越来越回归中心，对一些事情的看法、想法也不一样了，这让我的生活充满阳光。

戈师说："人常惧修行妨碍自己的快乐——实际上一般人只知欲乐之为乐，不知无欲而清明，修行之清苦中亦自有无限风光也。"修行真是太好了！从此知道了真正的快乐。真正的快乐非欲望之乐，非我执、法执下的享乐，而是你无我，进入大我，是生命境界不断提升与智慧的增长，是融入存在后，超越小我，活出真我的喜悦……我深深体味到，一个觉知、全然地生活的人，活在喜悦、自在中的人生，和你每天无明烦恼不断的人生，是那样的不同！

在享受戈师的法雨滋润、享受到法喜的同时，就产生了分享的念头。

最初的写作只为方便自己学习戈师的教法，偶尔也把整理好的文字在朋友圈与少数道友分享；后来我想，何不整理成书，让世上有缘的人都可以读到戈师的法语，将观虚斋教法弘扬出去？戈师自己著作的书，相对来讲比较高深一些，而这些谈话更贴近生活，真切有味，像小说一样，更容易为一般读者所接受，普及面更广，能让更多的人享受正法的指引；其中的答疑解惑也能使有一些修行功底的人心开意解，同时也更了解到戈师的生活，从我这里，更多地得到戈师的法雨的滋养。播菩提种，让更多的人开智慧花，远离无明烦恼，过喜悦自在人生，此新弘写此书之愿也。

我也曾想过，自己修行尚浅，能写得好吗？但后来戈师鼓励我："做一件事关键看发心，看是为我，还是为人？写此书不为自己，是要本着一颗分享的心。"在写了一段时间后，我也有感悟：写作源于生活，又高于生活，没有生活之外的写作；修行始于生活，又超越生活，生活是最终的道场，没有生活之外的修行。戈师的法语能感动我，这些平实而闪耀智慧火花的语言，我想一定也能感染到你。我只是一个桥梁，一个灵媒，在戈师谈道的分享中，重点不在场景渲染，文采飞扬，而在戈师的教言——真理如是的力量才是重点！把智慧传达给你，把真实的场景分享给你，就 OK 了！这是我期望传达给你们的，也是我沐师恩后衷心的分享。让戈师的教言传播出去！法界的信息，通过戈师传给我，我通过文章传给你们，希望点燃你们的心灯，灯灯相传，光传无尽，让正法传播出去，恒久住世，利益久远！写到此不禁热泪盈眶。

书中也伴随我的一些修行随笔。随笔有的是我的修行感悟和心得，或是我对道的窥见；有的是我和师一起生活中，与戈师水边林下漫步时听闻的教言，餐前餐后的引导，生活小事中的启迪；或由师的言行所引发的感悟与思索，或是师直接对我的开示……生活在一个觉悟的人的身边，你必须十二分地警觉，他能捕捉到你的任何一个起心动念，时不时就有被旁敲侧击的危险！当然，这也是幸福生活的一部分。他会给你任何你要做的功课，让你超越你自己。

生活在戈师的身边，与师"在"一起，真是金色的时光！戈师于我，如兄如父，如师如友……这不是普通的爱人，这是无边的大爱，是慈悲之光的照耀。戈师的法语和爱如阳光，温暖着我，照亮我前方的世界，使我的生活充满了浪漫与神奇、激情与欢笑……生命中的无限潜能，在戈师的启迪之下被焕发出来，存在的奥秘一步步地呈现。

在我尝试着发了一篇文字之后，戈师评论说："教言若珍宝，随风而散落；今日得承传，赖君勤记述！积沙成塔后，洋洋可大观；后之览书者，千载感新弘！"戈师的话语，给了我无尽的鼓励！愿我不负师恩，精进修行，永远追随戈师，一起修道证果，弘法利生，同发菩提心，共行菩提道。

本书的主要内容是夫师观虚道人日常生活中与道友的谈话及教言的集录，我只是一个记录者，而且全书都经过戈师的校订，所以第一作者当然应该是戈国龙教授，我能以第二作者的身份与戈师共同署名出版这部独具特色的书稿，深有荣焉！

新弘

2020 年春初稿，2023 年冬定稿

太极拳之道

　　今天几位练太极拳的朋友来访，听师讲如何将太极拳转化到道；如何融道于太极拳。道无处不在；太极而无极，由拳入道。大家受益！

　　他们是在我的影响下对戈师感兴趣的，一位是我的太极拳老师朱先生，武术六段，陈氏洪派第三代传人，还有我的三位师兄天津蒋家骏太极拳研究会会长张先生，同时也是一位生产红木家具的企业家老总；二师兄宋先生，企业家；退休老干部赵师兄。几个人都打太极拳多年，于武术颇有造诣。

　　坐定后，师讲了一些修道的基本原理和境界，然后说：

　　"人体要阴阳两个方面合一，就是内丹讲的阴阳交媾，水火交媾。平时我们精神是向外发散，能量是向外流、向下流，精神向上发散。我们把这个精神比喻成火焰，火焰向上冒，能量比喻成水，水向下流，一个向上，一个向下，就分开了，那么你静心的时候，你把这个火，心火往下，就好像一个炉子一样炼丹，火在下面，能量在上面，这个时候，你就可以炼精化气，炼气化神，炼神还虚了。"

　　这时张会长悄悄站起来到对面开始摄像，宋师兄也掏出了手机开始录音。

师并没有受到这一切的影响，他觉知着这一切的发生，非常地归于中心，气定神闲，继续说道：

"那么这个能量如果是液体的话，经过这个火的燃烧，它就变成气体，这个气就是一种能量的流动，真气的流动。那么你的身体有这种真气的流动以后，那就是最好的营养，运化你的全身！然后进一步再炼气化神，就是你这个气、精的能量再化成精神的能量，你的精神就会饱满。再炼神还虚，就回到那个道的境界，就达到一种超越的境界。这是道教修炼的一个基本的方式。太极拳本身是一个很好的运动，最终是练内功，我们刚才讲了阴阳合一，练太极拳就是合一的一个方式，精神和这个肉体的动作合一。"

我们凝神听着。

戈师："平常我们的心不断向外发散，你今天想这个，明天想那个，胡思乱想！而我们不胡思乱想，我们就打瞌睡，这就叫无意识，这就是我们常人的两种状态，一个叫散乱，一个叫昏沉。昏沉就是无意识，散乱就是A、B、C、D、E……一直在外面转。那你练太极拳也好，打坐也好，你的意识状态是什么呢？就是要既不散乱，也不昏沉，这个心是专一的，同时是清楚的，觉知的，你既没有睡着，同时也没有胡思乱想，也可以说是无分别而有意识，这就是静心的状态。我跟新弘说，你做饭也好，买菜也好，活在觉知当中，跟打太极拳是一样的，在家里也得连接上，你一天练一小时、两小时，那还是有限的，要在每一个生活当中训练这种觉知力，这就是一个修行的人，不光是一小时锻炼，然后其他时间又是一样，那不行！就是你一天到晚要有一个觉知的心态，做什么，你的心要观照自己。这种观照自己，这种觉知，这种把自己的心焕发出来，清醒出来，不让它昏昏沉沉，不让它胡思乱想，这颗心是一个清明的心，这就是修道的进步。"

朱老师请我和师教大家双盘打坐，大家纷纷起身坐到瑜伽垫上练习。

坐好后，师又说："这是打坐时的入定，生活中你还要活在当下，跟你现在所做的事情合一。你人在哪里，心在哪里，专注在当下，要把这个心能安住在当下。"

张会长很虔诚地说："有一个说法叫心领神会，道法自然。"

师看着他，目光警觉而又特别定：

"从宗教来讲，这个修炼的更高的意义，除了养生啊，活得身心愉悦啊，幸福、身心健康之外，就牵涉到我们人生根本的意义这一问题。就是我们人活在世上到底干嘛？佛教、道教等很多的宗教，都对这个人生的意义有很多的研究，其实有几千年的研究……我们的心为什么静不下来？根本来说就是我们人的一个执着，一个业力，什么都以自我为中心，都圈在'我'里面，以我的利益为中心，跟人斗，跟天斗，跟地斗，制造不断的矛盾。心就是向外发散。要看清楚这个宇宙人生真相，一切都是一体的，一切都是抓不住的，留不住的，而且我们最终这个肉体都是要死的，那就能够看破、放下，这种智慧的领悟跟打坐要结合起来。不然你永远静不下来，因为你生活中发生的事情，你都看不开，解不开。而我们所做的事情，所做的，所想的，都会在心田里面留下它的印记，就像种子一样。肉体虽然会死，心田里面的那些种子、印象都会带走，跟着你的下一世，这就是业力轮回。"

朱老师一直微笑着凝神倾听，赵师兄开始很投入地静坐。

戈师："我们执着的生命就是为自己造业，造业将来就受报。有的是这一世就受报，有的是下一世。那你修行就为解脱种下了一个因子，就是为人生建立了一个终极目标及意义，给心灵一个真正的安顿，找到精神的一个家！因为我们天天生活在这个世界上都是漂泊的，今天不知道明天，要找到生命真正的意义是什么！进入道的世界，你就能看清了，放下了，看世人争斗就像我们看蚂蚁一样，斗来斗去的。"

师说完呵呵一笑。

大家啧啧赞叹，收获法喜。第二天，赵师兄便找到我，说是回家一试双盘竟然坐了十五分钟，想从此跟我和师学习静心与学道了！这真是令人惊喜，我初步感觉到了觉他的快乐。

听戈师妙论养生

戈师盘坐在书桌前的木椅上，近日正在读有关养生的书，我坐于他对面——平时他打坐的沙发上读书。

戈师对我说："若看书看累了，可随时休息三分钟。斩断！"

师二目垂帘，进入静心状态。

静心后的戈师，看起来像纯真的婴儿，我们继续一起读书，读着读着，戈师有感而发："当你心如止水，天人合一的时候，你会发现一顺百顺！"

师说完一笑。我抬起头，微笑地注视着他，继续聆听。

戈师："我突然对中医有了一种悟了的感觉，如果我有兴趣，或许也可以成为中医界顶尖人物。"

停了一下，师又若有所思地说：

"有些中医治病，不管你什么病，只管调理阴阳平衡，这同我们观虚斋教学的养生思路一样。具体治什么病是医院的事，我们只管恢复人体自身的康复机能，教给正确的养生方法，这就是我们养生的道路！根本不要管病，直接打通你身体的能量通道。

"人体可以从不同的层次上去分析它、对治它的问题，所以抓住了这个关键、抓住根本，你就可以驾驭整个生命。

"比如说从'0'的角度去驾驭生命，就从本体虚空、空性上去治病，那就是治万有、万病，什么病都能从根本上找到对治的方法。你要能入定、入静，进入空性，那能治一切病。从'1'的角度，就是人体混元气。人体混元气包罗万象，那就不分这个，不分那个，就这团混元气增长了，人体正能量增长了，整个血气、整个生命的流转的速度、能量都上去了。从'2'的角度治病，就是调阴阳平衡，人体的阴阳两个方面平衡了，都通了。从'3'的角度就是调人的精气神，精气神充足了，戒定慧修好了，什么病都治好了。从'4'就是从我们生命的'四层结构'来治病。'5'就是五行、五脏，就是从中医讲的五脏系统来治病……这一直推展到八卦，八个角度，八个层次，大道养生堂的'八宝'对应的就是八卦系统，生命就像一个数学模型一样，可以从不同的数字去治它。越到大道越简单，最高的方法就是空、无，从'0'的这个角度来治病。"

我静静地倾听。

戈师："这个阴阳慢慢细分下去可以分得越来越细，最终都是为了生命的打通、贯通，通了则无病。通了后，一个是保持正常的'水'，一个是保持正常的流量、正常的流速，就是有足够的能量来使它运作，通了以后你的病毒什么的自然就排掉了。"

我饶有兴趣地问戈师："这个流量和流速是指什么？气血吗？"

戈师："血只是代表它们的流量，气就代表它的流速，流速在气，气就代表能量，气不够它是没有力量的。癌症怎么来的呢？癌症就是你吸收的物质没有足够的能量把它运转，导致淤积，就像河道一样堵塞，有淤泥，堵塞以后，流不过去，它就越积越多，导至癌细胞的扩散，最后就把你堵死了。西医的处理就是怎么样把这一块给割掉、切掉，切淤。割掉、切掉以后，它没找到堵塞的原因，从上流的源头上没解决，切掉一块，过一段时间又来了，又复发。那么我们现在不去单独切那一块淤泥，而是梳理整个河道，增加它的流量和流速，让它排泄通了，这个癌症自然就消失了，提高你的运化的能力，不再使它的淤泥淤积，这就治癌症了。"

我："这就是中医的方法啊？！"

戈师："对，中医不是直接治你的癌症，而是清理你的整个生命的系统。你之所以淤积，是因为你生命本身的运化能力不够，堆积了很多垃圾，所以现在不光是把已经有的垃圾去掉，而是要把产生这个垃圾的机制去掉。"

我若有所悟，问道："西医针对你的是器官，中医针对你的是系统，是对你整个系统做一个清理？"

戈师温和道："西医是治病灶，中医是治病源。就像这个河道堵塞以后，你光是捞垃圾，在捞垃圾的过程当中还破坏了这个河道，很辛苦，但是呢，那个垃圾源源不断，你清理不干净。那中医就整个把这个河道打通，恢复它的自动清淤的能力，这样源源不断地恢复它的功能，使河水变清。"

我："戈师，你会如何运用这套养生理论到我们传统文化的弘扬当中去？"

戈师凝视了一下窗外，目光炯炯有神：

"养生本来就包括不同的层次，我们讲最高的层次是找到'真我'，活出生命的主人公，这也是最高层次的养生。但是生命它有不同的需要啊，有的人对身体的保健很重视，那有的人生了病，身体不好怎么办呢？所以不同层次都可以讲一讲，把这个根本的道理讲一讲，让他去获得自我疗愈的方法，自我保健、自我治病的方法，掌握这种方法，比什么治病、吃药都强多了。我们推广这样一套方法就行了，到时候，我们不直接治病，也不直接针对病人，不是说我这个方法能治什么病。你生病了来找我，但我不管病，我也不是医生；我只提供一种健康的养生思想和方法，但你认真实行下去，有可能就治好了你的病。"

我："噢，明白。更好地康复，这个想法真是太好了！"

手掌说法

晨起静心，融入无边的法界……晨光由朦胧暗淡渐趋光明，觉性也随之无量无边。

下坐后，戈师问："今天静心效果可好？"

我欢喜道："很好！感觉到能量的增长。"

戈师温和地说："回到中心，体会那个超越有能量、无能量，超越有念、无念，超越动与静、好与不好的状态。"

我会心地点头，师看着我，继续说道："回到本性的中心！无人、无我，超越生死。今天有能量，明天没能量；今天状态好，明天状态不好……都观照觉知到，超越这一切！"

室内弥漫着平和的气息，我开始准备早餐，师于客厅打太极拳。

戈师每天静坐后都会打一套二十四式，动静结合，他打出了内劲！意、气、力结合，大有行云流水之美。

说起来，我打太极拳最初还是受戈师的影响，在香港的三个月，师每日教我一点，熏习日久就爱上了，从此一发不可收拾。

师想去田野行禅，走到门旁又止住了，回头对我说：

"千头万绪的事情！各种各样的事情牵扯你的精力，回归到中心点！回归身体本身的中心点，主要是意识的中心点。比如说，有了欲望，那是因为心中起了欲念，觉得这个人美，想如何如何，这个时候要能回归自性的中心，把意识从对象收回来。"

我走到他身边，他伸出右手，左手食指由这个手指跳到那个手指，再回到手心，凝神道：

"用这个手指来示范，这整个手掌有五个手指，这手指代表分开的万事万物诸现象，中心就是这手掌的中心点。我们的头脑就生活在这个分裂的手指头当中，从这个手指头跳到那个手指头，转来转去，把这个中心全部遗忘了！离开了中心，一直在外围，从一个手指跳到另一个手指，那现在我们要顺着这个手指头往回找，找到这个中心点，找到这个整体的感觉。起了一个念头，从这个手指又回来，每个手指头都回来，都回到这个中心，这就相当于'从假入空'，从无数个方向回归中心。"

我眼睛盯着师跳动的手指，思维随着他的法语跳跃……

戈师："这五个手指头也代表喜怒哀乐，'喜怒哀乐之未发，谓之中'，这手掌中心即喜怒哀乐之未发，又回到这个中心点，这是'空观'。'发而皆中节，谓之和'，然后从这个中心再出发，到这五个手指头，这是有中心点的'发'，从中心出来的。但是'发'不是从这个手指头跳到另外一个手指头，而是回到中心，从中心再'发'，就是每一个'发'都是有主人的，有中心的。你看，从中心发出来，这五个手指头都这样，不能从一个手指头跳到另外一个手指头，从中心发出去的，就是一有念马上消融，回归中心，念头本空，起一个念，念头本空，每个手指头都这样，那就是'从空出假'了，这就是妙用，是'假观'。它的空不是死的，还能够起用，各个方向起用，但随时能回来，回到中心。前面凡夫的'假'呢，就是从一个指头跳到另外一个指头，跟中心没有关系，就一直在外围跳来跳去，喜怒哀乐，无数的事物，都在外面转。能回到中心点，我们能够随时随地觉知，回到中心，这五个指头的中心。起心动念，了了觉知，回来！每一个念头都及时消融，全波即水，全水即波。所以这几根手指头、这一掌心，就能把所有的佛法的道理、修行的道理讲出来。"

在这阳光明媚的清晨，听到这令人心开意解的法语开示，真是满心欢喜，孔子曰："学而时习之，不亦乐乎！"我感觉到莫大的人生幸福。

我说："也就是说我们常人，如果你不觉悟的话，你的喜，你的怒……只是从一个指头跳到另一个指头！"

戈师："就是你从来没觉知过，那就是为物所转，跟着外面转。所有的起心动念都是跟外在有关，跟你内心的觉知没关系，你只是随境所转；不同的事物，千头万绪，万事万物，在那里面跳来跳去，永远随着外境转。只有头脑的胡思乱想，没有中心，一直在外围，不回归中心。"

我说："有一次，我在一个'高知'朋友圈子中分享修行理论，一个人说，'我不学佛修道，也活得很快乐呀'。他所谓的快乐还是外在的，有依赖的，并非回归中心后有觉知的？"

戈师："嗯，他的快乐也是因为外物而快乐，在外面跳，根本就没有中心。只生活在头脑之中，胡思乱想之中，这就是生活在手指头当中，跳来跳去，随外物而转，从每个手指头都要回归到中心点，再有觉知地起心动念出去。"

说完，他两手手心向上一伸，宁静地看着我，融进宇宙。在那眼神里，我分明看见了无边无际的浩瀚的"空"……

回过神，师说："啪！得说回来就能回来！无男女相，无人相，无我相，无众生相。"

我欢喜合十，当你悟了的时候，真是无处不能显道啊！一个小手掌竟然讲出这么深奥的道理来！

一位师兄在看过此文后幽默地说："这个法门难道就是江湖中传说的，失传已久的与'大手印'齐名的'大手掌'？"

是的，"大手掌"法门，重出江湖！呵呵。

回归整体的和谐

下午在什刹海书院，听戈师讲"道——回归整体的和谐"。

书院旁边是广化寺，我们到时正值中午，看到广化寺门口，一位僧人在门口左侧凭栏悠闲地晒着太阳，右侧一个像乞丐一样的人坐在栏杆上唱诵着"南无阿弥陀佛"，音调喜悦上扬，声音空灵，脸上洋溢着欢愉的笑容，我心想也许他"开悟"了，是一位隐身于生活的高人。在右侧小花园里有一个塔，一位先生双手合十专注地绕塔。

古色古香的什刹海书院这边，庭院深深，显得静谧深邃，充满了文化气息。我很喜欢讲堂门口的对联，"一语会通种道基，稽古揆今遵规蹈矩；广言教化植德本，经天纬地继圣承贤"，进得讲堂门厅看到一块大大的横匾，上书"崇德尚智至正中和"，这些无不体现着书院的精神旨趣。

听讲的人很多。戈师从本体之道、工夫之道、境界之道三个方面对以老子、庄子为代表的道家智慧进行了深入的独到阐释。

戈师这次讲座风格和以往有所不同。既有经文讲解，又有现代诠释，听起来生动有味，一点也不累。既非干涩地讲经，让人想睡觉，又非只是诠释而无经典依据。整场讲座，戈师觉知、优雅、挥洒自如，娓娓道来，是如诗一般的语言展示！用八个字来评价本场讲座：深入、深刻、透彻、系统——分析深入，讲解深刻，讲得透彻，内容系统。全场听众鸦雀无声，包括前排的怡学大和尚、书院负责人、导师和一些领导，大家都聚精会神地倾听。戈师给了听众一把开启心灵奥秘的钥匙……

诠释的内容也是全新的，和以前几次讲座相比，师没再讲大受欢迎的"四层结构""八字真言"……当一个人登上了存在的高山，他可以从各个角度、各个方面呈现给你道上的风景，这也充分体现了师于儒、释、道三教的融会贯通与博学多才。

戈师的讲解使我对道家智慧有了一些深入的认识，对老子的思想有了进一步的领悟，也有了一些新的理解和体会。

我感到，其实儒道佛三教的核心智慧是积极的，一点也不消极，千万不要走偏了！佛家讲空，使你明白色受想行识和万事万物的空性，从而心无挂碍，无有恐怖，以无我故能行大悲事业，真空妙有，空有不二；道家讲无为而无不为，以无为的智慧境界做有为的事情；儒家讲良知、天理、仁爱、慈爱。这些都是让我们更好地明悟生活的真谛。至于出家、在家，只是个人生活方式的选择。出家也一样要生活，修行离不开生活，生活是最终的道场。一把钥匙开一把锁，宗教智慧这把钥匙就是解开你心灵的锁，让你回归心灵的明净天空。

宗教的核心智慧是要我们回归自性，回归整体的和谐。觉悟的智慧是一种心灵的境界，心灵的自觉！回到了纯粹的心灵状态，就回到了"道"。生命的根本奥秘，实际上也是宇宙的根本奥秘，就是回归不增不减，无得无失，不垢不净，清净光明的自性。道是我们前进的方向！跳出以幻为真的自我囚禁的牢笼，鸟出笼中，进入自性的广大原野。接受一切，同化一切，超越一切，成就一切。

成仙成佛何以可能？你合于"道"，融于"道"中，让心进入无极化的状态，进入"道"的状态。"道"是无限的和谐，达成无限的和谐就是"成道"。

我静静地凝神倾听，无为而存在，和道在一起，和戈师的"在"在一起，用心领悟戈师的每一句法语。仿佛来到了一个美丽的花园，清澈的溪水叮咚地流淌着，演奏出和谐的梵乐，心也随之飞到了广阔浩瀚的"道"的天空！我的心随着戈师的讲解一起脉动，和谐共振，与古圣先贤的心相通了，相连了，我和老子、庄子之间有了会心的一笑，对戈师的话语心领神会。我似乎真的听懂了，而且听得津津有味，虽然中午没有如往常一样小憩片刻，却一点也不困，眼睛亮亮的。

看着戈师，我脑子里突然冒出一个念头："有一天，我也要有能力像戈师这样讲课，弘法利生。"

讲完了，大家听得不过瘾，主持人又代表大家要求加讲半小时。就像唱歌，一首歌唱完了，听得好听，观众还要求"再来一首"！我也意犹未尽，心下是期盼戈师再继续讲下去的。师欣然同意，又接着讲了一些内丹学的内容，只是这样一来，就辛苦戈师了！

晚餐后，我们在后海散步。

戈师问我："在整场讲座中，留给你印象最深的是什么？"

我毫不犹豫地说："是戈师讲到《老子》的这段'致虚极，守静笃，万物并作，吾以观复。夫物芸芸，各复归其根，归根曰静，是谓复命，复命曰常，知常曰明'时，您谈到'虚'是虚什么？虚的是意识中的对象物，种种执着，虚的是对外在的万事万物的依赖，虚的是向外的求索、挂碍与追逐……；'静'是回归根本的心灵状态，不是指外在的动静，这个静是超越外在的动与静的，是'动亦定，静亦定，无将迎，无内外'。我以前一直以为静就是静，不是动，原来此'静'包含动、静；还有'无为'是无什么为？无掉的是后天的分裂的、分别的意念，不是不行动，不履行责任义务。"

黄昏时分的后海甚美，波光粼粼，绿柳依依，灯火阑珊，行人熙攘，酒吧林立，不时会传来非常有节奏感的音乐，飘来或伤感、或抒情的动人的歌声。偶尔几个僧人走过身旁，给这繁华的都市生活增添了一点神秘的色彩。

午后漫步

　　今年六月，北京并不太热，颇有凉爽舒适之感。中午在稍微休息后，我和师一起下楼散步。

　　我们在大约五百米长的树荫下来回漫步，警醒自在。师还穿着长袖，我问他热不？他说："不热，我有内在的清凉。"近几年，戈师冬天穿得很少，别人都穿了棉衣，他依然着秋装，不觉得冷；夏天也不觉得热，一直入了深夏，才会换上夏装。

　　我问："戈师，好多修行人都有刹那间觉知的体验，持续的觉知是不是就相当于活在觉性之中？"

　　戈师微笑着说："觉知是遍照的，只不过看你自己能不能认识到？觉性本来就像太阳，也是遍照的，但是我们的心被外物所牵，觉知不到念头的时候，你就感觉不到那个遍照。所以要重新把它认出来，这就是后天和先天的相汇，在密宗里面叫子光明和母光明相汇，那个母光明是一直在的，但是你要把它认出来，把它呈现出来。怎么呈现出来？自己要去悟，它本来就在。一开始你要在念头之间，这个空的地方，在没有念头的时候去找它，你找着了以后，再有念头的时候，它也在，你也能知道它。觉知跟那个觉性本身没有区别，就看你的功夫到什么程度了。"

　　我们慢慢地走着，我的身心和戈师讲的话语一下子相应，进入了前念已灭，后念未生，又未昏沉无意识的觉知状态，一切都在意识之中，天空啊，人啊，房子啊、过往的车流，绿树、鸟鸣等都在意识之中，觉知到每迈的一步，又没有念头，一切都变得空灵和充满了美感！

这时，师看向我，目光充满了警觉地说："能觉就是那个觉性。你开始不知道，你就先觉知你在做什么，就觉知你的动作，觉知你的思想，觉知你的念头，这样去观，等到功夫到家了，才能呈现完整的觉性，就认出它来。觉知，我们讲是道位的，修行的人都可以去观；但是开悟见性呢，是要呈现出你的觉性来，就是从觉知到觉醒，从觉知到觉悟的过程。"

我默默地倾听，回味着，领悟着……

静静地走着，我们对存在敞开着……树上知了欢鸣，也许人们仍在午睡，行人很少。

我若有所悟，语带禅机，即兴吟道：

岂用他途别觅春，
自家有宝两相亲；
鸟鸣声声禅心醉，
阳光普照万物新。

师赞叹道："很好！'两'字若改为'自'字更好。"

走到楼下的一僻静处，我们分开站定，面向绿树和蔚蓝的苍穹，开始练视力。身不动，心不动，只有眼睛左、上、右、下地转动，转了大约十圈左右。

戈师说："这同时也是'系缘一处'，可修定。"

这又让我想起演员们练视力……修行真是太"好玩"了，我眼前浮现出一个美女左顾右盼的神情，不禁哑然失笑，这样练习下去，若哪一天，我的一个回眸，或许你会惊诧……

稍稍拍打、按摩后，我们上楼吃茶，结束了中午的行禅。这美妙的午后时光。

我知道，我已经找到了人生的道路，已经踏上了航程，生命变成了一个持续的觉悟和庆祝，在点点滴滴的相续的觉知中正在回到永恒的觉性的家园。

整个生活都是修行

一、担水砍柴，无非妙道

今天风和日丽。观虚斋被打扫得一尘不染，静待访客的光临。

上午，L师兄、Franky和伊女士要来访，我早早地准备好六个素菜待炒。

十一点，她们几个同时到了，L师兄提了满满一篮的百合，观虚斋里顿时香气四溢。

戈师刚静坐出来，智慧之光充满，自在祥和。

L师兄文静、秀气，典型的江南女孩，小巧玲珑，是做股票生意的，时间自由，大约每隔一两个月就会来北京上一些课程，如插花、拳术，等等。她已经炒股十年了，因为要掌握股市行情，要增加一些人脉，所以会不定期地来开会，一来了解上市公司情况，二来拜访一些德高望重的师者。Franky现于北京佛医堂从事编辑工作，阳光帅气，责任心强，修行已有一定基础，来过观虚斋几次。而伊女士则是慕名而来。

坐下后，L师兄激动地说："戈师，我修行坚持不下来。自从上次听了您的'宗教智慧与大道养生'课程后，打坐、站桩坚持了十来天，就慢慢放下了，而且我打坐和站桩也坚持不久！"

戈师看着她，和蔼地说："要随时用到生活里面来，让整个生活都是修行，那是比你打坐修行更高的境界。等你这颗心慢慢降伏了、调整好了以后，再静坐也好，站桩也好，就会自然而然时间长一点儿，不是要特别地坚持。等你享受到静坐的美好、站桩的舒服以后，就把时间给忘了。不要说我一定要站多长时间，但是你站了以后，时间就过得很快，所以说一定要坚持站多长时间，这个有的人可能适合，但是你不一定要坚持这样，你可以找一条曲径通幽的道路，让它慢慢地自然而然达到目标。"

L师兄点了点头说："我练一种拳叫'咏春拳'，一个动作要坚持十五到二十分钟，到中间我就坚持不下去了，有时偶尔撑得下去的时候，就那几秒钟，撑下去了，接下来就很轻松了。可就那几秒钟，有时候就会崩溃掉，经常这样子。"

她说完，无奈地笑笑。

戈师非常归于中心，觉知地说："你可以不要强求，找一种更自然的道路。有的人适合它，强行让他静坐一小时，不管他痛不痛，了解不了解，先坐下来再说，久坐必有禅嘛！然后再坚持下来，慢慢就从痛苦状态调到享受状态了，从勉强变为自然，这是一种方式。那还有另一种，是一开始就不勉强，找一种适合你的方式，慢慢就像游戏一样，很自然很轻松地进入，这样的话不容易退转。一开始就没有强迫，有强迫的东西，它就有可能一下子又退转了。就是本来是受压抑的，有一天他还是不喜欢，他就没有享受到那种味道。如果你可以跟生活多结合，比如你插花，你把插花融入到修行，这就没有人逼你去插花修行。到了更高境界，担水砍柴，无非妙道，平常生活都是修行。这样有一天，你可能就自己自动地喜欢站桩。所以你开始可以次数多一点，时间短一点，哪怕三分钟、五分钟、十分钟，做一下，一天可以多做几次，不要强求时间太长，这对你来说是一个方便。"

L师兄苦笑："刚开始回去什么都挺好的，半个月都挺好的，久了以后就打回以前的状态了。"

戈师温和地："那也是正常，是反复的，因为人的生活状态是长期形成的生活习惯，我们把它叫业力，有惯性，就是有一种惯性的力量。我们学习两天，或者静坐一会儿，在那个场合之中可能这个方面占优势了，把那个东西暂时压住了，但你回去以后惯性的力量更强，所以让你又恢复到原来的生活状态。那这个时候要发长远心，要慢慢地扭转。这就是两条道路的此起彼伏，智慧这条轨道要让它生长，那么业力轨道慢慢让它降服，这就是你整个人生的进步和转化修行。所以人生本身就是修行，不是我修两天就结束了，就算你大彻大悟了，还是在修行当中，因为这个修行本身就是人生的意义，不要把它当作一种额外的事物，整个生活我们都把它当作修行，就在这个过程当中慢慢转化自己。"

L师兄不好意思地笑笑："觉得特别难。"

戈师也笑了："难和易也是相对的。"

L师兄："有时候，失败了，就会特别消极，进入悲观的状态。"

戈师："那就还是要在见地上下功夫。会认为有失败，这本身就见地不够。因为你真正掌握了正见，发了菩提心之后，修行没有失败，永远是在进步。你原来是业力做主的一个人，对不对？你现在开始修行，那怎么能称为失败呢？修行总是在进步当中，那怕是你退回去，回原来的状态，但是你现在已经比原来多了一个修行的观念了，也是在进步。那你认为自己失败，是你想一下子就把这个业力给破掉，一下子想完全活在一个新的状态当中，这属于贪心。由于这个贪心，你就认为自己失败了，但是你要跟谁比？不要树立一个目标，然后把那个目标跟自己比，自己就认为自己失败了。你要不断地看到自己的进步，看到光明的那一面，那就永远是在进展！你的智慧是在不断地增长，智慧是从无到有，不断地增长，而业力是从很大很大慢慢转没了，所以要看到一个长远的过程。"

L 师兄欢喜地笑了。

我若有所思："戈师，有时心为境转，只要随时觉察到自己迷失了，然后再回来就行了？"

戈师环顾大家，然后说："对呀，我们又不是大成就者，又不是佛，菩萨都还可能在退转当中，肯定会有迷失的时候啊！但是修行人与凡夫的不同，就是在迷失当中，我能够回头。这个回头有快有慢，境界有高有低，但是我能知道我迷失了，这已经不是凡夫了，这就有进步了。"

金色的阳光洒满室内，一片光明。

二、戈师谈觉知

我适时地为大家续上热茶，并起身去烧水，戈师热情地请大家吃点心。

L 师兄吃了一口核桃酥，继续说道："戈师，比如说我在插花，就是不能把心安住当下，只做插花这件事情，旁边跟我一起插花的，我老是看她插得怎么样，各种想法出来。我听您说话，脑子一下子开小差，想到其他的事情。我经常这样，就是神很难专注。"

戈师放下茶，凝神道："那就是你现在的状态。这都是以前的所作所为形成的习惯，包括你这种心不在焉、胡思乱想的习惯，这都没有关系。但是你现在知不知道自己想到别的地方去了？知道的时候马上就回来！就是要向你的觉性当中去找智慧。这个觉性简单讲一点，就是'知道'，比如说你知道你插花的时候走神了，回来！只要你'知道'就够了。这就是智慧的种子，马上再回来。"

我心想：嗯，"知道"！

L 师兄深入自我剖析："我的情况是这样的，就是回来以后，又出去，又回来，这样可能几十次，上百次，一直这样，然后会不耐烦，最后就崩溃了，就颓废掉了。"

戈师："那你还是有目标，要不抱目标，任何目标都将你带离当下。另外就是要全然地接纳自己，我们修行有的时候观念不对，认为自己要这样，要那样，好像我不该胡思乱想。你现在不存在该不该，接受你现在的状态。比如说你要记得'一切都是'，马上要回来，杂念也是正常的。念头本身不是问题，那我们跟着这个念头跑了，去造业才是问题。但是我们知道，一有念头马上就回来，这就没有什么不好的。人的念头一方面它是杂念，从另外一个角度来说，它就是智慧。就像一个作家，为什么能写出很好的文章，他要没有这种胡思乱想、联想的能力，写不出文章来，对不对？"

Franky 认真地听着，于椅子上开始双盘。

师继续说道：

"所以你这个联想、自动联想的能力，也是我们天赋的一种功能，由这里可以想到那里。像我们讲课也是一样，要有一个主题，要讲到好多东西，那也是一种联想，只不过我们不被这个联想所蒙蔽，在这个联想当中，我还有觉性在。那你开始没有觉性在，你现在要回来，'知道'我在胡思乱想就行了。"

我凝视着戈师，用心领悟，生怕漏掉一句话。有觉知的正向的念头，就可演化为智慧。心里竟有了一丝慰藉，终于给自己念头不断找到了一个说词。

师吃了一口茶，又开示道：

"当然，你还要在生活中去训练你的定慧之力，沿智慧的方向培养你的能量，才会有力量去转化你的习气。一开始呢，不要太强求自己，心要轻松一点儿。你如果太有目标，一下子要怎么样，就给自己造成压力，压力大了，反而会退转，就觉得修行好像没什么用，还是解决不了问题。任何时候你的觉性一直都在，只不过一开始被遮蔽了，你能够意识到自己在胡思乱想，这就说明觉性已经呈现，在起作用了。就庆祝那个觉醒的片刻，你不要算自己有多少次没有觉醒，而要算你这一天有多少次觉醒，这就是进步。比如说，你已经提醒自己三十多遍了，还是被带走，而觉得很失落；但是反过来，你有三十多次清醒过来，你要为此感到庆幸！这就由悲观变成乐观了。"

L师兄绽放出开心的笑容，我们几个也会心微笑，喜悦在空气中弥漫。

戈师智慧的眼眸闪烁着："你现在是悲观主义，你要转变成乐观主义。换个角度，你不是很有进步了吗？插花的过程当中，你已经有好多次想起来了，这么大的进步你没有看到，却在胡思乱想'哎呀，我还是没把它打败'。你现在不要追求一下子把它打败。"

Franky笑说："就像今天早上我被闹钟惊醒。我想达到那种状态，当闹钟响的时候，我不是被闹钟吓一跳，而能够不被闹钟的声音给带走。很多时候，因为我们定力不够，然后就被带走了——虽然也有好的状态，但反反复复的。后来我晚上睡觉的时候，有意识地加入观想，进入练功状态，早上起来还会自动地做一个回向，做一个收功。"

戈师道："对，不要给自己任何的期待和目标，永远只关注当下。过去的就已经过去了，只管当下，当你想起来，就回到当下。已经遗忘了的，或者失落了的，都已经过去了，真实的生活只有当下，实际上过去和将来都找不着。"

一直在默默倾听的伊女士插话道："我站桩、打坐，杂念比较多，然后站桩会坚持不下去，感觉特别的累。别人都说站桩之后很有精神，是不是我站的方法不对啊，老师？"

戈师："要从整个见地上下功夫。为什么站，怎么站，站桩是怎么回事，这个要有见地！你觉得累，首先是你跟这个站桩本身没有达成和谐，对这个站桩本身就不感兴趣，要使劲坚持，甚至带着一种敌对的态度去做，憋在那个地方，而这个憋的状态本身就很累呀！"

和谐，和一切达成和谐！我感受到加持。

伊女士摸了一下腹部："感觉气下不去，感觉这前面，就不能气到丹田，就感觉气短。"

戈师："实际上，站桩也好，打坐也好，你达到一种完全放松、和谐、不较劲的状态，就很好了。不是要得到什么，没有期待，没有目标，站桩就纯粹站桩，用一个方法去用功。不要说我站了以后会怎么样，会得到什么，也不要管气不气的问题，啥都没有！只有这样站下去，才会进入那种状态，进入功态，进入功态后你身心合一，天人合一，自然就舒服了。但是你不能说我为了舒服去站桩。为什么还不舒服？那是因为还有一大堆妄念。"

伊女士："老师，很多时候，我干一件事情，好像就只有三分钟热度，坚持的力度不够。"

她说完，颇不好意思地笑笑。

戈师看向她，目光深邃而宁静："这也是心不能把握自己的缘故。我们讲的浮躁，是什么意思？浮躁就是你的心跟着外面跑，没有自己的定盘星；再追究到根本，就是你的整个人生不清楚，人生是一团迷雾，其实不知道干啥。如果你只是跟着别人跑，一会儿这个流行了，一会儿那个热门了，那你的心就永远是跟着外面跑。所以要深入去学习，对人生有比较深入的认识，对自己的人生很清楚，你就不会再跟着外面跑。自己想做什么，自己要很清楚。"

伊女士陷入了深思。

L师兄："戈师，我的心神老跑，用什么方法能把神更好地收回来？”

戈师：“还是要加强修持。我们修行，主要是修定和修慧。定就是把你的心集中在一个地方，就像你比较散，就特别需要一个法把它串起来。哪怕就是念佛号，也很管用。这个法门虽然很简单，同时它也很高深，因为它随时随地都可以念。用这个佛号把你的心贯穿起来，那么你的心的定力就高了。另外这个佛号本身带着佛的信息，嘴里是念佛，实际上是心去念佛，心念佛，心跟佛相应；心跟佛相应就提起自己内在的佛性，进入佛的净土。往生西方极乐世界，不是我们死了之后就往生，而是通过念佛把我们这个世界就转成了西方极乐世界。就是说你进入了状态，心净则国土净，所以念佛有很多秘密的意义……你如果打坐、站桩坚持不下来，可以不拘姿势，坐着、躺着都可以念。一个法不在于它是高深还是简单，只要适合你，坚持下去都行。”

伊女士抬头问道：“老师，像《地藏经》这些，晚上能读吗？”

戈师：“不是晚上能不能读，是你适不适合读。从理论上来说，什么人都可以读，但是如果有的人特别敏感，好像读完以后就做噩梦，或者引起很多反应，那他就不适合。不是经能不能读的问题，而是你合不合适的问题。回向本身就是一个心量扩大的过程。”

L师兄：“我今天出来堵车，我就一直念佛，后面就很顺利。”

戈师：“对，你要把几个法门，平时生活中能用上。我们讲课中也讲了，你的一生当中要有几个‘拐杖’，任何时候，面对任何问题都有一个依靠！一个咒就随时念下去，或念八字真言也可以，观呼吸也可以，随时随地都可以做的，坐飞机时也可以修，这样能把你的心慢慢就串起来，不再散乱了。"

大家静下来开始喝茶，茶香四溢，我的思绪也跟着飘飞。

想起戈师近日的一段祝福语："这是来自观虚斋的神圣祝福——身体的动作，你知道；情绪的变化，你知道；思想的流动，你知道。在一切旋风的中心，在你心灵的深处，有一个地方：永恒的觉知、无限地宁静、无言的喜悦，不被打扰，无从寻觅。它正是你，而不是你所知、所见与所感。愿你沉思它、进入它、成为它！"

我们的头脑念来念去，一会儿想这，一会儿想那，若能觉察，则知一切起心动念，如浮云之游于太虚，如波浪之于大海，而自性本然，安住于当下。自己又何尝不是念来念去，但觉知的时间很少。戈师曾说："觉者和常人的区别就在于：你是觉知地在想，还是随业漂流？"

何时才能真正降服这颗心呢！

三、如何面对生活的烦恼

气氛颇静谧。戈师仿佛不是在讲"道"，他是在演绎他的生命，他将最精练、最浓缩的智慧一点一点地分享给我们。二十多年的体悟和佛道研究，不，应该说是很多世以来的修行，已令他飞翔在道的天空，与道相融为一，而后道通过他而流淌……我能感受到师浩瀚的存在，每次聆听都能提起我的觉知，戈师的法语把我带到自己最深的存在！

L师兄有些忧心忡忡："对于外人、特别是亲人对自己不真实的评价、毁谤之类，该怎么办？我最近经常遇到。就是自己的亲人、家人会说一些并不是真实的我的那个状态，我老是掉在那个事情上出不来。"

戈师徐徐道："这个就要有正见了。"

L师兄："我和他们辩论，然后越辩论越糟糕。"

戈师："这就是我们修行比较核心的一个地方，所有的烦恼、所有的问题都是因为'我执'而引起来的。

"认为有一个真实的自我，把它看得很重要，要维护它。这种对自我的维护、对自我的重要性的一种看重，这种我执，是所有的烦恼、大大小小八万四千烦恼的根源。'我执'的后面就是'无明'，就是没有觉性，没有智慧。从无明到我执，到八万四千烦恼，这就是业力之流。

"现在就是一个很好的机会，直奔'我执'去洞穿它，那你修行的进步，就不是一般的进步！这就是根本的问题。什么打坐啊、入定啊，都是一个过程，但最终是要有智慧。最主要的问题就是'我执'，不要去管他们怎么看你。他们怎么说你，那是他们生活在自己的状态当中；他有他的烦恼，有他的执着，你管不了他。"

"哦，这真是特别好的一个问题。"我心想："烦恼来了，怎么办？都知要提起智慧的宝剑面对，那到底怎么面对呢？"我迫切地想听下去。

L师兄问："那我怎么会那么在意呢？"

戈师于木椅上调整了一下坐姿，对L师兄说：

"你现在听着，他怎么说你，你要去理解——他怎么说你是因为他的我执、他的无明、他的烦恼。他对你说的任何一句话，都跟你没有关系，只跟他自己有关系。他说什么，是他的状态的表现，是他的贪瞋痴慢疑要表现出来，你只不过正好撞到他的枪口上了，拿你来说事而已。这是第一个要理解的，就是他说话的状态。

"你要站在一个更高的境界，能够同情他，了解他。他很可怜，很无明，因为他活得不好，他才会把这种心态投射出去，找你的麻烦，找你的茬。他看不清真相，他不是修行人，你要理解这个状态。现在你如果学了佛法，有了正见的话，你要理解他，然后看破你自己的自我！他的问题你现在改变不了，不要试图改变他，不要试图让他给你一个非常好的评价，跟他去争论，这是没有意义的。现在你要在自己身上下功夫，看清自己要维护的那个自我是什么？我们真的有那么一个东西要去维护吗？那就是一个执着，是你心中长期以来形成的一个形象，一个执着。但那个东西，其实并不存在，自我的形象也是一个执着，一切都是流动的、变化的、无常的，没有一个不变的自我形象在那个地方。别人怎么看你，跟你真正的'我'毫无关系，所以要这样去观照。

"找到你真正的状态，或者叫真我，或者叫本来面目。那个东西、那个状态是什么也没有的，就是纯粹的觉性，它是一个无限的开放性，能够接受一切，不被任何东西所污染，就像广大的虚空一样，那里面没有一个自我形象。

"所以平时你要有这种见地做基础，做这种观想，面对事情来的时候，你用这种智慧或正见去观照它，看清它，放下它。如果你因为别人对你的评价或者对你的诽谤之类而起烦恼的时候，那就是你自己的执着起来了。

"但是你不要像一般人一样，把所有的原因都归结为外在的，因为他这样说我，所以我没办法，我就一定会起烦恼。如果你这样认为，就没有正见。他怎么说我，是他的事情；但是我起不起烦恼，这是我的事情。我起了烦恼是我迷了，这个时候我马上要觉醒，这就是修行。在这个过程中要去转化自己，做内在的功课，这样的话，所有的烦恼都变成你的功课，你自己在这里面成长。

"如果你成长了，别人对你的任何评价或者攻击，都变成你成长的资粮。你用智慧的火焰把它燃烧掉！垃圾也能成为能量。"

我安静地坐着，仿佛是清晨拉开窗帘，让阳光照进来，心里有一丝丝的光明升起。这内在的光明猛地照亮我的全身，并冲向整个虚空，虚空一下无限光明，我陷入了巨大的法喜……所有的无明烦恼仿佛都得到解决了，一通百通。对方如一面镜子，照见的是我们自己的"我执"，还有"我执"背后的无明，不能洞悉事情真相！所有的烦恼，在你心的安定中，一切都安定下来了。戈师给了我们一个破无明烦恼的"法宝"！

L师兄欢喜地说："我听您这么一说，感觉好像不烦恼了。但是如果回去，旁边没有一些正知、正见的人，比如说就是气场不一样的人，还是会被对方影响。"

戈师点头："对。所以说你要不断地学习，要接触善知识，接触正能量，看这方面的书也好，提醒自己也好。不一定是打坐才叫修行，当你看这方面的信息，看我的书，看我那些话语，这都是一些信息提示你呀。看一些修行有成就的人的书，看他的开示，接触这方面的信息。如果你把这些全忘掉，一旦全部沉入了世俗的信息当中，那就慢慢把自己又退回到完全世俗的状态中去了。"

L师兄又道："一些世间法可能要花一些时间去学习，比如说，我现在跟一位先生学命理，接下来可能还要学一些文化课程之类的，这些都比较世俗化吧？"

戈师："是。这个时候，如果你要真正学习佛法，对时间要有一个分配，就是尽量不去做那些无关紧要的事情，除非是跟你的生活、生计密切相关的事情。要把主要的精力用在修法、学法上，这是人生最大的价值和意义了。"

L师兄："我的老师，教玄术的老师，可能对佛法有一些偏见吧，那该怎么办呢？"

戈师此刻看起来很放松，像一位睿智的长者，语重心长地说："你不需要跟他争论，你说任何话的时候，都要看对方的情况，你没必要跟他谈那些不可能和他谈清楚的事情，他只是懂某一个部分的技术，但没有道、没有法，他也不会接受你这一套，你也没必要跟他争论，但你不要因为跟着他，把自己带走，丢失正见。"

L师兄："我家里人都反对我。我不是摆一些经书嘛，还有一些佛教的物件，家里人就觉得我会走火入魔。主要是我的父母亲非常伤心，周围的人也会告诫我父母说，我又没结婚，又还这样子，父母就是一种恐惧的状态，我都不知道怎么办。"

戈师和蔼地说："首先父母对你的操心，那是因为他们关心你、爱护你，所以要理解他们的心，要尊重父母。然后就要反省自己，在行为上哪个地方做得不好，让他们担心。如果你真的走在正道上，各方面都表现得很好，他们怎么会担心你呢？那说明在你的行为当中，还有某些自己做得还不够的地方，让人家不能接受。所以不要有那些形式化的东西，就尽量让他看不出来你在学什么；但在行动上，你要表现出更高的境界，让他们觉得你在进步。他们也就没必要反对你学什么。"

戈师曾在一篇文章里谈到，如果你因为修行变得更喜悦、自在、祥和，并把这种内在的平衡带到你的生活中，而更爱你的亲朋，一切都变得更好，那他们为什么要反对你修行呢？这是修行人要深思的：我们真的是走在正确的道路上吗？

戈师是在开示我们，要上升一个高度，站在更高的人生境界、更大的格局和更智慧的层面，来看待生活里的烦恼和种种人生问题。戈师的话语，犹如秋风送爽，在潜移默化中，让我建立起新的世界观、人生观和价值观，进入更广阔的"道"的世界，呈现一个悠然而化的人生。

四、大龄未婚的困惑

伊女士问道："老师，有时候，我找不到自己的心到底有什么问题，却会有莫名其妙的恐惧感，搞不清楚自己为什么会在这个状态？"

戈师和蔼地说："如果心找不到问题，就不用去找，直接去培养正向的心理状态。我们不一定要去把心理的每一个问题都找出来，直接把正向的心理能量培养出来，活出圆满的状态来，自动就把所有的问题都解决了。

"心的问题，不管它具体是什么问题，如果从法的角度来看，心的问题就是散乱和昏沉。把这两个问题解决了，就解决了所有的心理问题。修习止观，让你的心能够清醒、觉知，安定下来，保持心本身这种清明、喜悦的状态，不管它有别的什么问题，你只要把这种状态调出来。要安住在当下，保持清醒，跟一切事情保持和谐，放掉自己的牵挂和烦恼，这就从根本上解决问题了。"

伊女士继续问道："老师，人没有安全感，是不是也是同样的原因？"

戈师："不安全感的原因很多啊！最根本还是来自于'我执'，就是要维护那个'我'，怕那个'我'受伤害，怕那个'我'维护不好。如果把那个'我执'去掉以后，就是不求安全感，不求安全感就是最大的安全感。

"你求安全感就永远得不到安全感，想保证我的安全，实际上是没办法得到保证的，只能是相对的安全。人生本来就是无常，本来就是有很多因素不是你能控制的。你要看到万事万物本来就是无常的，都是空性的，自我本身也是一个无常的东西，本来就没有实体的，本来就是一种执着。

"你看清楚人生就是一场梦幻，这个时候你就进入了另外一种不安全的安全，放下了安全以后，随时随地安住当下，这就是我们所要的安全感。这种安全感实际上是破掉对安全的执着，是在不安全当中去安住，当我们能安住在不安全当中的时候，这种安全才不会被别人剥夺。"

我沉浸在戈师的话语里，有醍醐灌顶之感！

L师兄："那婚姻怎么办？你不结婚，就有人说你出问题。我觉得结婚——如果不出家的话——还是顺其自然吧，我自己也很痛苦。"

戈师："父母让你结婚也是可以理解的，这个时候，你只能跟他们沟通，做思想工作，父母也是希望你好。但是既然希望你好，就要让你活得快乐，不可能让你做不快乐、不幸福的事情。婚姻一定要找到合适的人才对呀，不能随随便便找一个人吧，那样会很痛苦。就是你不是不结婚，有合适的人，你也会结婚。"

L师兄："说了，但父母很着急。"

戈师很放松："那这个没办法。父母只能去沟通，相互理解，然后你也尽量去给他们做些工作。另外就是你不出家的话，就往成家这方面去找，找一个合适的。缘分也是相互要去创造的，不是说等天上掉馅饼。随缘，就是说你这个愿力、这个行动也都属于那个'随缘'中的'缘'之一，所以随缘不是消极地等待。随缘是我去做了我该做的事情以后，整个结果随缘，不强求。一个人想得到什么成果，首先得有因啊！有因地的发心，才有果地的成就。所以说你要有结婚的愿望，有想找到一个合适的伴侣的愿望，然后采取适当的行动，这都是随缘里面的'缘'的一部分。比如说，你要去学佛，就往学佛的路上去找，找同样是学佛的人做伴；你要找一个在人生的核心价值观上相一致的人，两人就没有重大的矛盾，而细节方面可以相互谅解。"

L师兄追问道："如果不太喜欢婚姻怎么办？"

戈师："如果不喜欢婚姻，那是另外一回事；你喜欢过独身的生活，也可以呀。"

L师兄深吸一口气，道："就是家里那关过不去。"

戈师若有所思："尽量让父母少为你操心，尽量做思想工作。父母总是为你好，让他们不要太操心你。告诉他们，让你做你最喜欢做的事情，过你最想要的生活，这也是为你好。每个人要找到自己的生活轨道，最合适的生活方式，现在这个社会是多元社会，不一定是要结婚。"

…………

我炒好六个素菜，有观虚斋小菜园自产的白菜、红薯叶、丝瓜，等等。

饭桌上，伊女士问道："吃素，身体会不会没有营养？"

师说："本质上来说是不会缺营养，这些菜里面，它什么营养都有，就看你的吸收能力。但对于少数人、某一部分人来说，他们的吸收能力不适合吃素，可能吃肉吸收更快；但任何东西都同时有它的好与坏，吃肉可以补充某些能量，但吃肉也有它的弊端。有的人体质可能不适合吃肉，尤其是身体不太好的人，更不适合吃肉，对他的不良影响更大。吃肉反而需要健康的人，有充分的消化、吸收能力的人。

"但是吃肉和吃素不是本质的问题，我们修道的人不要为这个太纠结。你要不杀生，但是关于吃不吃肉，不要太执着于这个东西，不要产生很多分别见。如果一定要吃素，但有人又要吃肉，就会造成很多不方便，其实可以随缘。除非到了一个阶段，就是确实不想吃了，吃了难受，那你也不要强迫自己吃肉，不然又走入另外一个极端了。"

伊女士："有的人在观音菩萨诞辰时发愿说'我要吃素'，然后就一直不敢吃肉了。"

戈师："发愿本身只是对自己的一个规范，佛菩萨不会因为这个来惩罚你的。你发愿是为什么发愿？如果是为了培养慈悲心而发愿，那你当时的心也是好心；那你现在又想吃肉了，你也重新发愿，也一样。"

我热情照顾大家多吃菜，笑说："师亲自挑水，我们一起除草。自从自己种地以后，戈师更会买菜了，买的菜比以前的品质好多了，购回的青菜大部分叶子有洞！"

戈师笑道："和虫子共享。"（众人大笑）

伊女士："这菜吃出小时候的感觉来了，小时候我们家自己种的菜嘛，特别香！"

戈师夹了一口菜，道："嗯，这菜特别香！农家菜的味道哈，油都是老家的菜籽油。"

大家吃得很开心。

伊女士："老师，什么样的医生才叫佛医呢？"

戈师正在吃饭，脱口而出道："佛给你治病就叫佛医。"（众人大笑）

戈师又道："不过再降低点，就是用佛法的道理给你治病就是佛医。其实重点还是要把佛法的道理传给你，让你自己来治自己的病。佛本身也不能帮你，只能帮你觉悟，帮你成佛，但是不能说直接给你治病。"

我问："最终，还是得靠自己？"

戈师："佛也是给你讲道理，你的病都是心病，心病为本，把你的心结给化开了，就治病了。"

伊女士："老师，要想深入培养正确的见地，应该怎么入手呢？我就有点找不到入手处？"

戈师："闻思！闻，就是听闻、学习经书；思，就是自己正思维、抉择。前面主要的功夫就是学习正见，在没有获得正见之前，学来学去，都漂浮不定，没有明确的方向。"

伊女士："老师，佛家和道家两个一起学，会有问题吗？有的师兄说那些护法神会有意见。"

戈师："这个看你是跟谁学？怎么学？如果你学的是密法，接受某一种密法的灌顶，这种密法有它自己的护法，有它自己的系统。如果在修密法的时候，你受过它的戒，不准再修别的法，已经发过这种誓言，那你要遵守。

"但是如果你学的是根本智慧，不是某一个法，追求宇宙人生的大道和实相，这个时候佛教、道教都只是一条路而已，达到目的是一样的，方向也是一样的。追求智慧的本身方向是一样的，只不过有不同的方便法门而已。

"老子和释迦牟尼会打架吗？不可能！真正成就的人、佛菩萨、天尊、神仙，他们是不会打架的，他们本身境界已经很高，怎么会打架呢！如果他还会说，这是我的学生，不能向别人学，那说明这不是真正的佛菩萨，佛菩萨还能吃醋吗？还会争这个吗？要争，也是我们凡人之间在争。

"当然你也不一定什么都要学，要看你的根器喜欢学什么。如果我喜欢学佛教，那我就暂时学佛教，先不学别的。要有开放的心胸，但是你具体走路的时候，还是可以选一条路走。就像登山一样，我先选这条路登，我没有说这儿登一下、那儿登一下，但并不等于说只有我这条路才能登上，你从那面也能登上去，但是我现在从这条路走了，我就先登这条路。来回折腾，不是反而耽误时间了吗？

"有些人说我信基督教了，我就不能学佛教了；有些老师说你是我的弟子，不能再跟别人学。这都是心胸、境界不够，识见不到位。"

L师兄："我就是这样来回折腾，做什么事都是来回折腾，看书也是。"

戈师："所以我们说，见地上可以融会贯通，只要你智慧够了，什么都可以学，因为它本身的道理都是相通的；但是在行为上、实践上要一门深入，就是用一个方法深入，你才能把水烧开。像打井一样，这儿打两下，没水了，再换一下，永远在凿井的过程当中。你要一个地方，一直往深处打，才能看到井水。你练什么法门，得把一个法门练透了，所以不需要特别多。我们讲了好多法门，是因为不同的人，有不同的选择；但对你来说，只要一个法门深入下去。像《八十四大成就者传》，讲了很多大成就者的故事，里面有很多人，属于各行各业，有小偷、裁缝、手工艺者、劳动者，那些人最开始都有某一个职业，他碰见一个师父，传给一个跟他的工作相关的修法，让他去修炼，他就一门深入，有的练三年，有的练七年，有的练十二年，把那个法练透了，就成就了。"

L师兄："您平常会去讲课吗？"

戈师："随缘，随机。没有一定说要讲课，也没有一定说不要上课，但主要还是以我们书院本身的课为主。"

饭后，戈师小憩，我们几个则围坐在客厅品茶聊天……

五、入出用了四层证境

戈师午休的时间很短，他不是真的在睡，而是在练睡功，调心、调神，假寐一会儿。

戈师生活极有规律，好的事情他一定会坚持，并慢慢养成习惯。比如说多年来坚持随手记录一些灵感，理清思路，或发于博客，或以语录体发于微信、微博，日积月累，竟出了好多本书；每天坚持静坐修行，一到时间必然上坐，日久功深；每日坚持读书，学贯儒释道，才兼文史哲。正知正见，智慧满溢；两边不住，大智若愚。师也坚持静坐后打太极拳，动静结合；坚持饭后行禅，多年如一日……这些好习惯的相续，使他宛然有一代宗师之气概。

午休后的戈师，看起来精神饱满，微笑着坐下，与我们一起吃茶。

我为大家端上茶，新一轮的问法开始了。

我有一个疑惑，对"入""出""用""了"四层证境还不甚明白，就问戈师。

戈师："禅宗是比较高的，从果地起修，就是从觉悟这个地方起步，这四层都是后面的事情，一般的人还够不着，所谓入、出、用、了，都是针对觉悟和觉悟的不同程度而说的。

"入，就是已经开悟了，觉悟了你的本心、本性、本来面目，也就是见道了，就'入'了。后面这三层意思都是在前面的基础上来讲的，如果你入都没入，那后面也谈不上。

"入了以后，你体验到了这个境界——开悟的境界以后，但是并没有把他原来的业力或者习气就一下子消掉，所谓的'顿悟成佛'，只是在顿悟的当下，这个呈现的佛性跟佛是一样的，跟佛的境界是一样的，但是他并不是真的完全成佛了，他的业力习气并不是顿悟的当下就完全被消除了。所以他要保持在这个境界当中，要保任这个境界，随时随地保持这种觉悟的状态，不被他的业力习气带走，所以这里面有个过程。

"保任到一定程度以后呢，他又把这个觉悟的境界，变成一个额外的东西了，就好像把本来面目当作和外面的事情或者跟其他的事情相隔开、相对立了，好像我要保持这个觉悟，这个觉悟境界保持久了以后呢，就容易把这个觉悟的境界和这个诸法的本身分开了，好像真有'这个'似的。所以到了一定的时候，他要从这个觉悟的境界里面再'出'来。

"真正的觉悟，它跟这个生活是融合的。不能说这是觉悟、那是不觉悟，觉悟和不觉悟之间有一个分立，包括对觉悟境界的本身微细的执着，这些要去掉，要'出去'！也就是说要把这个'觉悟相'去掉。一开始，初步觉悟的人，他要保持一个觉悟的境界；这种功夫久了以后，他就容易有一个觉悟相，就是把觉悟当作一个东西了，所以要把这个觉悟的相破掉，出来！就是不再执着于觉悟，觉悟本身也不执着了，这个'出'就是从'这个'里面出来。

"禅师之间相互考验的时候，在入之前，当然就是没有见道的人，那么他一考验就知道你是没有入过的；经过戈师的指引，他见到了本心、本性，就是有所'入'了；那有的人是'入'了以后，好像天天有'这个'在的样子，把它当作一个东西了，这时候高明的禅师，又会引导他从这里面'出'来，把'这个'也要放下。

"到第三层呢就是'用'。'用'就是'体用一如'的意思，就是生活里面跟那个觉悟的境界两者相整合，打成一片。你能在生活中'用'了，而不是一说话或者一做事，我这个觉悟就没了。前面刚'入'的时候是要去养它，或者闭关，或者专修，把它坚固下来；然后'出'呢，就是把那个对觉悟本身的执着破掉；回到生活里面，就到了'用'上了，这个时候就是没有什么觉悟不觉悟，生活本身就是觉悟，觉悟就是生活，不是生活之外有一个觉悟，而是真正地把这个觉悟和日常生活完全融合在一块，这就是'用'了。

"到'用'这一层呢，它虽然打成一片了，但还有一个微细的用功在，还是要保持觉悟，跟它打成一片，还是有点功夫的。所以到了'了'这一阶段，就是完全没有修，包括融成一片这个境界也不存在了，就彻底'了'了，完全合一。这个时候完全是'无功用行'、无修，彻底地无修，就是真正地成佛证道了，是完全地成就！

"这就是开悟之后四层微细的功夫、境界。密宗大手印里面就是'专一''离戏''一味''无修'这四个阶段，这跟禅宗的四层是差不多的，是相对应的。'用'就相当于'一味'，'了'就相当于'无修'，'出'就相当于'离戏'，'入'就相当于'专一'。

"我们虽然没有悟道，没有开悟，但是了解它也有一点好处。

在做任何功夫的时候，都有这种不同层次的微妙的差异。"

师提高声调："就是一个东西你先要把它抓住了，抓住久了呢，好像隐隐有个执着，你再把它放下，放下了以后才能跟生活融合，最后才是真正地把它修成了，不需要有意识去做了，有这样一个从有为到无为的过程。"

心恬淡而宁静，气息绵匀，口液生津，意识灵明，我融入"闻法"的喜悦中，全然地活在当下……听着听着就似乎"入"了，有了一个对神性的瞥见，仿佛是天空乌云散去，阳光洒下来，豁然开朗！又如大地冰雪消融，露出黑黑的泥土，心与自性相融。

Franky："戈师，培养自己的觉知、觉察能力，动作一定是慢的吗？比如我快点可不可以？"

戈师："当你能够保持觉知的时候，快和慢都没有关系，就是说你在觉知当中快和慢都没有关系。在你不觉知的时候，当你动作慢的时候更容易觉知一点；当你匆匆忙忙的时候，很多时候你就被这个事情带走了。所以这个时候为了让自己觉知，要把动作、把事情，包括你生活的态度要慢下来，节奏慢下来，有一种从容、优雅的时候，这个心容易提起你的觉性。当你已经在觉知当中，快慢都没有关系；当你容易丢掉的时候，要把它慢下来。我们整个人生，包括大部分的生活，都在匆匆忙忙地做，好像要赶这个、赶那个，这样你的心就缺少一个空间，这个时候，要让节奏慢下来，好让心更加觉知。

"所以《道德经》里面讲，圣人好像看起来缓慢的，那是为什么呢？就是因为他一直在警觉当中。在你不觉知的时候，有的事情，啪，就滑过去了；但等你觉知的时候，它自然就有一种优雅呈现出来。一个就是让它慢下来培养觉知，一个是你在觉知当中它自然而然地慢下来，但你真觉知了，你也可以想快就快。

"不过，对一般人来说，主要还是要慢。节奏太快了以后，容易脑子稀里糊涂地不知道干啥，干完这个忙那个。包括我们看书、读文章也是这样，一天到晚翻了一百篇文章，其实一篇文章也没看清楚，就是没有真正投入地做一件事情。这个时候，我们要专注地、全然地做一件事情，它可能就会慢一点。"

师看向 Franky："像你的微信，你每天发六篇文章，为了赶这六篇，一是自己不容易觉知，二是它质量就会下降。如果你不给自己一个任务，不是每天一定要发六篇，这样就会很从容、很优雅地去做，能保证质量。偶尔发三篇也行啊！现代人关注的东西多，发多了，他也不一定看，你要发少一点、精一点的话，可能效果会更好。"

L 师兄："有一句话说'慢慢来，才能快快到'，是这样吗？"

戈师："那句话也可能有另外的意思了。你修行的时候，不要太急，不要太图眼前的效果，要从容地去做，这样把基础打扎实了，功夫做够了，反过来说你更容易达成效果，最后总起来说反而是快了。如果你急于求成，什么事情都匆匆忙忙，想三天就成就什么，执着于一个效果，想快，最后你反而是慢下来了，就达不到效果。修行要发长远心，点点滴滴地去做，不要追求速效。急于求成的话容易出岔子，而且会感到失落。"

六、修行人应有的弘法态度

茶香四溢，大家静静地品着，阳光洒入室内，有一种别样的静谧和温馨。

Franky打破沉默，问："戈师，何为僧宝？"

戈师："广义的僧宝，不是光指出家人，那是狭义的。僧宝，就是修行有成就的人、圣贤，包括在家和出家人。狭义的就是把出家人叫僧宝，认为皈依出家人就有什么福报、福德，这都是不究竟的说法。到了密宗，到了禅宗，都是直接以智慧的见地来衡量的，说法是圆通的。如果用圆通的话来说，就是你修行有成就了，那么你在家也是出家；如果你还是凡夫，你出家也是在家，你跟那个外形不符。不是我穿了一件衣服，办了个仪式，我就怎么样了，所以要依法不依人！"

Franky："戈师，我们自己都在修行过程之中，怕正见不具足，不敢弘法，怕误导大家。"

戈师："这个要调整心态。上次有一位师兄，她在一个瑜伽道场做义工，她有一段时间很困惑，别人问她你在干什么？在教什么？你这样就是弘法吗？就弄得她自己很困惑，我做这个有什么意义？我自己水平也不够，不能弘法呀！然后我就跟她说，你不用说你在弘法，你现在就是一个普通人，在瑜伽道场帮忙做事，你喜欢做这个事，你认为、觉得它有点意义。你主要是在那学习，提高自己，不是去那儿弘法。不要把这么大的担子加到自己身上，认为自己是去弘法，然后别人一问你如何弘法，就被这个担子压得很沉重，根本弘不了法。你只是在这个道场里面做一些善事，认为它有意义；主要是你自己在学习，高高兴兴地在那儿生活，提高自己。

"你在佛医堂也是这样。你去佛医堂，首先是去那儿学习，去那儿共修，不要动不动就说我在弘法。你在自修的同时，也做一些有意义的事情，虽然还没到弘法的阶段，但是你可以有弘法的愿力。就像我们现在还不能度众生，但是我要发度众生的愿，为了度众生，我要提高自己，弘法的愿还是要有的。那么为了弘法，我得赶紧提升自己。比如说，佛医堂要弘扬南老师的法，这个愿还是可以的；但你们为了很好地弘法，就得提升自己，不断提升自己。在做这个事情的过程当中，也可以说是广义的弘法，但不是真正地去度人。只能修一些善法，做一些好事，但是不要说我来度你呀，我来弘扬什么，还没到那么高的境界，或者只能说给大家提供一些机缘，来学习，来跟佛结缘。"

Franky："我们没有足够的修证，我们给人家讲的东西，我感觉不究竟！我们只能介绍，比如说南怀瑾老师的书很好，介绍给他们看。"

戈师："一是不要动不动就把自己放在弘法度人的角色里面，另外也不要把弘法看得太严肃了，好像我什么都不能做了。就是发心要正，该做什么还做什么，只要把自己的态度、位置放正了就可以了。比如说你可以作为一个朋友，跟别人探讨、分享一些修行方面的资讯，这都没关系；但是不要把自己当做一个师父来弘法、来度人，那样就成了'我慢'了，你还没到那个位置上。作为朋友、道友，你可以帮忙；如果你搞得太严肃了，好像自己什么也不能说了，那也是偏激。你现在虽然不是一个觉悟者，但是至少你在佛法里面有一些体会，有一些还是比别人高一些的地方，还有人一窍不通，什么也不知道，结果你介绍他来入佛门，这也是做好事啊！学学因果，讲些基本的见地，这都是可以的，这个要灵活。你以朋友的身份去帮忙，去推荐、分享一些东西都没问题。"

七、爱的真谛

拥有一份真爱是每个人一生的情感梦想，戈师说，真爱是爱而无执的境界，与真我如影随形。我这个小女生同所有人一样，对爱情有着最真的梦。虽然明知一切是空是幻，却仍然爱得很美、很真。情感这一问题应是人类永远说不完的话题，已婚的、未婚的对婚姻都有着或多或少的困惑。只有当我们达成大智慧，才能真正获得爱的解脱、解脱的爱。

大多数人对爱情婚姻中经历的伤害、曾经的痛都不能释怀，无法超越，我就此请教戈师。

戈师："修行就是要面对真实的生活，任何事情都是修行的契机。在爱情中受到伤害，这个时候不是去抱怨或改变对方，而是要换一个态度、换一个心态，来观照自己，转化自己，这才叫修行。

"如果顺着那个事情本身走，去看见对方的问题，这就是凡夫俗子的套路。我们不能说这个事情一定要怎么样才行，来要求别人或者环境要怎么样顺自己的心意，而是当我们面对外境的时候，要观照自己的起心动念是怎么样的，这个时候我们能不能用正见、正念，用智慧去转化自己的心，这才是修行。

"永远没有完全如你意的事情。天下事都要按你的设计来走，一定会如你所愿，那是不可能的。别人不会完全按照你的意愿来操作，社会也不会按你的意愿来运行，这天地间宇宙万物都是在自己的轨道上运行。你只有用正确的态度来面对，而不能要求别人来顺着你。

"首先要接受当下的事实。不排斥，不对抗，同时保持觉悟，保持智慧的观照，然后深入这里面跟它共处，跟一切问题共处，让你的心清明！跳出来！

"所有的问题还是因为愚痴，想抓住什么，想占有什么，这本身就是有一个错误的知见在起作用；现在有了智慧、学了智慧就得换一个态度，换一个思维来看问题。"

Franky："有时候某些表现也是可以理解的，是不好的种子的爆发，应在觉知之下来转化它们。"

戈师："对。当你有了情绪，或者有了不痛快，有了任何反应，不管是别人的还是自己的反应，这些反应你都不要去排斥它们，也不要说它们就是不对的。但同时你又要不陷进去，不要认同它们——认同就完全变成那个情绪了——而是要超然地看清楚它们，看清这个事情的本身，这就是智慧。你观照内心深处的中心，如如不动的中心点；不管外在怎么起伏，但是里面有个如如不动的中心。

"《中庸》里面讲'喜怒哀乐之未发，谓之中'，有个未发的中心点，只是宁静地觉知和观照。外面是有喜怒哀乐，但是我同时能够回到那个中心点，静静地和情绪相处，既不是压抑它，也不是顺着它走，这样你能够回到中心点。慢慢地你发出来的情感就会正常，有中心点之后，喜怒哀乐都发得恰到好处，故'发而皆中节，谓之和'。'中'是回到我的本体，'和'是由本体自然而然地流露。

"随着静心的深入，我们的爱心也随之增长。我们要做的就是专注于道——热情地虔诚地爱'道'，终会体认道，从而神圣的爱也会在内心滋长。"

戈师："比如说婚姻，从不安全感来讲，'啊，我这个家庭要维持'，当你想去维持它，想去执着它，想把它维持好的时候，这就已经是一种不安全了——这种追求安全的心就永远是不安全的。

"要认识到家庭、婚姻关系的真相。你为这个家庭去奉献、去付出，不是去追求一个什么东西，不是去占有什么东西，不是去把持它，要把它放到整个人生的大舞台上去看，做你该做的事情。不去追求什么，不去抓什么，你不抓什么，你就最安全了；只要你想抓，你永远抓不住。你怕你的老公、怕你的老婆会离你而去，天天这样担心，那并不能保证安全；恰恰相反，更有可能'心想事成'。你要给他（她）一个空间，给他（她）天空，天空任鸟飞，让他（她）去飞，结果他（她）飞来飞去、飞来飞去，在你的天空里飞不出去。"

师看着我们笑了，我们也笑了。

戈师："这就是最安全的。你没有天空，光是想设个笼子，想把他（她）关住，你就把他（她）扼杀了。要么是被你扼杀了，要么就是他（她）把这个笼子打破。"

要警觉！这些话在点醒我们！

正如《围城》所说："围在城里的人想逃出来，城外的人想冲进去。对婚姻也罢，职业也罢。人生的愿望大都如此。"人性中有些可悲的因素，就是对自己现实处境的不满。我们常说知足常乐，欲望永远是不满足的。鲜有人说"一切都是，一切都好"，现在的生活非常好，我很知足！呵呵。

幸福美满的婚姻，应是几世修来的福报吧！

"幸福的家庭基本相似，不幸的家庭各有各的不同。"对待婚姻的态度，我认为应是"因上努力，果上随缘"。

戈师天天讲"真爱"，讲不执着、不占有、分享的爱，是想让我们超越爱的樊篱，进入道的天空，达至无我之大爱，自他一体，同体大悲，在情爱中获得解脱。

想起了几日前戈师与两位道友关于情感的对话。特整理于此，有利于我们洞悉爱情的真相。

道友："爱情，这是个哲学话题，请戈师指教！如何让自己成为爱的源泉？"

戈师："一、现实的爱情，是'爱－恨'关系，也值得体验、经历，不能以理想中的纯爱而求之。二、至于真爱，则必无我而自性圆满，此已非爱情范畴，乃至上之境界也。"

道友："戈师，爱是美妙的、温润的，但为什么还会体验到冲突、矛盾？是不是那就不是爱？"

戈师："那就是一般爱情的本来的样子，因为是两个人相爱。因有二，而相吸；而有二，必矛盾。若无我，则无二，同时亦无执，此时又非一般所说的爱情了。因一般爱情必有贪恋，而无我之爱，已无贪恋。此亦吊诡之局面也。经历有漏之爱，窥见神圣之爱，进入自在解脱！"

道友："这个'二'好关键！比翼双飞，着实不易。"

戈师："故爱情不能期望过高，以理想境界求之，必增烦恼。盖自身亦有局限，如何求对方满足自己的理想？现实爱情乃一生活之伙伴，相依相扶，而兼容各自之缺点。能共行道业，则已甚美也。"

道友："戈师，O禅师的书里边说，自我产生出那些障碍，你无法失去你自己，而爱是失去、分散、融解或融入，如果融入无意识那就是爱，如果融入超意识就是祈祷，但两者都是一种融解！戈师，这两种融解是一个状态吗？无意识又是指什么？"

戈师："这里的无意识，指进入爱的状态而暂时忘却自我，不是有意识地超越了自我。坠入爱河，是无意识的；升入祈祷之爱的天空，是有意识的。"

戈师的这些话语，也让我的心不断地从"爱"中升华，我慢慢地从戈师的文章里不断地吸取滋养，不断地洞悉爱的真相，跳出来，升华爱情！

所有的道路最终都通向同一个真理。爱的道路也一样。

我们透过爱达至爱的升华和生命智慧的开花，从自我之爱慢慢升华为无我之真爱，从对个人之爱逐渐扩展为对众生的慈悲。

我们慢慢蜕变成爱之使者、爱的化身，慢慢达成像佛陀那样慈爱温暖的人。

透过爱而超越爱，达至慈悲一体，达至生命智慧的开花，这或许是爱之真正意义所在吧！

八、谎言与真实

L师兄："戈师，我小时候特别爱说谎，现在长大了觉得为此付出了很大的代价。"

戈师："什么代价？"

L师兄："小时候要经常看大人脸色才会有好果子吃，所以爱说谎。然后长大了，做一些事情，老是不太爱说真话。有些有利益的因素，也有些无意义的说谎，这样久了以后，就感觉生活特别累。"

戈师："你活在谎言当中，当然会累了。一个谎言，需要再用十个谎言来配合它。过去的行为，造成业力，这已经是历史，成为事实了。你现在只要问'我现在该怎么做'，不要再纠缠于过去。

"从现在开始，既然已经认识到它的问题，除非在特殊情况下，你不再说谎。自己给自己制定一个戒律，要活在真实当中，不要活在谎言当中。

"以前的事情已经过去了，过去心不可得，不要纠缠于过去的事情。以前说的谎，已经说完了，也是找不到的，也是空性的，就像流水一样过去了就过去了。

"从现在开始不再撒谎，不再说谎。除非关系到你的生计，关系到你的生命安全，在特殊情况下，可以有意识地说谎。说谎的时候，你是有意识的，是一个设计，是为别人好、为社会好。

其它情况下，就尽量不再说谎，活在真实当中。"

L师兄："这么多年，我已经变化了，但他们还会以为我是以前的样子。我还得按以前说的谎，继续圆下去。"

戈师反问道："为什么还要延续呢？这么多年已经过去了，把真实的状态告诉家人不就得了吗？我是什么样的人，就做什么样的人，多轻松啊！如果没有特别大的问题，就告诉他们真实的情况，除非不说谎会特别影响你的安全、影响你现在的生活状态。如果没有特别的影响，你为什么还跟他们说谎？"

L师兄："对亲戚朋友，现在告诉他们真实情况是这样的，他们就会说，'啊，那你以前不是说谎了吗？'"

戈师："那就承认呗！以前你因为某种原因撒谎了，现在你结束这种谎言的状态。"

L师兄低头深思："内心会有一个我执在想……"

戈师赞叹地打断道："对，你知道有我执了，那现在正好破这个我执。这个时候正好观照，你把真实呈现给家人，你现在正好可以活出一个真实的状态，从现在开始，要做新人。"

L师兄："我现在能做到一些，但是没办法全部做到。"

戈师："尽量去做！实在不行，就告诉他们有些事情暂时不能说。能够不说谎就尽量不说，那怕你保持沉默。这是你的习气，你要把它转化掉。

"不要为过去而纠结，老是在纠结过去也没有必要。从现在开始，你不再说谎了，除非在特殊情况下，像影响到你的生命安全、造成巨大利益损失等，没有更好的办法的时候，你要有意识地去说谎。"

L 师兄："如果会造成名誉上的伤害呢？那怎么办？"

戈师："名誉不过是你的我执，你的自我形象，那都没有关系，你正好把它破掉。"

L 师兄笑道："我觉得好像破不了，还挺在意的。"

戈师微笑："对呀，你在意，还是一个习气啊！这个时候要有智慧地观照它。如果能把我的面子、我的形象破掉，这对你是一个大好事啊，那样你活着多轻松！我们一辈子大部分时间在看别人的脸色而活，多难啊！操心别人怎么看我，别人怎么说我，我这样做别人会怎么样？这种操心是毫无必要的。你活得怎么样，是你的事情；别人怎么看你，你没有必要在乎。我们要在乎的是自己的行为合不合理、合不合法，有没有损害他人的利益；至于操心别人怎么看我，怕自我形象受损，那就毫无意义。修行人依'良心'而行事，你做好事不是为了别人的表扬；不做某件事情，也不是因为怕别人会怎么看你。

"要用菩提心来统摄你的生活。这个事情是不是有利于我的觉悟？有利于众生的利益？其他的就不要考虑了。如果做这个事情对大家都好，哪怕一万个人骂我，有什么关系？当你做好事时别人骂你，你这个时候功德上涨啊！比如因为学佛、念佛，别人诽谤你了，这个时候你在消业，这是很好的事情。反过来说，你做了坏事，别人来说你，也是帮你消业；你做坏事被人家知道了，你这个坏事业力就小了。如果你做好事别人骂你，或别人不知道，那你叫积阴德，功德更大。不管哪种情况你都赚了，多好的事！"

L 师兄欢喜道："这样一说，我心里好受多了。"

戈师："做好事，别人不知道，功德更大；做坏事，别人说你，那你做坏事的这个罪恶就减小了。那你还怕什么呢？"

停顿了一下，师又说道："觉得别人不理解我，'我对你这么好，你怎么还这样对我？'其实，如果你做得这么好，别人还这样对你，那你这个好事就更有档次了。如果我做了一点好事，别人就说谢谢你，似乎就平衡了，这就把好事抵消了。"

生命中，我们可能都撒过谎：有意的，无意的；善意的，恶意的……骗人者良心难安，被骗者若是知道了真相，也会感到愤怒和伤心。

但愿通过这篇戈师的开示，我们能从此做一个真实的人。

诚然，我们只有看清诸法的实相，才能生起大智慧，无愧于心，坦坦荡荡地做人；也只有真正看淡、放下名利得失，不患得患失，才不会活在谎言中。否则，不撒谎只是一句空话，因为你做不了自己的主人，真我不当家。一个敢于以真我示人的人，一个充满智慧而慈悲的人，在生活中才会有真我的力量和人格魅力，才能真正获得他人的信任和爱戴。

九、佛法与世法

伊女士插言道："老师，人的精神不专注，是不是和身体健康与否也有关系呀？比如说气血不足之类。"

戈师："有关系，身心相互作用。但是心永远是能动的一方，心理状态虽然受身体的影响，但并不被身体所决定。如果你通过精神的修养调整好了以后，反而能转化你的身体。"

伊女士进一步追问："如果吃中药还调理不好，是不是还是精神方面有问题？"

戈师目光炯炯："对，精神是更本质的方面。你做中医调理，在某个层面会有效果，身体调好了，对精神会有作用；但是如果你长期生活的习惯、精神的问题没解决，它慢慢又把身体给拉回去了。身心两者，源头是精神，心是根本。

"身心是存在相互作用的。有时候比如神经衰弱、睡不着觉，是因为身体的原因。修炼本身就是身心同练的，就是让身心打成一片，相互结合，它就会达到一种统一的、和谐的状态。所以说，你打坐啊，站桩啊，练功啊，既是对身体的作用，也是对精神的作用。"

伊女士："老师，身体健康要从更高的能量上来解决问题，就是从精神方面来解决吗？通过站桩或打坐？"

戈师笑："站桩、打坐并不只是为了健康，本身也是在修炼精神啊！站桩、打坐只是形式。"

伊女士笑："我就是为了健康去站桩。"

戈师："修行要有整个的见地。为什么要去这么做？要干什么？指导思想要明确，对方法要理解。很多人瞎练，练出问题了，老是追逐心里的感觉，要怎么样怎么样。"

伊女士："老师，像我一直身体素质不好，吃了很多中药，您觉得我是要通过打坐、站桩来调整，还是要配合吃中药？"

戈师："吃药也可以，要两方面配合。但中药你要找到合适的中医师，要找准路子，要对症。

"本质上还是要靠调整你的生活状态。这个就需要有智慧了，就要修法，修你的心。把心理上的问题解决了，才能彻底把你身体上的问题解决。"

Franky："戈师，我现在养成这样一种呼吸的习惯，您看行吗？我呼吸的时候，肚脐下很热，可能跟我念准提咒有关系；我们念准提咒，要一口气念完，在念之前，我会深吸一口气，然后再一口气念完。别人是顺呼吸，吸气时肚子胀；我是逆呼吸，吸气时肚子瘪。"

戈师："没事，这两种都正常。"

Franky："戈师，弘道机构、道场的运营很难，如何解决弘法和费用之间的矛盾？如果我们打着弘法的旗号来经营我们的道场、来做生意的话，很难把握其间的分寸。

"我在想，一个道场如果没有自己的灵魂人物或核心产品，运营起来确实不易。"

戈师："这就是弘道机构中一个大的矛盾。因为又要弘道，又要维持经济上的运行，要生存，要赚钱，这就有压力。佛法又是超越商业的东西，正法是超越经济效益的，那这两者要结合就很麻烦，很难保持平衡——你是在弘法呢？还是在做生意？

"有的时候为了经济利益，你说的一些话呢，就可能偏离了"法"，比如过分宣扬一个东西的好处。你们发心应该是没问题的，要弘扬佛法，弘扬南老师的法，这都很好；但是为了维护道场的运行，你们也有某些必须要去做的事情，包括商业操作。

"这中间确实有些问题。有些地方为了卖他们的产品，就说这个产品怎么怎么好；但从养生角度看，没有什么产品一定是特别好的，最终是要靠自己修。但是你教他自己修，你又不赚钱了！"

师无奈地笑笑："光说修行，不能赚钱，而弘道机构又要维持它的生存！"

Franky："像我们佛医堂是一个道场，传播传统文化，让更多人来结个缘；在运营方面肯定是走中医诊所的路子，可能会加入一些产品。"

戈师："对，要把两者分清楚。商业运营就慢慢归到商业这一块，只要你不坑人，不骗人，也确实为治病，为他们的健康带来帮助，就没有问题。但尽量少用佛法的名义去变成商业的利润，这两个方面要分清楚。法归法，商业归商业，不去做那些虚假的或者骗人的宣传，只用自己正儿八经的方法该赚钱时赚钱。若确实发明了一种能够用佛法来治病的方法，也确实能对很多人的健康有帮助，也可以适当挣钱。他去医院也得交钱呢，到你这交钱可能交少一点，你不坑人，不以经济利润为目标，合理地赚钱；你要维持这个道场，还是要赚钱的。

"比如观虚书院，我们办班也收费。但是我们一开始就把它跟商业行为分开，我们永远不是以赚钱为目标；收费只是为了维护道场的运行，本身是为了弘道的事业，在这个范围来做。

"比如说，我们去年要买套房子做书院，有的人就说愿意把房子买下租给我，有的说愿意参股，这样就会变成一个商业机构。参了股以后就要有利润，有利润的压力，就会有很多矛盾。所以一开始我就把这些全否定掉了。我说能够把它买下来就买下来，买不下来就不做，我不会说是来搞一个股份公司，承诺将来要给大家分红，这样就变成一个商业机构了。

"观虚书院是一个弘道的机构，是以'道'为根本，一切都是为'道'服务的。变成一个商业机构就会有利润方面的压力，给大家承诺，你投多少多少钱，我将来给你多少利润，那整个弘道事业就会变形。

"即使我们书院将来会有某些商业行为，但商业永远是第二位的，是为弘道服务的。书院绝不会成为纯粹的商业机构，要赚多少钱，要有多少利润……这样的话，我们的心在牵挂利益的时候，就离开了道。"

…………

今天下午几个小时的闻法，大家各有所得，皆大欢喜。

时间已经很晚了，大家起身准备离开。

临行前，L 师兄对师说："戈师，我的我执很强，让我给您行个大礼吧！"

她说完给师行了三个大礼。

他们走后，我请教师大礼拜有何殊胜意义？

戈师说："对我来讲没有意义，我不需要任何人的礼拜；之所以接受她的礼拜，是因为这对她自己有好处。能这样把自己放到最低，就能接到师父的加持；能发自内心地行礼，她这个心就柔软了，臣服了，放下了，这对她是有帮助的，有功德的。另外，你敬拜善知识，不就向佛法靠近一步了吗？到庙里去拜佛、拜菩萨，也是这个道理。"

几小时的闻法，使我有身在佛国之感，一个新我诞生！愈学愈觉佛法广大无边，能这样不断地成长，每天进步一点点，对我来讲，听闻正法、增长智慧就是人生最幸福的事了！

真正的快乐

按：做《宗教智慧Ⅳ：活出真我的风采》的校对，师建议我暂时放下写作，一心校书。于是每天长时间对着电脑，有时是累得流泪，有时是被戈师的法语感动得流泪！内心时时处于一种法喜状态，于真正的快乐有一些体味。历时一个半月终于校完，我的灵魂也经历了一次洗礼！感恩戈师！感恩法界！

新弘　2015 年 1 月 17 日

真正的快乐是"守中"的——致虚极，守静笃，和自性在一起，超越一切对象带来的苦乐，喜悦而无依凭，是真我存在的洋溢状态。

当下什么也不缺，本自具足。坦然地接纳自己，接纳生活中的一切发生，一切如是，一切皆好。

你享受着生命的阳光，快乐自在地存在着，任何事情都打扰不了你内心的安宁。

对于一些修行人来说，有时候烦恼也许还能观照到，而快乐大部分人都容易染着，忘了觉察、观照，心有时跟着走了。

有些人事业顺遂，便得意忘形，飘到云端，"找不着北了"，强大的自我慢慢升起，然后直到"撞墙"！这就是没能守中的结果，觉察不到那些并非真正的快乐！真正的快乐是清明在躬，心不增不减，得也坦然，失也坦然。

幸福快乐生活的钥匙到底在那里呢？在你的手里。当你能时时和自性在一起，你便成为富有的国王。你可以唱歌，也可以舞蹈，可以听音乐，也可以在人群中分享你的成长。你于一切时空中庆祝，奇迹发生了，快乐围绕着你。同理，幸福、自由……你想要什么，都可向自性里找。

戈师说："凡夫是完全被外在所控制，随外在的刺激而反应，而觉者是活出了他内心的自由而不再为外物所扰，能够心能转物而不被物所转，这是我们修道的真正的方向。"这需在生活中历事炼心，真正做到。比如说我前几天经历的一个事情：

一个骚扰电话打来，正忙着的我跑过去接。

听了两句，心中有一丝丝愤怒升起——他打扰到了我！

返观一觉！如果一个电话能让你不快乐，那我就是把快乐的钥匙，交给了这个人。他让我快乐，我就快乐；他让我不快乐，我就不快乐。这就是戈师说的心随境转了！

这快乐的钥匙应是掌握在自己手里！我一句话没说，不带情绪地、平静地放下电话。同时问自己"钥匙在哪里？"愤怒当下消失。呵呵，这是一次很真切的体验，虽然事情很小，但是通过修行，我已能在事情发生时观照到自己的情绪，心已经有观照能力了，内在已经开始慢慢生起了力量。

继续做着我的事情，心里竟又有些慈悲那个打电话的人，一丝丝的怜悯生起，为什么要这样骗人呢？一个可怜人，祝福他早日醒悟！

那你可能又问了，人生从此就没烦恼了吗？人活在世，问题永远是解决不完的，不过对于解脱的人，已经不是烦恼，而只是"问题"。事情会有问题，但心可以没有烦恼。随缘而化，事来则应，事过不留，那么这一切并不能打扰我们内心的安宁。

这个幸福快乐的钥匙，你一旦找到，时时觉悟自性，则可于任何环境下，无时不快乐，无刻不快乐，和谁在一起都甘之如饴，你处于永恒的喜乐状态中……于一切时、一切事中，提起正念觉知，体察到自己情绪的变化。当找到内在快乐的源泉，真正的无限的喜乐才有可能。

一切皆为我所用

上午读冯友兰先生的《读书与做人》，冯先生谈其读书经验，已深得读书之法，他把书读活了，为我所用了。大家之言就是不一样！言简意赅，充满真理的洞见与分享，我不禁由衷赞叹！其中，冯先生提到一点："可以把书分为三类，第一类是要精读的，第二类是可以泛读的，第三类是只供翻阅的。"这引发了我的一些联想和感悟，于宁静中悟到宇宙是一部大书，宇宙、人生的一切，都可以"六经注我"！一切皆可为真我所用，无入而不自得。

想起虞万里先生的一段话："一个人钟情于什么样的书，并愿意用生命与它沟通，日就月将，你可能就会成为怎样的人；成为怎样的人，就会形成与之相应的生活道路和学术品位。在这个意义上说，书是有生命的……"读书就是读人，人亦如书，有的需精读，有的可泛读，有的则翻阅即可。

对于古圣先贤、善知识我们需精读，和他的精神思想相应，解其意，深入了解其智慧，在圣贤的智慧指引下，点亮自性的心灯；和他的悲心、愿心相和，扩大你的心量。读圣贤之"书"，应在存在中实现"交融"，之后有我们自己的理解和主张，在不断自醒自悟过程中，立言立行，让心灯逐渐大放光明。从这个意义上说，一些同道朋友也要人生互相借鉴，共同成长，属于泛读、翻阅的层面。

这是读人之"书"，其实自己也是要读的一部书。那么我们读己、对于一己之身心，应如何读透？这就需要领悟生命的奥秘！

何期自性，本自具足！"人身小宇宙，自性大圆满"。让道滋养你，让法注入你，在浩瀚无边的宁静中，六经注入你。让一切人事物有益的养分注入你，自性如如不动，觉察、观照、控制你的情绪、思想、念头，心能转物。情绪、思想、念头皆为你所用！想让它有就有，想让它止则无，如戏，后面的主人一直都在。当有了主人的时候，是你在运用情绪、思想、念头，运用这个身体在做事，而非为情绪、思想、念头所转、所控，跟着它走了。提起便是，放下便休。你清醒地觉知，接纳一切，观照一切，一切都是，一切都好，一切的发生都变成你成长的资粮，成为修觉他的福德的机缘。

你一直有一个觉照在，性灯长明。正如戈师说的："成功的标志不是你拥有的财富和身份，而是你能驾驭心念的野马，并享受自性的广大原野！"你运用财富和身份，运用外在的一切，你驾驭思想、念头、情绪的野马。达到此境界，要有很高的定境，这就是修行之意义所在。

如何读宇宙之书？你与宇宙合一，当你的小我打开，与宇宙同体，则河流山川、日月、清风皆可滋养你，注入你，给你能量，给你生命的滋养，你享受大自然的一切，呼吸吐纳，大自然会像母亲一样呵护你，抚慰你，是你最温柔的情人，你感受到无限的爱和力量。只要把心空下来，融入它！江山无主，宇宙在抱，谁有智慧，谁就是它的主人。

冯友兰先生说："只有达到六经注我的程度，才能真正地我注六经。"只有自觉了，才能更好地觉他。时间将成为最公正的评选家，它将选出哪些是真正的大师；众生是最好的推荐者，他们推荐最有智慧的大师给时间。自觉的程度越高，越身心合一、人我合一、天人合一，觉他的事功越好。

历史的车轮终将淘汰那些没有永久价值的书！我们要达成生命智慧的开花，为这个时代，乃至千秋万代的人们留下一点真正有价值的东西；像我们的先贤先圣一样，让后人获益智慧资粮，智慧之芳香利益久远，此人生才有意义。

知此，便知人生之取舍。成为了身心的主人，一个如佛一样的人，宇宙间一切万物皆非真我所有，又皆为真我所用。

当然，真我无我，其实也无所谓一切为"我"所用。圣贤无我，心中只有众生，一切只为利生而用！

活着的师父

　　书院刚发了一篇戈师翻译的 O 禅师的文章，读后又在"观虚文化共修会"群里读了两篇 O 禅师之文。

　　与师书房对饮。

　　我情不自禁地说："O 禅师，我太爱他了！"

　　戈师微笑地调侃道："你爱上他，就不爱我了。"

　　我凝望他，笑而不语。

　　戈师："但是，有一点我比 O 禅师强，你猜猜。"

　　我略微沉思："O 禅师不善于顾虑、计划未来，而你能将过去、现在、未来三者更好地融会于当下？"

　　师笑，待我继续说下去……

　　我又猜道："同是诗一般的语言风格，你的思维相对来讲更缜密些？"

　　师仍不作答。

　　我冥思苦想，一时想不出最合适答案，于是"投降"："实在想不好了！"

　　戈师神秘地说："我还活着！"说完爆笑，我笑翻……

　　我又质疑："现在活着的人，岂不都是相对老子等古圣先贤更胜一筹？"

戈师："我是说，与所有的大师相比，我是还活着的师父。要珍惜还在世的师父，他才能与你真实地交流。一般人活着只是消耗更多的粮食，制造更多的垃圾罢了，仅仅活着并不能与大师相比，大师们留下了永恒的精神财富！"

我感到一丝警醒，如同当头棒喝。

低头细细回味，从生命存在状态来讲，确实有些人的一生是在制造更多的垃圾，无限度地向他人、社会索取！我们利益他人及社会又有多少呢？让生命越来越精微，多耕耘福田。可不能只当个垃圾制造者，生生世世定当多多利益社会、众生！

除了向过去的大师们学习，我们更要珍惜现在还活着的大师们，古圣先贤的智慧通过他们得以传承，并鲜活地流淌……

不一样的元宵节：戈师开讲"道教思想史"

听闻智者的妙论，沐浴法雨甘露，2015 年的元宵节过得非常殊胜。

戈师在佛教文化研究所为法师们讲一学期的"道教思想史"课程，我有幸也正式上他半年的研究生课程，对道教思想及其历史发展脉络有一个系统的梳理和把握。透过戈师修道的视角，悟入那些道教历史上的大师们的知见、智慧，真是让人感到幸福！

第一讲是"序论"，正好是元宵节的下午。头一天晚上，我沐浴更衣，准备以虔诚的心进入听课状态……

听课的法师主要来自法源寺和广化寺，都是些世外"高人"。班长印觉法师给人感觉定力高深，慧根深厚，气宇颇是开阔，应是修法受益了的；欢喜自在的法雨法师，看上去已将修行和生活打成一片了，活脱脱一个"自性天真佛"！

和诸法师同修，在这样的一个环境下听戈师妙语，清净的心有处清凉国之感，意识全然地活在当下。

戈师的课可以用一个"妙"字来概括——是一种全新的修道的洞见，一种新的启示！

首先，让我对现代的重要的学问方法有一个窥见。戈师在"序论"中主要阐释这门课程讲什么——主要的研究对象是什么；

如何讲——讲课的方式和主要的侧重点是什么；讲给谁听——我们研究的方法和学习的方法是什么……我感到这不仅仅可以用于讲课，也可以用于做学问、读书以及我们日常生活中的交谈等，都应有这样的一种问题意识。主体是我，对象是谁？在哪个层面对接？如何对接？……

其次，道教演变的历史，为后人提供了宝贵的经验。老庄之道、神仙之道、重玄之道、内丹之道的脉络，让我看到道教有一个形成发展并走向成熟圆满的历史过程。从追求长生方术，到理论上的完善与开放互补——佛道兼容，再到理论与实践的完美统一，这是一个由道家到道教的成长过程。就像一个小孩的成长，经由术到道的升华与转化。经过师的讲解，有一眼望穿道教历史之感！我们的外王事功，也要从有形到无形，或由无形融有形，有形与无形结合，有形与无形统一，这也是道与术的统一，即理论与实践的结合与统一。如此，方走在了那个领域的最前沿，单一的终是有偏的。

再次，戈师对整个道教思想史的讲解侧重于历史中的思想本身，特别重视历史思想中对宇宙人生的洞见。戈师说："学习知识不是我们的主要目标，我们更多地是想要汲取其中对于今天的我们的生活仍然具有意义的智慧，来改进和提升我们的生活质量，提升我们的精神境界，我认为这是我们今天再来学习思想史的目的。"戈师永远安住在智慧上，安住在道上。这也就是说，戈师会透过修道的视角诠释道教思想史，让我们更好地掌握宇宙人生的实相与真理，回归心灵的家园，而不是一个简单的知识的学习的过程。这怎能不让人期待呢！

讲到学习态度时，戈师说："对真正的经典，你要去吟诵它，要去体会它，要把握它那种脉搏的跳动，跟古人达到同一心性、同一水平、同一境界的时候，你才能跟古人去相应。不光学习道教思想是如此，我们研究佛经、佛教也是这样。要有同情的理解，要跟它默会、契合。大家学佛教的应该知道，我们要清空自己、归零，让我们的心像婴儿一般，无私无欲，无知无求。所以《南华真经》里面讲'无思无虑始知道'，就是你真正没有思考、没有分别的时候，才能够体会那个道的境界。"以心印心，在道中合一！当你清空、归零，入佛知见，与佛合一，与古今圣贤合一，才能达至佛的高度、境界，才能真正体会那个道。共勉！

最后，原来道教思想的研究在中国思想史的研究中还是很薄弱的，令人心有戚戚焉，深深感到让道教思想发扬光大有自己的一份责任。正如戈师所说："当人们看到道教里面有很重要的思想、有很有意义的思想时，那人们对整个道教的观点就会发生变化。"我又想到，一个人也一样，为什么人们不重视你？这跟他的观念有关。他认为你没有什么思想，没有太多的思想，或者说没有重要的思想，他就可以不管你，甚至忽略你的存在。但是如果他发现你的思想里面有很重要的思想，有很有意义的思想，那人们对你的观点就会发生变化。要弘扬传统文化，首先要自立，回归自性！回到道的洞见那里去！我们要力所能及地为弘扬传统文化尽自己绵薄之力。

整个讲座，系统性强，知识性强，语言凝练，脉络清晰。就好比画画，戈师在序论部分把道教思想史的线条和轮廓勾勒出来，以后的讲解，就是对枝杈进行详细的渲染与描绘。

这是由宁静的中心流淌出来的智慧洞见。娓娓道来，气定神闲。仿佛初春的溪水，微波荡漾，沁人心脾；又仿佛一曲欢快的轻音乐，凝神悦意间，身心都得以滋养。

一堂课下来，我感觉意犹未尽！还没听够！

"序论"部分实质上是戈师为学、为人的经验谈，听后我对道教的基本文献、思想、人物、历史框架都有了一个了解和全面的把握，于正见、做学问和思想视野上都有提升。透过"序论"的讲解，我看到了师之智慧、思想模式和高远的视野，更看到了戈师身上一种平怀观天下的精神境界和胸襟！这时的戈师更像一个思想家！戈师讲的正是我所需的，也应是众人所需要的。

半年的道教思想史的学习，将丰富我对修道、对人生、对宇宙的理解。这半年里，我将和道教思想家们依次"会面"，一周见老子，一周见庄子……现在流行游学，呵呵，这同样是我半年的"游学"生活！跟戈师一起游学，一起飞翔在灵性的天空！道的天空！当然，正如戈师所讲："闻见知解，非得也；循规蹈矩，非修也。凡有执滞，非正见也；凡有造作，非性体也。"我见了谁，学到了什么，还都是外在的，身心性命没得到改变，都是知见！还要"游心"。游学是长见识，游心是做功夫，两者是理论和实践的关系。要真正地利用所得智慧指导实践，让我们的人生走在智慧的轨道上，并修正业习，踏踏实实做功夫，达至念念不离真如自性，当家做主，这才是游学的意义所在。

师之书，有修道经验境界引领的，有观虚宗风展示的，有经典注释的，再加上《道教思想史》，就全了！若能把戈师的系列著作全部读下来，再按指导扎扎实实用功，无论是于正见还是实修，都应能达到当今领域较高的水准。当然，这也得取决于每个人的根器。

在回家的路上，徐师兄赞叹地说："新弘老师，我感觉这一年来，您进步特别大！我都快望尘莫及了。"我笑着说："感觉以前浪费了好多时光，自跟随戈师修行，唯在光阴里争取做到念念成禅。"感恩师兄！这是对我修行的鼓励！顶礼戈师！我的每一点成长都离不开他的栽培。

今年的元宵节过得非常有意义，心安自性三宝，沐浴在法雨之中，这是与往年过节大不同的。月圆、月缺、月本无圆缺，人心所现；性现、性迷、自性本自具足，不增不减！祈愿悲圆、慧圆、菩提圆……合十顶礼解脱好因缘！顶礼戈师！祝福天下众生元宵节快乐！日日快乐，秒秒安祥！

万古同心：听戈师讲《老子》

又是一个星期四的下午，再次聆听戈师的"道教思想史"课程。

今天是第二讲，讲《道德经》。超越时空的界限，在戈师的诠释下，我进一步地理解了老子。透过戈师的讲解，我看到了一个悟道、得道、与道合一的老子。他洞悉了宇宙人生的实相和真理，是一位神仙。警觉而庄重，平常而清静，接受而放松，无为而开阔……一个巨大的、流动的、遍法界的能量场。动静之中，游刃有余；微妙玄通，深不可识！

在我看来，老子也是一位永远"不盈"的和光同尘的读书人。他曾是周朝的守藏室之史，饱读史料。他一定是享受工作、享受读书的。工作即是他的修行，他将工作与修道很好地结合在了一起。

老子是有温度的。在听课过程中，我的心慢慢和他相印，随着戈师的话语融入老子的心跳和脉搏、老子的思想和性格。我被老子震撼到了！被戈师震撼到了！戈师的讲解，透骨透髓！真是古今智者，万古同心啊！

师今天穿了一件蓝色的开衫禅修服，看上去质朴敦厚，又颇有神韵。在课堂上，我看他就像是老子的化身！一个观虚斋版的老子徐徐向我走来……戈师的讲解犹如一部交响乐，有自己独特的节奏与旋律，不时有精彩、有高潮；一开始清柔舒缓，慢慢曲调上扬，把你的心跳、血脉全部调动起来，你凝神静气，热血涌动，陶醉其中，欢喜自在，口液生津……此时乐曲却戛然而止！你回过神来，唯有赞叹与久久地回味……

我又联想：戈师如果是一部经典，我来研究他的思想，统观他的人生步调，可以说是一条不断上升的抛物线。前三十年的潜心修行属"本体论"，是以本体做功夫的阶段；自 2013 年创立虚拟观虚书院以来的一段时光，是"工夫论"，在探索中发展，不离本地展风光。有一天，戈师菩提圆满，就是"境界论"的风采展示……也许到戈师年老的时候，一代大师挥挥手，笑着离开人世，也许会像老子，人们不知道他的下一世还会不会乘愿再来！此时达到了最高潮！人们留下的是无尽的怀念……

我一直在功态。有一刻，我起身如厕，觉察到整个走廊都充满着我的气息，可能是戈师说的"遍照"的觉性显现。在我进门的时候，我明显感到，人还没到，能量场已经进去了！那是一个很美妙的体验。

除了总体展示外，戈师在文本诠释阶段重点讲了"玄之又玄、有无相生、道之为物、道法自然、无为而无不为、致虚守静、得一守一、微妙玄通、勤而行之"等《道德经》中最重要的几章。

《道德经》的中心思想是道的智慧，是修道、悟道的智慧，同时也可以说是自觉觉他的智慧；而"观"是智慧的源头，是智慧的根本的途径。

除了领悟老子道的智慧，我也有一些概念上的厘清。比如说

"名可名，非常名"的"名""玄之又玄""道法自然"中的"自然"的含义……

自然是顺着智慧轨道的自然，而非顺着业力轨道的自然。常人的顺其自然是放任，是顺着业力轨道走的。修行就是你沿着智慧的轨道前行，同时修正我们的业习，回到道的天空。

名就是概念，就是名相，就是观念。名是有用的，但也是障道的，我们生活在一个名相交织的世界当中出不来，有了名就离开了道，就与道分离，见不到道。

戈师说："对于我们修行人来说，我们学了很多道理，学了很多概念、很多理论，但是如果我们不是真正去体会、去实践这些概念，只是把它当真了，以为懂得了概念我们就悟道了，这就很麻烦了……我们去学习它，但是我们知道'名可名，非常名'，真实不在名相里面。当我们学习各种各样的名相，只是'闻思修'之中这个'闻'的一个阶段。

"玄之又玄，玄是深远的意思，里面都是无穷无尽的，奥妙无穷的，不光空是玄，有也是玄，空有不二，同出异名。一切智慧的妙，都在有无之间……前面讲的无欲、有欲，我们讲它是相当于空观和假观，那么这个玄之又玄，我们可以说它是中观，就打通了有无。即有即无，即无即有，无中生有，有之还无，这就是玄之又玄的中观。

"玄之又玄，非 A 非 B，那成佛何以可能？也就是说修行的境界是没有止境的，但是有一个点，到那个点以后就超越了。

"有无相生，当有则有，当无则无，而有无都不着。超越两极对立……"

听完戈师这一堂讲《道德经》的课，我无言了——唯有内在的宁静，唯有心的了了分明！

老子的智慧是全然的智慧，对于这样的一个智者，句句是真理和智慧的洞见，我只有以虔敬之心，虚心向他学习。回归心灵，融入道，去体会他的证悟。

讲课结束后，我们在后海散步。虽没有阳光，但气候温和，春风悦心，杨柳吐蕊。春去春又回，尽现无常之美。

我们开始谈论老子……

我对师说："对于一个已经证道的人，一即一切，无为而无不为。像老子这样的智者，只给后人留下了一本《道德经》，实在可惜，他对人类应该有更多的贡献！可能他太偏于无为了？"戈师一笑："老子要是多为就不是老子了！一本《道德经》流传千古，已经足够了。"

我谈到观虚书院长远的发展模式的问题。

我看着戈师说："我感觉您一生就做了一件事——自觉觉他！"

戈师凭栏望向水面："我一生一件事也没做！"

我们相视而笑！

师又说："进入无名！体会那个一切概念都没有出现的时候，一切名相都没有的时候的状态，只有存在！"

我们停止交谈和探讨，有意识地拉开一段距离，一前一后地开始行禅。

没有头脑的分别，没有念头……

我很快进入静心状态，呼吸绵匀，脚步轻盈，身体里有一股暖流涌过。当我虚掉的时候，一切都变得清晰：清脆的鸟鸣声清晰地划过，没有噪音、乐音之别，只是鸟鸣声声入耳，只是如是地在心湖划过；有行人走过，再远处是急驰而过的车流……一切都更清晰！全然地听、看与照见，又过而不留，一切法尔如是。一任心之活泼与流动，一任意识之空濛，宇宙间有物、有精、有信……

　　这种状态持续了一会儿，一个念头闪过，我就"出定"了。

　　这时，在前面走着的戈师也"出定"了，回头看看我，我说："当无意识时，就没有这么清晰地知道鸟鸣、车流……一定下来，空掉，就似乎觉知到整个乾坤！"戈师温和地说："这就是真空妙有，也是我们说的净土世界。当你的心净下来，这就是净土世界！平时我们的心被牵挂、念头带走了，觉知不到周围发生的一切……我们的头脑在做梦。梦中的世界各有不同，但觉醒的世界是一样的，万古一如。"

　　后海两岸的杨柳吐出鹅黄色的嫩芽，兰花开了，心花也盛开了！香息飘远，静里乾坤，怎一个妙字了得！

大梦谁先觉：听戈师讲《庄子》

时光从我打字的指尖上悄悄地溜过，一如春天里飞速生长的柳芽和怒放的花蕊……一个星期转瞬而过！又是星期四，戈师讲"道教思想史"课程的第三讲《庄子》。

在开车去佛教文化研究所的路上，我兴奋地说："我在想，今天您又会怎样诠释庄子呢？我心里满是期待呢！"戈师警觉地开着车，微笑说："主要讲《庄子》的内七篇，文本部分重点讲几个寓言故事。"为了能让戈师有一个好的讲课状态，我们不再说话，全然地活在当下。

《庄子》的每个小故事都是寓言式的，有无穷的意蕴。庄子是一个对宇宙人生有着根本的洞见、有绝大智慧的人，是一个面对永恒的生命情境而求至高的觉悟、最高的解脱的人。

戈师用最少的字概括了《庄子》的核心智慧："破有限而归于无限，悟无限一体之道而逍遥。"

戈师继续阐释道：

"各种各样的欲望，各种各样的执着和业习，遮蔽了自性的光明，而与道分离。我们进入了与道为一的世界，就是内无我，而外无物。内无我，故能逍遥于自得之场；外无物，故能齐物于一体之域……从内在生命世界来说，这种对有形有相的小我的执着，就产生了各种各样的牵挂、烦恼、执着，就无法逍遥，所以庄子讲到无我的境界。所谓的外无物，就是外面一切的物相，你都能够跳出来，来看到物后面的道。从道的高度，或者道的观点来看物的时候，物跟道就是融为一体的，这就'齐物'了。所有的物都齐了，齐在哪里？齐在那个一体的道的境域当中去！所以对道的诠释一个最根本的意义，就是'一体的无限、无限的一体'。当我们的心真正清净下来，破除了分裂，而悟到了道的完整、道的一体的时候，生命就从这种有限的框框世界里面跳出来，而进入一个广阔的、无限的世界，在那个世界里面，万有一齐，所有的对立都消除了，这种境界就是解脱的、逍遥的境界。"

我们默默地参悟与回味……

何谓逍遥？简单地概括，逍遥是一种解脱的境界。又何谓无待？师曰："'待'有多种解，一曰对待，分别；二曰等待——'待我将来如何如何'；三曰依凭，依赖。"

体会一下太阳是什么样的状态！普照万物，没有分别想，没有分别见；日升日落，只有这一刻，从不等待；光耀万物，却无依凭；平等对待众生，无为，不会去特别地照哪个物，但是万物自然而然生机勃勃地在阳光的照耀下成长。结合这段时间跟戈师的学习，我尝试着阐释一下对无分别的理解：

第一，是指事物有分别，而我们却不执着于分别相。洞悉色受想行识之空性，能觉察和掌控我们的情绪。我们心灵当中的各种各样的念头，知道一切只是"心"上生起的幻影，是自性天空的乌云，而心如明镜一般，无得失、无挂碍、不增不减。若着相了，我们的心智就被束缚，就有了苦；当没有分别、对立，心就自然会平静下来，而进入无限一体的道的世界，回到了我们心的本来面目，超越名相，看到了真实，我们的心就得到了解脱，就快乐。

春天来了，下雨了，我们享受那个雨，外面下雨，而内心无雨。比如戈师讲《道德经》和《太平经》，如果我只喜欢听《道德经》，而不喜欢听《太平经》，就是心对"相"有了分别。当我们有分别相时，就会错过了当下的真实！心就偏离了当下。我就不会用心去领会《太平经》了，以至于错过了《太平经》，错过一个很好的学习机会，就会在两小时内受益不大。而当能反观到自己的分别念时，看到这只是心的分别，只是一个念头，念头无实，看到它的空性，心湖就会恢复平静如初。讲什么，什么好，就像镜子一样，如实照见，讲什么都欢喜，都珍惜。再举个比较有深意又简单的例子：身边只有包子可吃，那包子就最好。如果你非要吃面条，那就是在自寻烦恼！当有条件吃面条时，自然也就吃到了面条，这样，每一刻的人生，你都体味到了它的精彩。

第二，我们对待万事万物平等一如，于诸名相，不着分别。山就是山，水就是水……如实映照。超越高下，超越好坏，超越美丑，超越生死……这种超越性就是不着两边。接受生活的真实，生活中的一些好坏区别，只是我们内心的分别与投射，只是我们看事情的角度与眼光。《齐物论》说："其分也，成也；其成也，毁也。凡物无成与毁，复通为一。"从道的角度讲，无得无失，没有什么成，没有什么毁，相通为一。比如说一个人，你认为他很美，如果哪一天，这个人不美了，你就接受不了。而真实的他一定是有优点，有缺点，是不完美的，当你的心看到了这种实相，就能接受真实，超越美丑，内心就不起烦恼。事情也一样，缺憾即圆满，这就是事物的本来面目，圆满的只能是我们的心，是我们的心在期待它圆满。以分别心来看，没有一件事物是完美的；以无分别心来看，每一件事物都是完美的。

第三，无分别是虚而待物，虚舟无我，非枯寂。无分别地看、听、做……当心无分别，就虚了，虚灵不昧，超越了二元对立，超越了能所之别，只有一，但同时一又生二，二生三，三生万物……它有潜在的可能，能够应物，充满了各式各样的可能性。在这虚的状态中，一切自然地回归和谐，得到统一。

无等待就是不要说"等到将来如何如何"，而错过了当下真实的生活。等我将来有钱了，我就去度假；等我买了车，买了房，我就无忧了，就过幸福生活了；我现在忙着挣钱，等我老了，退休了，我再学道……在这种种等待中，生命就错过了当下的真实与幸福。真实的人生只有这一刻，你享受它，它就是美丽而鲜活的；如果你的心在远方，你就错过了生命。你以度假的心情面对生活，当下每天的生活即是度假。你会发现大自然无处不是花园，生活从来不缺少浪漫与惊喜，只是我们的心没活在这一刻！真正的幸福、快乐跟你当下有没有车、有没有房子关系不大，只跟你的心有关。当下我们只能过平常百姓的生活，就把这百姓的生活过得有滋有味；你非要过总统的生活，就是自寻烦恼！

无依凭，就是说你的自性本自具足。爱、幸福、快乐……但我们迷于外物和欲望，被自己的无明烦恼带着走了，而忘了我们内在有个宝藏，真我什么也不缺！当我们回归心灵的家园，找到内在的那个无缺的真正的自己，你会发现对外界的依赖越来少，会越来越感到心灵的圆满与富足。你生活在人群中，却不被他们打扰。

戈师讲无依凭，还讲到无我、无执、无名、无功……

戈师说："要真正地无待，他必须是无我的。因为有了我，就有了人，有了我，就有了物，把我和人、我和物对待开来，这本身就是有待的境界。有了这种我和人、我和物的对待以后，一定就有问题。当人达到了天地之间自由自在的境界以后，他没有任何依赖，没有任何对待，没有二元对立，就达到了一种真正的自由和逍遥。"

圣人无名，我们一般人很注重自己的名声，自己是几段、几级、什么级别，但是任何的名，其实都是一种对待，也是一种累赘、一种拖累，所以真正的圣人是一种无名的境界。其实无名、无功、无己，本质上都是相通的，也跟老子讲的无为是一个道理。最高的清静、最高的智慧，它没有任何的对立面，是一个完整的统一的状态。

想起戈师曾说过的"幸福观念的哥白尼式革命"："不是世界带给你幸福，而是你以幸福的境界生活于尘世间。"不是生活有多幸福，而是你首先成为一个幸福的人。现在，人们的生活越来越好，为什么烦恼却越来越多？就是因为没有找到心灵的家园！当心真正地安静下来了，心中无事，天下将自定。

《庄子》的主要思想及核心的精神继承自《老子》，我心里暗自认为戈师讲《庄子》，不会出《老子》之右，没想到戈师讲得比《老子》还好！这是出乎意料的，大象无形，就像道一样，你无法界定他；亦如一个婴儿，是不可捉摸的，你以为他一定是这样，他可能就那样了。对于一个真正体道的人，他本身是像道一样无边无际，深远莫测，是无待逍遥的。

讲到会心处，吾不知是戈师在讲庄子呢？还是庄子在注解戈师！戈师融会儒、释、道等各大宗教的核心智慧互解，信手拈来，声调抑扬顿挫，神圣的氛围中偶尔透出一点幽默的元素……从天上到人间，汪洋自恣，挥洒自如！当讲到《庄子》的核心思想及庄周梦蝶的人生真义时，我听得流泪了，欢喜的眼泪情不自禁地流下。人生如果不回归精神家园，大梦一生，真是白活一回啊！无限地感慨，一己之身心，谁是主人？苍茫大地，谁主沉浮？自性具足一切，又与道合；当人合于道，则无待逍遥！

傍晚时分，我与师出去散步。最近我们喜欢在东郊公园的温榆河边漫步，水边林下，听天籁之音。两岸的杨树高耸云天，堤岸上绿柳低垂，微风吹拂，整个人都觉得清明清爽。岸边已经修成水泥路，一条漫长的水泥路沿河而下，伸向天边。杨树结满金黄的蕊穗，有的掉下来，有的仍挂在树上。一踏上这条路，我和师就会自发地、自觉地进入功态，这是我们的默契，自我消失在道之中。阳光透过树缝照下来，马路上光与影的交织，仿佛有无尽的信息能量……路者，道也，始点是道，过程是道，没有终点，处处皆道场。

我试着练习课上学的"耳根圆通"法门，"心斋"这一段是讲如何做功夫的，我听后非常受启迪。"无听之以耳而听之以心，无听之以心而听之以气。听止于耳，心止于符。气也者，虚而待物者也。唯道集虚，虚者，心斋也。"结合戈师的讲解，我试着找那种感觉。以神遇而不以目视，不用眼睛看，不用耳朵听，用神去感觉，用心去体会，去感应一切存在……自我慢慢消融于无边无际、无限广大的道中，一切了了分明，然又不在心外，那种物我一体的感觉，没了思想的分别，没有了牵挂，没有了尘劳，心慢慢地清静下来。

"心斋"给我的启迪无限，有一通百通、妙用无穷之感。在虚中听，在虚中看，在道中舞，在道中做，在道中说……无论你做什么，皆在道中！一旦你悟透了它，掌握了它，六神有主，在道中，无待而逍遥。

我说："戈师，《庄子》的内七篇，能不能这样简单地概括——'逍遥游'就是我们达至内心的自由与解脱的境界；'齐物论'就是要我们天人合一，回到无限；如此，我们也达到了'养生主'，游刃有余于'人间世'；有了光明的德性，就进入'德充符'，自觉觉他，内圣外王，成为了一代'大宗师'，也才能'应帝王'？"

师笑笑说："有点意思，但是具体的比这丰富。逍遥游，就是一种无待的境界。无待则当下具足，本自清净，本自解脱。"

我谈到听课的体会："'庄周梦蝶'里面的庄周和蝴蝶，无论是谁化为谁，都是从一个自我到另外一个自我，在自我之间转换，没有真正醒来，而那个能做梦的人才是我们的'真我'。人们在梦中或喜或悲，没有找到真正的自己！"

戈师说："你梦见的事和做梦的人都是在梦中，要找到那个'能做梦而恒清醒的人'，方是大觉。有的时候，我们自以为醒来了，其实我们还是在梦中，梦见自己已经醒来，是从小梦中醒来，那个大梦还是没醒。大梦谁先觉？人生这场大梦要彻底醒来，就要成佛、成为真人才行，所以庄子说'必有真人而后有真知'。没到真人的境界，没有真正的智慧，也不可能真正地从大梦中醒来。一般人以为那个做梦的人是真我——你昨晚做了一个梦，早上醒来，知道那是一个梦。这是小觉，你还执着那个梦！真我要去找。大觉小觉都是相对的。在没有成佛之前都是小觉。而相对下面一层来说，你可能又是大觉。开悟了，就觉了。从醒来的角度来看，庄子和蝴蝶这种区分本身也还是在一个梦当中，大觉当中没有庄子，没有蝴蝶，只有统一的道。"

不远处万绿丛中花几树，随风飘来淡淡的幽香。凝望浩瀚的星空，一个逍遥的真人若隐若现，似乎弥漫着无穷无尽的真人的气息……

我对师说："现在才知道什么叫敬畏！自从听您讲了老庄，大开眼界，才知天高地阔！才知自己是无知、无智，才知道什么叫'不敢为天下先'！"

戈师笑说："知道自己的无知，就是有智的开始……"

跟戈师学道，逐步合道，让我得到了道的加持，得到了道的能量、道的智慧。没有期待，没有分别，没有依凭，以一颗平常的心生活于红尘中。

我会行禅了

当你有了自己的体悟，知见就真正受用了。

我昨天突然就会行禅了！对行禅有了深刻的体会，戈师讲的道理在实践中真的落实了，落地了，生根了，发芽了！以前我时常与戈师一起行禅，自己也行禅，可每次觉知的体悟都不一样，这一次，我认为是真正找到了，因为"和谐"发生了。没有努力，也没有分别，它就是！全然的觉知与优雅！

我的感悟是，行禅时，把向外的意识收回到自身，且不要带有努力，自然而然。只要是努力的、刻意为之的，就是不自然的。你可以观察一下路上的行人，他们走路匆匆，意识是向外的，在赶路，在找寻新奇，在搜寻目标，或者大脑在胡思乱想……而行禅即是没有目标，只有方向，在目光自然地收回来向内看的同时，看似没在看外面，但一切外面的情景也都知晓！不昏沉，也不同于静坐的混沌状态。你感受到阳光的温暖，空气的静谧与清新，会注意到小草的新鲜，大自然的一切都充满艺术的美感和生机。一派和谐！但一切又都没分别，你只是与存在和谐地共舞着。

以前是找寻，这一次是发生！这是跟以前不同的。在行禅后，生命有被滋养的感觉，有清醒且能量充满之感，生命变得活生生。

　　想起一句话叫"如履薄冰"，圣人看起来如履薄冰，他实际上可能在行禅，这是我的别解。呵呵。

醍醐灌顶，智慧花开

佛性人人有，我们的生命本来应该活得如佛一样——觉性常在，了了常知，智慧而慈悲，生命洋溢着高能量，喜悦而自在，充满了创造力，我们享受着生命本身带来的种种的奇妙风景，一刻接一刻地庆祝，一派太和气象，这是我们的生命应有的常态。一切只是因为我们的迷失，我们背离了道，现在我们要做的，就是重新回归道的怀抱，让生命本有的觉性之光照亮人生。这种觉醒的生命存在状态，应该成为我们生命的新常态！

这是第六期"宗教智慧与大道养生"课程给予我的最深的启迪之一。

无疑，这种新常态其实是生命的一种回归！如何回到这个"道"之常态呢？戈师在课堂，给予了详尽的理论阐释和实践指导，为"在道上"的修行人指出了一条登上山顶的捷径，也让初学之人找到入门之法，去过一种智慧的人生。戈师剖析了常人的生命存在状态，讲了觉悟的境界和风光，讲了生命顺逆的两个方向的演化……

修行的核心奥秘是什么呢？就是要回到虚里面去，超越有限的个体生命的局限，回到道里面去；再从体起用，真常应物，应物而不迷。当我们炼精化气，炼气化神、炼神还虚逆向回归的时候，个体生命就得到了有效的转化，我们就获得了道的能量和智慧，无为而无不为。我们做思想的主人，做能量的主人，做肉体的主人，不再执着妄想，心能转物，自在逍遥，生命呈现出终极的和谐、圆满的状态。

越来越发现真我就是一个宝藏，它既是空，同时又有物、有精、有信、有情……它奥妙无穷，真空妙有。正如戈师所说："一旦你觉醒生命内在的宝藏，你本身就是一个国王！你不需要拥有外在的国土，但是你的内在携带着那个广阔的、无限的、丰美的源泉，这样无论你走到哪里，你都是无限地富有。也许你的外在是一个贫穷的乞丐，但是你真正找到了内心的宝藏，你就是富足的！反过来，那些表面上看起来富有的人，如果他心灵没有归宿、没有皈依，他的心一直在向外追寻、向外寻求，这时候，他实际上还是一个乞丐。"回归真我，开启内在的宝藏，我们就有了飞翔天空的两大翅膀——智慧和慈悲；同时也就有了道的无穷的妙用。回归自性，致喜怒哀乐未发之中；发而皆中节，养喜怒哀乐已发之和。不再会因为别人的一句话，或喜或悲；你觉察到自己的负面情绪，善加利用念头、情绪、思想。彻见空性，不再为诸相所迷，知道人生的真正使命之所在；超越诸相（对外物的执着、占有），一切皆变成对生命的滋养。越是向外追，越找不到，越求越远；越是向内找，和真我在一起，法界的奥秘越是显现出来。

戈师没有用演讲稿，一切于禅观的境界中娓娓道来，现场应机说法，妙语警句皆自妙明真心中流淌而出，许多论述都是原创的，圆融透彻，玄妙幽微！于神圣的氛围中，又不乏幽默，充分显示出戈师觉性无碍的智慧。这是超越诸宗教之樊篱、直达真理本身的教言，座下的人有福了，能享受这醍醐灌顶的法味，迎接智慧花开的欣悦！

"修道智慧是什么呢？就是用无为来安定这一切，心中若无其事，没有事。是什么，就让它是什么，没有问题，在当下就把它安定下来了。当你有了这种智慧的时候，恰恰是解决了所有的问题。"无……一切都无了。缘起性空，过去的，无；未来的，无！当下唯有觉照之光融入道中，清明在躬，虚灵不昧，心中无事。

心地越来越分明！禅是生命的一部分，就像呼吸一样，自然而然，如影随形，与生命不二。因为它无形，是我们的本性，所以平时不容易被我们记起。只需在、觉察、有意识、时时记起它！禅是对我们的念头、思想、能量层级的优化软件，统摄生命的一切，直接决定存在的品质！我们本来可以生活在天堂里，做一个国王，但是无明却让我们时时往地狱里钻！当妄想的乌云散去，本性的天空即呈现出来；逐渐地遣欲、转化习气，澄静的心就会越来越显示其无量的光明。

我沐浴在戈师的法语中，全然回到至诚、自然之心，没有了头脑的造作，全然地无为，听而无听，仿佛奇经八脉都通了，生命深深地体味了身心合一之法喜。

"内心的坑洞是永远填不满的，是永远不能够通过外在的某种占有、某种拥有来填补的，要回归于道，回归真我，回归自性，要觉醒我们的生命，我们才能够恢复生命本具的那种智慧和慈悲，那种喜悦和平静，因为那个自性世界里面就是圆满无尽的，这样你才能真正地超越内心的空虚和空洞。"我感到无上的加持！这就是智慧之道，是真理的声音！我看到了自己的愚痴，我也窥见了一丝光明。我惊讶地发现自己的大脑在不断地自动联想和胡思乱想，也清晰地看到自己散乱和躁动的心，看到自己荣辱皆惊、有（有能量）无（无能量）皆惊……各种各样的无明和贪执，各种各样消耗生命能量的起心动念及言行，好多问题都是我的妄念和胡思乱想而造成的幻相，是我执的运作。虽然看到了这一点，但是由于定力的关系，转化起来实属不易，有时快，有时慢。

受限的只能是我们自己的妄想，一个微小的念头就会影响你的人生乃至整个世界。一念天堂，一念地狱，我们的起心动念皆有业力！

针对大家平时妄想多或者坐中念头不断，静不下来，戈师指示："你静下来了，就会发现自己念头多，这一开始其实是一种进步。其实我们平时念头就很多，只是我们不觉罢了。继续观照，经过这个阶段，念头就会逐渐减少。杂念纷飞，静不下来，这还涉及身心能量的问题，因为身心是相互作用、相互影响的。有时候我们心静不下来，是因为气是浮躁的。这个气是活生生的能量，不是一个抽象的概念。有时候你失眠，也可能是因为身体上的某种原因，比如中医上讲的心肾不交，道家讲的神气不交，它使你没有力量让这个心收回来，于是你的心是发散的、漂浮不定的。道家讲性命双修，对道家来讲，修性与修命是一个相互增上的过程。如果我们身体缺乏能量，身心没有统一，这个心就是阴性的，这个识神就容易乱跑乱动。"

心气无二，相互影响。我在实修中也体会到，坐中散乱，有时也是因为心里并没有真正万缘放下的缘故，心中有事，气就不宁。我们有太多的放不下！而放下，要学会道家讲的"忘"字诀，这是对诸相的超越，也是坦然面对事实本身，它从另一个角度来说是更好地"记得"，记得自己的真如自性！我们定力越深，智慧越大，就越能应对万缘而心无牵挂，离苦得乐，然又超越苦乐二元对立，是回归纯粹的法喜禅悦。

偶尔，戈师的一句话，轻轻地落入心湖，只这一句巧妙地点拨，恰好解开了某个心结，心中恍然大悟，宛若弹起无弦之曲，奏出天籁之音，当下心开意解，一通百通！此种滋味，非局外人可以想象，唯真正听课进入状态者才可意会。

戈师讲到，生命若有意识，则我们于任何一件事都能做得更有条理、更合天理。这让我想起戈师的诗句："游刃有余循天理，天籁无声观自在。"戈师给了我们一把处理世间法的金钥匙——"循天理"，就如道家讲的"唯道是从"。天理，也就是道、良知，任何事都要遵道而行，循理而为，而非循个人的小我，由业力推动去为之。大到治理国家，小到日常事务，事无大小，在理则处处皆顺，不在理则处处有碍。

几天来负责本课程的后勤保障工作，有师兄说："新弘老师，您辛苦了！"我笑说："这几日，我享受着，快乐着，心不累，身也不累。做完一件事就放下一件，只活在这一刻。"正如戈师所言："当你走在智慧的道路上，生命一顺百顺。"修行的人生呈现出新的风貌。如何达到身心不累呢？方法就是"循天理，观自在"！一切循理而行，同时内观自在。走路时觉知，于是走路多了一份优雅；功态中睡眠，于是睡眠变得有质量……无论做任何事，都有一个"我在"的意识，一切皆在道中。当有一个"知道"的主人，一切事中皆在修行。循天理而游刃有余，观自在而闻天籁之音，内圣外王，此乃觉悟的人生。

"修行真正的成就取决于你净化自己业力种子的程度，开悟只是起点，还有慢长的道路要走。"戈师说，"所有的生活目标如果离开了对真正的生命智慧的追寻，就是没有方向的。我们通过转化现行来熏习种子，烦恼种即菩提种，我们经历过一个烦恼，转化一个种子，化开了，就化为了智慧……要在消业、转习气上下功夫，不然所有的功夫都靠不住。今天好一点，明天又不好了。荣辱皆惊！只有转化了业力和习气，这个成果才能成为我们最根本的成果。"这些话都给我无比的加持，让我警觉，要不断地精进，走在人生的正道上。

戈师就如一个智慧的农夫，在我美丽的心灵花园耕耘，而我全然地信任与打开，让戈师播下的智慧种子，自然地在心田里生根发芽，茁壮成长。

以前自己修行一有禅悦就会去分享，沾沾自喜，现在知道这是不对的，应是得失不惊。戈师说："当身心合一产生了禅悦法喜，有了自己的感受时，这些练功的内景不需要去和别人讲。一分享，你的自我就出来了，又走神了、得意了，又回到常人的状态了。有了体会，应继续'密密行'，不去向别人炫耀，而要自己默默地去行持，不断地去升华，进入更微妙、更精深的状态。'自饮长生酒，逍遥谁得知'，修炼到一定的时候，自己偷偷地乐，别人不知道，也不需要让别人知道。除非为了帮助别人的缘故，我们可以做适当的分享；但分享不是出于自己的洋洋自得，不是出于自我的需要。"

我仿佛是回家的孩子，心越来越变得清静、喜悦和温暖。本具的智慧心灯又明亮了一点点！解脱软件又升级了一点点！三天的课程，信息量特别大，大家都有不同的受益。戈师慈悲心切，恨不得在这三天内，把所有的宝贵经验和宇宙人生之洞见，无私地传授给我们。

三天的法益，足以让我们受用一生！我们或静坐，或行禅，或站桩，体会了各种法门。

我于站桩有了一个全新的体验。第一天站桩，腿有点酸疼，并没有进入深层定境。第二次站桩，我有意识调整了一下姿势。像打坐一样，微微调整身体的重心，找到身体的平衡点！身体站舒适了以后，伴随戈师的导引语，慢慢入定，一念不生。某一个瞬间到了一个点，超越了那个点，"啪"地一下，身心交合了，浑身的气脉一下通畅了，一身轻松，身体很轻灵，仿佛一片羽毛，一无挂碍，世界空灵宁静，广大无边，混混沌沌中，一灵独存。出定收功，拍打按摩，内在升起一股能量，有气吞山河之感，感觉人世间的事，都是小事。神清气爽，身心愉悦，一切非常祥和、空灵与美好。

通过"宗教智慧与大道养生"课程，我窥见了最高的养生之法。

最高的养生是道层面的养生。戈师说："我们精气神相互配合得宜的时候，生命呈现出焕然一新的状态，生命之花、智慧之花不再凋谢，能够不断地开放，能够保持生命之树常青。这门课程里的很多原理，都对养生有着重大的指导意义，为身体的健康提供了根本的思路与方法。这门课不是直接去讲具体的养生，而是从根本的意义上，让我们找到生命的养生之道。"当我们"精不外泄，神不外驰，身心一体，天人合一"了，了悟生命的根本智慧之后，那就是最好的养生。

比如说，有时候我们吃东西，食物好不好吃只是一方面，更多的是我们有没有胃口。当我们身心合一，能量涌动，精神焕发，吃什么都有味，都是美味佳肴；而当我们偏离了当下，心跟着欲望走了，身心不合，食而不知其味。

整个人脱胎换骨，身心气脉无一处不酣畅。旧我在慢慢消亡，新我逐步诞生。这个后天的渣滓之身，一步一步地变化与升华，一步一步地清净，身心有无比的轻快、轻安之感。觉天清地宁，水清柳翠，河流山川，明月清风都不同了，人间仿如蓬莱仙境。

课程第二天的清晨，窗外传来舒缓的音乐，是有人在安慈禅修中心做动中禅，临窗凝视了一会儿，心下一觉，自己被它带走了没？这跟我的生命又有什么关系呢！这一觉，回到了内心，安慈禅修中心的一切活动，再不能打扰到我内心的安宁。音乐仍能听到，他们吃饭的嘈杂声也能知晓，而我只是守一，观自在！

有两种人容易错过这场生命的盛宴：一种是不愿醒来的人，虽然听闻了宗教智慧，但是他认为自己很忙，生活得很好，没有时间或闲心来学习真正的智慧之道；另一种就是醒来又昏睡的人，他没有把修行看作是生命的头等大事，修行只是为了美化他外在的人格我，这样他不会带来内在生命的真正转化。他们的见地不透彻，没有理解修行的真义。不知只有内圣，才能更好地外王；只有生命存在状态的提升，你的忙带有静心的品质，你才会悠然，才会真空妙有，生活质量也才会有新的飞跃。修行参透点点滴滴的生活，直接带来存在状态的改变，因为你身心安顿了，身不累，心不累。修行永远是当下之要务，不可等待明天。

每一期都踏进不同的河流，每一期又都是全新的，这一期又有不同于往期的特色与风貌。

本期学员综合素质都很高。他们大多是企业家，是各个领域的佼佼者。一些师兄读过大量的灵性书籍，也读过戈师的大部分著作，具有一定的正见；有的师兄有四五年或十来年的实修体验，试过不同的法门，但他们最终都在这个课堂，找到了适合自己的实修法门，并虔诚拜师。

课上花絮不断，笑点频出。三天的课程，戈师不时会抛出充满禅意的小笑话。学员分享环节，F师兄神气地说："以前有一个朋友为我介绍了不少牛人，今天这个，明天那个……有一天，我在书店中无意看到老师的书，于是也神秘地对那个朋友说，来，我也给你介绍一个牛人！"（大家爆笑）L师兄静坐时，深入禅定，津液回甘，口水不断，下课后大家戏说他"泉涌"！问答环节，戈师谈笑风生，妙语连珠，尽现圆融无碍的大智慧！问题五花八门，无论多么刁钻的问题，师都答得圆满究竟！H师兄在一个禅修中心提到过一个问题，被老师给骂了一通，在这个课堂，又来问戈师。戈师笑说："我不会骂你，我老实告诉你，这个问题佛陀也不会回答你（佛不回答形而上的哲学问题）！但是我还是想说一说……"玄奥的问题，戈师也答得圆满究竟、彻底深刻！

生命真是一场奇妙的探险之旅。沿途充满无尽美妙的风景，有欢喜，有自在，我深深地陶醉其中，生命也越来越清醒，越来越有意识。

解脱不在来世，就在当下。当下你的心是清静的，是空无的，是清醒的，就当下解脱。生命的新常态即是将所有的当下连成片，而纵浪大化，游刃有余！

人生真是美妙，感恩一切的因缘际会。感恩戈师的课程，令我感到醍醐灌顶，带给我无上的法喜，让我迎来智慧花开的人生新常态！

探索修道奥秘的精神之旅

——听戈师讲《道教思想史》

录完《道教思想史》最后一个字，我竟有如释重负之感。内观了一小时作为奖励，这是"道教思想史"课程带给我的改变之一——不是吃一顿，或旅游一下；亦非聚朋会友，谈禅论道——而是身心合一、消融于无限的明觉，这是对身心最好的奖赏。仔细想来，这一趟旅行是探索修道奥秘的精神之旅，它超越世间诸相，实际上也是庄严秘密的"悟道之旅"。

这一趟旅行跨越千年，我闻道、思道，悟道之"一味"。向古今圣贤学习，是我和古人去一同探索宇宙人生大道的过程，充溢着生命自我提升的感恩与喜悦，菩提心有所增长！和戈师一起"拜见"了十几位道教真人，聆听诸真人修道的心法，透过戈师直入解脱道的教授，颇受法益。这让我在道学方面有了一定的基础，同时于修道亦有所启迪，有可借鉴和印证，这也是戈师所期待的。因彻悟唯有自觉，回归自性的光明，才是解脱之道，惊醒于"朝伤暮损浑不知"，而于修道用力更勤！世俗之乐于我日淡，越来越守默、省事、闲户、寡欲，系心于法，念念在道，希望能领略"昼夜清音满洞天"的神仙境界。每每沐浴法喜禅悦，则感叹修道路上确是风光无限，而道心弥坚，也因此无上感恩戈师及真人神仙的加持！因见到诸真人动静知宗祖，应物无心神化速，无为而无不为，活出了解脱、永恒的生命，心慕之，思齐之，而更清醒地明悟生命发展的道路，觉他之心亦有所增益。

半年来，我和戈师都很忙。戈师忙备课，复校录音稿；我忙着将讲课录音记录成文字。专心于道，外忙内闲，于事而观，忙中自有妙乐；静坐、散步，道心不改，优雅而闲适，度过了一段充实而又悠闲的时光。

课上完了，根据讲课录音同步整理的《道教思想史》初稿也顺利完成，戈师会在此基础上进一步研究、充实，完成一部学术专著！戈师的《道教思想史》将不仅为一部重要的学术著作，更是传统文化中一颗独特的修道智慧的明珠，它的独特性表现在：

第一，《道教思想史》是宇宙人生大智慧的浓缩版，是修行人的修道指南。如修道之大观园一般，它于道之本体、道之途径和方法、得道之人的境界及妙用有一个全面的概览。

第二，道学脉络清晰。所选择的皆是有代表性的思想家，所选各篇经典之间有内在的和谐，有内在智慧的更深层的逻辑关系。就像一棵大树，它让我一下子抓住了道学的树干，由干及枝，清晰了然，而不是一头雾水，也可以说它有一种智慧的系统。

第三，"以心印心"式的讲解。戈师与诸真人同一情怀，如数家珍，立足于学术，又超越于学术，以大智慧的境界和思想高度让我于"一味"的"道"有了更深的把握。《道教思想史》所选的文献思想非常深奥，非常精彩，若是没有戈师的讲解，我是领悟不到那么透的，它需要心性的体会与智慧的洞达才能很好地去欣赏，何况还有一些名词术语，非初学者可以了解其妙义！戈师的讲解，站在道的高度，言简意赅，诗一般的语言风格，严密的逻辑，出口成章，记下来就成了经典！实令我深深赞叹。我想，当一个真正的悟道的人，智慧达到了一定的高度，到了一定境界，思想也自有一种更高的逻辑或系统！

《道教思想史》告诉了我什么？是老庄之道、神仙之道、重玄之道、内丹之道的脉络梳理，是道家、道教核心的智慧——道的智慧的全面阐释。

《道教思想史》讲了有无的关系、性命关系、阴阳关系、顺逆关系、动静关系……这是有限融入无限的智慧；是虚淡精专的整个修道过程；是超越诸相，回归自由流淌的当下明觉；是动静知宗祖，行忘所行的无修之修；是应物无心神化速，无待逍遥，无为无不为之真我妙用，是生命一种更高层面的养生。

"老庄之道"听得我意犹未尽，期待着师在机缘成熟时能详讲老庄，那将是我等求道人之莫大幸福。戈师的话语犹在耳畔："我们破有限而归无限，悟无限一体之道而逍遥……内无我，故能逍遥于自得之场；外无物，故能齐物于一体之域。自有限之观点而观之，则万有不齐，人生多缺憾；而有限为表象，其本性为无限，心悟无限而与道为一，则齐生死，空人我，游于无穷之域。"这些话凝练有力，已流淌于心间，予我以无上加持！"神仙之道"使我对阴阳、五行、八卦等道教理论有了更多的窥见。"内丹之道"中戈师讲了几位真人的歌诀，我非常喜欢，常常默会，并落实到实修。比如吕祖在《百字碑》讲的"养气忘言守，降心为不为，动静知宗祖，无事更寻谁……"，曹文逸真人《灵源大道歌》里的"神不外驰气自定""专气致柔神久留……"等等，乃实修很好的指导，戈师于书中都有精详的讲解。我深深地洞悉到，道家强调性命双修，而见性后，精气神之转化与升华，为起步兴工之最紧要处。从内丹学的角度来说，"神气交"乃命功关键一步，当水火交（也叫阴阳交），坎离回到乾坤的状态，生命就回归了先天的本来面目，与道为一。

戈师的讲解是超越名词术语的，乃真正大觉者之洞见，心甚契之！

沩山禅师说"实际理地，不受一尘；万行门中，不舍一法"，这里面的微妙实乃于"得道"中始能窥之。得道之人，提起是有，放下是无，真无妙有，无为而无不为。

听戈师讲《道教思想史》的过程，带给我整个生命的转变和升华，这是"战退阴魔加慧力"的过程，是与大道携行之旅，亦是无上幸福的精神之旅。

从真相中觉知优雅

当看清了真相，则心没有恐惧。有恐惧，是因为被幻象和妄想所迷。

有人怕黑，夜里不敢一个人在家。若是一个人单独在家，则可能会失眠。究其根本的原因是没有回归自性之海，对外在的一切有依赖，才不能享受单独①。心是向外发散的，妄想驰骋、胡思乱想把心带离了真实，这样会自己吓自己！想会不会有贼进来；家里的事、企业的事……全来了，思绪千般，辗转难眠。其次，就是对恐惧情绪的认同，看不清情绪的本空之性，它只是心性的天空里的一股能量之流。

每个人潜意识里有各种各样的恐惧。

我怕小虫子，因为小时候上树摘果被毛毛虫蜇过，自此见虫便躲得远远的。

前日煮玉米，掉出一小虫，吓得我一声尖叫……戈师跑过来，安慰我："看入那个恐惧！能恐惧的人是谁？恐惧的对象又是什么？看到那个真相！"

我往内观，看入恐惧。感到这一念的恐惧消耗了我的一些能

---

① 按："单独"是一种境界表达。

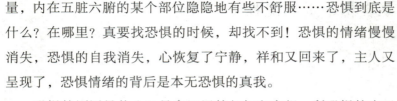

量，内在五脏六腑的某个部位隐隐地有些不舒服……恐惧到底是什么？在哪里？真要找恐惧的时候，却找不到！恐惧的情绪慢慢消失，恐惧的自我消失，心恢复了宁静，祥和又回来了，主人又呈现了，恐惧情绪的背后是本无恐惧的真我。

恐惧的原因是什么？是意识里的幻相和妄想。所恐惧的虫子只是意象里的一个印象，本质是空性的。那只是我的感觉，是心灵的投射；一旦没有了投射，它只是一只虫子，恐惧只是我加上去的一些想法而已。

我现在知道那是因为我以前的一个记忆。是阿赖耶识仓库里留下的潜意识的一个种子，是不断被强化、被唤醒的记忆里疼的感觉，而这一切是空性的。

见我平静了，戈师继续引导我："在这个当下，深入自己内在的核心，没有恐惧，没有期待，一切圆成！"

我坐下，深入内观；再出定，晴空万里！再想小虫，它只是一只没有意识的昏沉的生物，它不及人类那样有灵性、有智慧，不禁对它生起了慈悲心。

我决定再吃几顿玉米，若是碰到虫子，以无惧之金刚心体验之。我要随缘解开和消化掉这个旧业。消业的方法是什么？就是把它消耗、消化掉。我开始和自己的潜意识对话——"没有恐惧，虫子不可怕，怕的只是阴影"，这样在潜意识中种下"我不怕虫子"的种子来对治和消化原来的习气。不断面对它，转化它！其实，玉米有小虫还是好事，说明玉米没打药，自然健康，营养丰富，虫子都爱吃！

当心灵看到了实相，恐惧感也就消失了。我心不起波澜，它能奈我何！

我做好了战胜恐惧的心理准备。第二天、第三天……却一个虫子都没有碰到，原来是戈师都提前检查了一遍！有一种爱是默默地关怀，幸福感油然而生……

我进一步认识到：无论是身心之五蕴，还是十二因缘等，一切只要能觉的主人在，看清了真相，则能当下超越，当下化为道的妙用。契入实相很重要！

戈师犹如教了我一套精深玄妙的"观虚智慧剑法"，关键时候，我要试着用上，来解决我宇宙人生的困惑与问题。中华传统文化博大精深，要学以致用，不用只是知识，没转化成智慧，不能得真受益。修行终要定慧双修，学智慧之剑法，随缘断旧业，不再造新业。

克服了恐惧感，今天于"优雅"有了新的体会。优雅，不仅仅是身心的，也是专气至柔的一种和谐美。

在我用早餐的时候，"优雅"降临了。有一个片刻，我心虚闲而自在，神形相守！意识觉知到每一个动作的发生和它的全过程，同时觉察到外面的一切存在，这世界仿佛变成了我一个人的世界，一灵独存！刹那，全身柔软下来，每一个动作变得柔和舒缓，任运自然，如一个自在的婴儿，每一寸肌肤都是柔软的，鲜活而充满能量。

始知以前的优雅身体还不够柔软，只是一种和谐。

它是一种发生。如此地自然，如此地自在！无一丝造作，无一点控制，无一个念头。然每一个动作又都活生生，全然地和谐。

优雅是一种柔软之美，神气之美，和谐之美！

戈师和几位企业家的谈话

一、日理万机证无为

五月的艳阳明媚喜人，午后，G 师兄和几位企业家道友来访。

他们一行五人：上海歌斐诺宝企业总裁 L 师兄、北京中育教育集团董事长 W 师兄、深圳永华利集团董事长 LY 师兄，G 师兄和 H 师兄是观虚斋的学生。

纵观那些真正长久地把企业运营得蒸蒸日上的大企业家们，他们于外在财富增长的同时，许多人也在不断地修身，增长智慧；他们福慧双修，是非常有灵性的企业家，也不乏一些言行暗合道妙者。戈师与企业家们长谈了三小时之久，就他们在灵修及生活中的一些疑问、困扰，给予了精妙的开启，企业家们颇受法益，我也深受加持。

今略记其间的精彩对话，以饷同仁。

一翻谈笑寒暄。W 师兄自嘲道："我们几位'土豪'企业家，穷的就只剩下钱了！非常仰慕老师之名，今天特来拜访。"众人笑。

G 师兄："老师好，我是做企业的，我经常告诫自己要无为，但这是很矛盾的。一方面对员工有责任感，对企业有使命感，另一方面也想无为。比如说想去休息，但一想企业还有那么多事要做，所以连觉都睡得很少。您能给我一些建议，或是有什么功课能让我更好地平衡这些矛盾吗？"

　　戈师："其实我们讲无为的时候，无为本身也有不同的层面。真正的无为，它是一种心法，是内心的一种状态，一种境界，也就是你心灵的完全的放下，但并不意味着我们外在无所作为——这是两个概念。

　　"我们可以日理万机，仍然无为。禅宗有一句话，'若能无心于万物，何妨万物常围绕'，就是我们的心真正无为了，我们在千军万马之中，在热闹的市场之中，在你的企业管理之中，你还是无为的，这是你的心态的如如不动。而在这无为当中，有一种智慧展现出来，那是它的妙用。事来则处理，事去则了。能够很好地处理事物，同时心无牵挂。修行要达到这种无为的境界，它就是一种真空妙有的境界。在心态上，它是能够看穿的，能够看透的，能够看破的——能够无为。'治大国若烹小鲜'，没什么了不起，小菜一碟，把它炒掉了。当然治企业更是小菜一碟，你在大道之中来看这些事情，没有什么得，没有什么失。那就是事情该怎么处理，就怎么处理，你的心像一面镜子，像一面明镜一样，能够看清所有的因缘、关系，而去处理它。所以不一定是要放下现实的事情不做，才叫'无为'，而是我们要追求一种不动心的状态和境界，包括去处理这些事情，仍然处于无为的境界。

　　"换一种说法。可以说在战略上，我们要'藐视敌人'，完全地放下。因为人生没有什么了不起的，没有什么得，也没有什么失，赤条条来去无牵挂，什么也带不走，这样你就放下了。战术上，我们还是要'重视敌人'。你是企业家，还是要把企业管理好。像我们以前说的，不能说学佛了，企业就垮台了；该怎么样还怎么样。如果学佛等于企业垮台，那就麻烦了！还是要提升自己内心的一种镇定，一种智慧，来处理各种事情。所以那种一学佛就把企业放下，就出家的人，只能是极少数人的选择，也可以有一两个；但更多的人是要把这个学佛的智慧，用在你的企业管理上面，世出世间，两者兼备，内外皆修。就是学佛不影响你的事业发展，同时你的心更开阔了，你跟一般的企业家不一样了，你是用更高的气度，更大的心胸来做事情。所以，把老子这句话记住是很重要的——治大国若烹小鲜，就是要有这种气度。

"当然，说是容易，要做到难。现实中，我们没有那么高的境界怎么办？我们还是容易被它带走。不管你做企业也好，还是做别的事情也好，每天都要抽出时间来做功课，要提升自己。我的建议是：我们每个人要在一天当中，拿出固定的时段来修炼自己，来做功课。你工作再忙，都不应该放下修行，因为修行是人生的头等大事，它是优先于其他事物的。如果听过我的课的人，再说没有时间修行，那你就没有听懂！没有时间修行，那你有时间干嘛？你真的听懂了，不会没有时间，因为要优先安排这个时间，你可以没有时间干别的啊！"

室内一片静谧祥和，大家安静下来，戈师继续……
每天要抽出时间来，比如说早晚两个时间段，早上一小时，晚上一小时，把它安排好。像你这样的企业家肯定是有空间的，禅修的小空间是没有问题的。你可以在家里、在企业里面设一个禅堂，在你做功课的时间，你可以清楚地告诉你的家人或者员工，这段时间是我闭关静修的时候，任何人不得打扰。在门上贴个条："请勿打扰。"把所有的电话都关掉，这一小时就是"出家"的时间。这里说的出家不是到庙里去，彻底放下一切，找时间来静修，你在家里就出家了。每天有一两小时彻底斩断万缘的修行，提高无为的能力，这样才有可能达到我前面讲的第二步，就是以无为的境界去处理你的企业，去做你的事情。如果没有这种功夫、这种修为，那谈得很漂亮是没有用的。

所以要选定时间，把你的家做成道场，来进行专修。

修什么法门？我们在宗教智慧与大道养生课程里和《宗教智慧》系列丛书里都有讲过，此外你还要探索、找寻，要找到适合你的法门。要有实修法门，要有正见，要有菩提心，把这些都贯穿下去，坚持下去。那么在不断的修行当中，你一定会有所进步，有所进展；这种进展再反过来，要用在你生活当中去，就是你怎么样把你修行的成果再用到你的工作、生活当中去，甚至你怎么样把你的工作变成修行本身，最后达到"一味"的状态——修行就是工作，工作就是修行！那这些困惑就都没有了。

G 师兄："我老出差，经常是乘飞机国内国外的，感觉特别忙，特别累。"

戈师："如果我们真的走上修行的道路，就要适当地减少外缘。虽然我们不是把企业完全地放下，但是一些能够不参加的活动，就尽量不要去参加，不要去凑热闹，赶场子。这个活动我要参加，那个活动我也要参加，什么都去参加，最后把你的时间全部都消耗掉了。所以，只参加你必须去参加的活动，包括那些禅修班，也不是什么班都要去参加。有的人就特别赶各种班，到处赶场子。太凑热闹了，也不好，要把自己沉淀下来，可以不出国的就不出国，可以不出差的就不出差，减少一部分。

"那么还有一部分是你必须出差的、必须出国的，怎么办？那就是要把修行融进去。把坐飞机的时间用来修行，正好观呼吸。在你生活当中的每一个瞬间，你要想起修行来，马上就能用上。在某个瞬间、片断，就像我们行禅一样，突然要敲自己一棒子，醒来！不要散乱和昏睡。这样在生活中要修行，生活中修行的前提也是要在家里有一定的修行，需要平时有一定的基础，有一定的积累，有一定的见地才行，要不然你根本想不起来，一忙就全忘了。

"所以这两者是互相配合的。就是你专门修行的水平提高了，你在生活中修行的能力也会相应地提高。如果你从来都没有真正地修行过，你谈生活中修行就是空话了。比如你要观呼吸，首先你要在家里面、在禅堂里面观呼吸，要观得好；这个时候，你坐飞机就想起来了，把飞机当作你的禅堂就行了，你也可以观呼吸了。坐两小时飞机就观两小时，也可以修行，这样就不浪费时间。"

关于无为，戈师曾详细讲解过。当心灵回到最原初的状态、最朴素的状态，也就是我们本来的面目，保存这一分本然的明觉，就能使自己的心安定下来，能够将一切想要造作的欲念自然地化解。心安定了，心澄澈了，一切事情当下消融，自然呈现解决的方案，而达至"无为而无不为"的人生境地。

二、诸法无常日日新

阳光煦暖，禅风吹拂，默然静坐，体味到当下的富足。

自从跟随戈师一心修行，体味了禅味，就有了不一样的人生。生活充满了真、善、美。

天空依然是那个天空，然又成为不一样的天空。阳光融融是美，有乌云是美，心没有分别。大自然无处不充满了欢笑，一花一草亦多情。

相遇更多善良的人、美好的事。有道之士陆续而来，高朋满座，品茶谈禅话人生……

各种关系更融洽。道情深了，亲情浓了，友情真了……就连陌生人，都觉得充满了善意与微笑。

生命静好。

自从发现叫做"自性"的密友，就找到了精神的家。身心越来越和谐，时时能进入状态，虽然也偶尔会跑掉，但更多时候生命有了主人，有了发自内心的欢笑，有了洋溢的能量场……行住坐卧皆有了不一样的品质，生命在悄悄地变化着！

心态和看问题的角度不一样了。以前会烦心的事情，现在用智慧的正见来化解，洞悉它的虚幻，随缘而化。因为从正面、积极的角度考虑问题，并能看透宇宙人生的无常与虚幻，知道了生命的真正意义，人生少了一些无谓的烦恼、牵缠、恐惧、挂碍……取而代之的，更多的是祥和、宁静、喜悦和自在。

生命乃是一场修行，些许微妙怎能一言道尽！

神性的生命还是那个生命，然外在之用已变，有了不同的风采。世界依然是那个世界，当菩提花含苞盛开，世界当下就变了模样。

现象界的一切有为法都是依缘而变化，无常揭示了宇宙人生的实相。从有为法来讲，一切念头、五蕴、生老病死皆无常；从无为法来讲，在道的长河中，有一不变的自性，精神生命又是永恒的。这是生命中可变与不变之所在。当我们修道，本具的觉性光明日增，从而转换了无常的因。无常常在，自性之光就在那里，一如太阳的光芒，照亮人生。人的自性中本具法报化三身生命，大多数人只活出了肉身生命，人尚有无限的潜能有待开发。

谈话继续。戈师看上去警觉而淡定，眼神带着光芒，归于中心地倾听，警觉地谈话，优雅地品着茶，他强大的气场将大家带入一种宁静的氛围。

L师兄虔诚地："请戈师讲一些初学者的修行要领。"

戈师："修定的时候，要有一个中心点，跟一根绳子一样，把你的心拴起来，拴在一个地方。比如你修观呼吸法门，要时时记得你的呼吸的进出，把呼吸作为你系心一处的地方，把心拴在那个地方。但是你不要说'我马上要静下来'，这又是一个杂念。你的心是什么样，就让它是什么样，你只要知道它。其实杂念本身并不可怕，你只要能看着它就行了——就是我们后面有一个灵知，知道你有杂念了，这就跟平常的状态不一样。知道杂念，但是你不需要破除它，因为这个杂念本身就是空的，真要看它的时候就没了，若想去掉，它本身会越来越多。"

L师兄："一上坐，一个事情会接着一个事情，不断跳出来！"

　　戈师："所以说静坐跟整个生活都有关系！修道不仅仅像彼岸世界的东西，我们要去信仰宗教啊，要去做一个特别的事情；所有的静坐修行最后都是为了我们人生的一种更高的发展——追求人生的一种境界、一种更高的状态，所以它要有整套的世界观、人生观的一个支撑，然后把你的整个生活的轨道调好，要调到一个轨道上来。你光是打坐，与你的生活脱节的话，你是很难静下来的；它是你整个对待世界的态度，对待世界的认识，用我们学术一点的话说，就是追求宇宙人生的实相，这是我们修行的目的，不是简单的一个打坐。简单的打坐可以做养生啊，练瑜伽啊，可以有很多方法，但是那个东西还不够。我们上次的课程把为什么要修行，修行是怎么回事，修行的方法等整个讲清楚了。不然的话，你再怎么打坐，那是不能解决问题的，整个世界要调到一个轨道里面去。修行其实是一种整体的生活方式，打坐是配合，起辅助性的作用，而生活才是根本——修行就是我们的一种态度，一种生活的状态，一种生活的境界。

　　"比如说佛教经常讲的一个概念——无常，但是如果我们不理解的话，我们就好像很悲观，人生无常啊！好像什么都抓不住了。"

　　师抬起左手，伸开并凝视着，目光炯炯，继续开示无常之义："无常好像是很悲哀的一个事情，但其实我们讲无常的时候，恰恰是一种智慧，你如果真正理解了世界万事万物都是无常的，你的很多烦恼就解决了，都化掉了。

　　"其实无常从另外一个角度来看，是非常积极的观念。也就是说任何事情，都充满了新的可能性，随时都在变化当中，就不用去抓住什么，它一切都在发生、发展、都在变化，随时都有新的可能性出现。那么过去的你就把它放下，未来的你就让它来，现在的你也不求去掌握它，一切都是一个开放的可能性，这就是《金刚经》讲的'无住生心'。你的心是没有停留在一个地方，随时鲜活地、灵活地流动，那这就是智慧。这样的生活态度，人永远是向前看的，向新的地方开放。"

戈师的话对大家是一个开启！大家兴奋起来，脸上绽放出欢愉的花朵，气氛开始变得轻松愉悦。因为一切无常，只需心无挂碍，无所为而为，游戏以对，无染着；因为一切无常，超越得失，一切皆是菩提道的资粮。因为一切无常，所以我们更要懂得珍惜，懂得感恩，活在当下！

L师兄："那现在的事情怎么办？"

戈师："现在的东西你也抓不住它，它也是无常啊。过去的就过去了，将来的还没有发生，永远在变化，这颗心永远是一种开放的状态。"

L师兄虔诚地："我一直想把现有的东西做得更好！"

戈师看上去宁静而深邃："你想做得好也没关系啊，只是你不要死死抓住它，顺其自然去做。但是正因为无常，所以才有可能做得更好，如果是固定的，你也做不好。所以无常它有两个方面：一个是任何事情，它抓不住；同时，任何东西也有新的可能。包括佛教讲的空也是这样，它也是充满了积极的可能性。"

G师兄："我们做企业的，老想着一定要做成什么样，做出多少多少贡献，其实这种东西对我们很有压力，是一个结。"

L师兄深有同感，附和道："对，就是挥之不去。"

G师兄看一眼L师兄，又转向戈师："为了要把这个事做成，或者为更多的人服务，或者说为更多的员工服务，这种东西其实对我们压力很大。"

戈师："其实这里面就需要一个转换。就像我们讲的，佛菩萨的愿力那么大，要普度众生，但他不会感到累。为什么不会累？这里的核心是什么？就是你是在我执的基础上去做呢，还是在无我的状态中去为别人做？

"如果你真是有社会承担的力量，为了你的员工，为了众生去做，没有个人的利害得失，没有我执的话，那是不会累的。累的原因是因为'你'陷进去了，就是这个'我'看得太重了。"

G师兄笑："太有我了！"

戈师微笑："这是'我'的企业，'我'要做成什么样，一直围绕这个'我'的话，那你就患得患失。但是如果站在一个修行人、一个佛菩萨境界来看，他同样是有愿力，他要帮助众生，但是他无我，所以他永远没有自己的利害、得失的挂碍，所以反过来，他就顺其自然了。结果如何，这个不是他的问题；他只是做他该做的事情。他既是积极的，同时又放开，提起放下两自在！他能提起来，同时也能放下。也就是说，真正地了悟了空性或者无常的话，就能放下了。"

G师兄："但是要无我，还是有点难度的。"

戈师："我们讲的道理是这样，但做是具体的修行的问题，要把见地落实为实修！"

G师兄颇无奈地笑笑："我们每天都觉得有使命感压着，根本都不敢偷懒，像睡懒觉等啊，基本不干的！"众人大笑……

戈师："要提升智慧，持守中道，永远优雅地面对当下！"

戈师的话闪耀着智慧的火花与法味的清凉，洗去了心灵的铅华，令我精神振奋！《金刚经》云："一切有为法，如梦幻泡影，如露亦如电，应作如是观。"无常使生灭相续，也使生命向万有敞开，充满了无限的生机与可能性。

在道的永恒里，没有增减，没有得失。春天长出新芽，长出绿叶，秋天回归根尘，又化为春泥，生生不息，周而复始。如世事，如生命，成住坏空，因果无常，然又是正常。不必惊诧，平常心待之。我仿佛听到了庄子的笑声："毁也、成也，而道通为一。"

三、智慧人生真富贵

在心田里

悄悄播种下一颗种子

这颗种子叫"菩提心"

浇大悲水，施定力肥

开智慧花

携着净喜的坛城

依愿力浩瀚之风

将种子撒向全世界

企业家们若能发菩提心，则虽有挣钱之为，然不独为自己，亦是为了服务天下苍生。

　　G师兄："比方我们去国外，坚持不坐商务舱啊，对自己有一些严格的要求，其实就是被一种使命感，或者说责任感所驱使的。有时看看觉得是不对的，这样让自己的心很累。"

　　戈师泰然自若："这其实还是一个见地的问题，见地达到一定高度以后，就能自在！就像上次J总坐头等舱的领悟一样，她能方便读书，也挺好，因为你赚了钱最后就是花的。"

　　G师兄和J师兄是朋友。

　　G师兄笑："我俩在美国做过室友，曾为了坐商务舱还是坐经济舱争论。她坚持坐商务舱，我一直坚持坐经济舱。我和W师兄来回一趟美国，一人花了一万出头，而她和她儿子来回一人花五万多。这钱省出来，给到需要的人多好；但是J师兄不这样认为。最后争论的结果，是等到我五十岁以后再坐头等舱。"

　　戈师一笑："其实，这个没有正确不正确的问题，没有固定答案，就看你怎么发心。对J董事长来说，她经济上还没有这个问题，这点钱对她来说不算什么，她在坐头等舱的过程当中，有别的收获，只要能转为道用，这也是可以的。你没必要说要把钱攒下来做别的什么，因为前提就是这点钱并不影响她做别的什么。"

　　G师兄："稻盛和夫八十多岁了，也坐经济舱。我们这次去见巴菲特，去看了一下，人家那么有钱，捐了三百八十多亿，住的房子是几十年以前的三万美金的房子！"

　　戈师："对，一些很有钱的人，他们的生活很简单。从这里也可以看出来，其实钱的真正意义是什么！因为我们吃的、住的那都是很简单的。即使你住一个金碧辉煌的宫殿，最后你还是住在其中一个小角落里面；你占有的是不属于你的，房子是不属于你的。你吃得太多了，压力还大呢，增加了负担；也不可能吃太饱，身体的需要总是有限的。那么赚钱的意义，肯定不是为了简单的个人的欲望的满足，那是没有意义的。"

L 师兄笑笑："有时想想这个钱我们不挣了，花也花不掉。"

W 师兄："关键是在做事情，它不是挣钱那么简单。"

戈师语重心长："最后你不是为了赚钱，只是为了做事。但做事这又到底是为了什么？"

G 师兄："欲望吗？"

戈师："对，如果你做事情过分了，还是你自己的欲望。就是说你为了更高的名，更高的什么东西，也还是你自己的东西。但如果你能够发心为了这个社会、为了别人、为了这个国家去做点你该做的事情，你就会放下很多负担。当真的没有'我'的利益的话，你还挂碍什么呢？"

L 师兄："像我这个人很贪心，看了很多东西和信息，一直想去搞明白它，花时间、金钱和精力，结果却越搞越累。"

戈师："它这里面就有一个陷阱。曾经有一个理发师，他理发赚钱很不容易，他就一直在想，什么时候我能攒到 100 个金币，那多好啊！所以他就奔那个目标走，赚钱还很愉快。后来有一个富翁，看到这个理发师很快乐，就设计了一个'99 陷阱'——给了他 99 个金币！这个理发师想，还差一个金币，他就达成目标了，于是变得很焦急，有了 99 个金币之后，原先的快乐反而没有了！人心理上有时会有一个贪求。99 个和 100 个之间没有绝对的区别，但对他心理上的影响差距特别大，他就为这个事在上火、着急。我们做生意也是这样，到了一定时候，陷进去了以后，到底有什么意义已经不管了，已经被它给带动了，成为惯性了，一定要做这个，一定要做那个。赚了一百万，还要赚五百万；赚到了五百万，哎呀，还要赚到五千万——顺着这个下去就出不来了！"

G师兄笑："是这样的。其实你说一千万和五千万有啥区别！"

L师兄也呵呵地笑起来："生活简单，也吃素了！"

G师兄："像上次我们在巴菲特大会，J总在微信里发我们在野外就餐的照片，戈师评论：'丐帮大会。'真是妙论！（众笑……）一帮贫穷的富翁！都有钱，但精神上贫穷。"

戈师："有的人一生，他吝啬的心去不掉。他也知道这钱花不完，他就永远这么占有、占有……自己还舍不得花。他舍不得花，并不是要把这个钱留下来做好事，他确实是舍不得，这个纯粹是他的内心世界的问题，纯粹是一个占有欲的问题。这种欲望从宗教的角度讲，他死的时候还是会继续的，这种人也很麻烦，赚的钱对他一点意义都没有，他只是不断地满足他贪婪的心，这只会造更大的业而已！"

G师兄："但是有些人是很不自知的，他是不知道存在这个问题的。可能我们自己存在的问题，我们也不知道。"

戈师："所以企业家在他经济发展的这条线上，当然也不是要停下来。就是说，这条线继续，但同时要在另外一条线上去开拓，在精神发展或者人生的理想、境界、价值观这个方向上要提升。否则你光是在经济上发展，那是很悲哀的事情。钱赚得越多，人是往下掉的，幸福感也是往下掉的，赚了一辈子钱也不知道要干啥，带着这样的结果，将来走到坟墓里，什么也带不走，那这一生干嘛呢？"

G 师兄："白活了！"

戈师："你赚了钱以后，要利用这个钱，来为你的成长，更大一点就是为这个国家、为人民去做真正有意义的事情，去积点真正的功德，那么你这个赚钱就有意义了。否则的话，你赚钱是为了什么呢？就是为了积累贪欲吗！"

这时我忍不住插话："又造业了。"

戈师："对，有的人一辈子辛辛苦苦在造业。造业越来越大，最后钱带不走，但业可以带走——从宗教上来讲，外在东西你带不走，钱财带不走，但你积累的贪婪的业力却将持续让你束缚于轮回之中。"

大家深思，品茶，回味！

G 师兄："我就说我们怎么这么多活干不完，原来业还没了呢！这么一想，也想开了。"

W 师兄："干好了，也是消业。"

G 师兄："关键是不能再造业了。"

戈师："反过来说，你在智慧这条线上成长，那么你做什么都有一个菩提心指导。我们讲要将一切纳入菩提心，这个时候，你做任何事情都变成了菩提心的资粮，就是为你将来成就菩提攒了资粮了，做什么都有意义了。"

W 师兄："请戈师给我们讲讲菩提心。"

戈师："菩提心呢，是佛教里面的概念，不管修道也好，学佛也好，都是一个非常重要的东西，也可以说是第一位的大事。菩提心简单地说就是自己要实现觉悟，我们要认识宇宙人生的实相，要成为一个觉者，要成佛；我们同时要利用我们的觉悟去帮助更多的人走向觉悟。发这样一个愿心，对世间法来说就是立一个志向、一个理想，然后把这个愿心作为你人生的核心的线索，以之统率所有的生活、所有的工作，作为所有事业的一个根本的指南针。我做的任何事情，一切都围绕这个来做的，如果这件事情有利于我自己的觉悟，有利于我帮助更多的人增加觉悟，这个事情就纳入到菩提心里面去了。这就是真正积功德了。否则的话，违背了、妨碍了我们觉悟，妨碍我们去利益众生，那你就在造业，做得越多，你离菩提越远。要认真地想一想，人生最后的目的是什么？确实就是要觉悟！觉悟了才会有我们想要的自由啊、幸福啊、快乐啊，这一切都有赖于觉悟；没有觉悟，是一切都要免谈的，在无明之下所追求的一切都不可能带来真正的幸福。"

W师兄："都是由心造出来的哈。"

戈师："对，万法唯心。这颗心不领悟的话，心自己就在抓自己。心都解决不了的话，靠外在的东西是解决不了的。所以最高的幸福不可能通过外在财富的增长或者外在地位的提升来提高的，如果我们用智慧的眼光去看的话，可以很清楚地看得到，这个世界上哪个人是因为他的地位高，他就活得好？包括一个总统，他活得好吗？他活得很辛苦！外表的风光只是表面的现象，他内心一样很痛苦，有很多的纠结，很多的放不下的东西，很烦恼。他内心是惶恐不安的。"

大家若有所思。

戈师："有的人天天讲'唯物主义'，但他心里其实是最没底的。就像我们上次讲课讲的笑话一样，他恰恰是表面上的唯物主义，他内心是极端矛盾的。内心没有安顿的人，无论是帝王将相，还是什么经济大腕，钱越多，问题越大。因为钱少的时候，想做坏事还没有能力，钱多的时候，想做坏事有能力了，造的业更大了。"

我不禁感叹："钱多、权多都危险啊！"

戈师点头："现在的贪官污吏，有的抓起来了，没抓起来的，他活得好吗？他也活得提心吊胆！"

W师兄深以为然："挺多的！"

戈师神态凝重："所以人生第一件大事就是方向性，搞清楚人生的真正的意义在什么地方。如果没有智慧的话，实际上是害人害己。自己好像在拼命干这个、干那个，其实把自己给害了，当然也在危害社会。所以菩提心就是这个意思，你这个方向掌握好了，清楚了，我所做的事情都围绕这个来的，我不是为了别的目的。就像我们去讲课不是为了赚几个学费，这是毫无意义的事情，为几千块钱我干嘛呢！但我是为了实行菩提心去做的，你交点学费那是另有意义，我不是为了你的学费而讲课的。"

G师兄："对，是为了方便，让更多的人受益。"

戈师："在这个方向去做，做任何事情都在积功德。如果我办个什么班就为了赚点学费，那就完了，那就离开了菩提心，那境界就低了，价值就低了。你做企业也这样。"

G师兄："戈老师的思想和商人不一样，他的课很便宜，现在我们上的课有些都可贵了，三天都十几万。他完全不是商业性的。"

W 师兄："我们下回去上上课。"

L 师兄："这一点我们很感谢 G 师兄，她经常有好东西跟我们一起分享。"

戈师轻松地笑："分享就是菩提心。我今天早晨看到一篇好文章，我马上就发了。"

G 师兄："一会儿还来一个人。我其实有好东西特别愿意跟大家分享，我一直跟大家说戈老师的东西特别好。微信群里发的，我都仔细地看，不出声，潜水，一直在看。"众笑，G 师兄也欢喜地笑起来。

在践行菩提心时

每一个当下

都是洋溢的法喜

因为

一念清净

菩提花开

四、心无挂碍得自在

戈师的声音，深具觉者的气息，有一种磁性的美——亲切、舒缓、温和而空灵，随着这音声，我的心进入了宁静喜悦的禅定状态；心不再躁动，不再散乱和昏沉，我被深深地带入当下……

戈师的法教意蕴精深，师曾说其教学风格："超越于云端之上，根植于凡尘之中。"从戈师所讲的"生命四层结构理论"中，我知道一个人不仅有外在的形相，还有"精神长相""情感长相"，还有一个"本来面目"——那是无相之真我。曾几何时，我看一个人，已超越外相，直探本原，但看他佛性醒来几分。

G 师兄的又一个朋友赶来，是北京翰海拍卖公司艺术主管CH 博士。

我起身欢迎并倒茶，大家也把发言的机会让给了 CH 师兄。

CH 师兄："我们是集团企业，我是下面的一个子公司的CEO。自己感到有时跟老板在方向上、思想上不是很匹配，有时会很纠结。对于总裁来说我是员工，对于员工来说我是老板，一定是按着总裁的想法来办事呢，还是按着我自己的想法？很纠结。不能按自己的意志做事情，也感觉很累。"

戈师："首先是从实际事物这个层面上，你在任何一个单位或者任何一个公司都有自己的位置，你在这个位置就不能达到完全的自由！比方说，一个国家只有最高领导人可以达到相对的自由，其余的即使是高层领导也会受到上一级领导的制约。"

G 师兄插话道："除非平台是你自己搭的，你有决定权，自己说了算。"

戈师继续说道："一个公司也一样。这个公司只能有一个大老板，不能说什么都按照你的意志来，那大老板怎么办？所以在工作上一个人的自由只能是相对的。再说，你有你的位置，你只能在你的位置上来做事情。在一定的意义上你可以给总裁提建议，和他沟通，加强协调，把自己的意志看能不能通过沟通的渠道去影响他；但只能在相对的程度上，最终你要服从公司的大局，在你这个位置上做你自己该做的事情。在这个层面，你有一定的限制是没有办法的，这是第一个层面。

"第二个层面是我们内心的层面，我们内心的修养的层面，我们内心永远保持一种自由、开放。就是事情我该怎么做，就怎么做，做完了我就放下，心是自由的。不能粘到上面，永远达到内心的一种解脱。从战略上，我要把这个事情跳开，就是说，没有什么了不起的，该做什么做什么，做完了，你得放下。内心的自由是别人控制不了的，你也控制不了我，谁都控制不了我。这颗心能达到一种自由的状态，能把世界上各种各样的牵挂脱开，回归内心的广阔与自由，要能像天空一样，有一个无限广阔的内心世界。这是每个人都可以向内去挖掘的。我们讲修行也是这样，不是说一定要具备什么条件才能修行，佛性人人都有，你要向内去找，找这个内在的空间。"

CH 师兄："有时会达到一种心理上的幸福感。我给员工创造了各种环境，然后对老板，我也格外去做了一些事情。即使我不想做，我也帮他去做了，我也显得很愉快，但自己身体很累。有时会想一想，我要不要退出？我还要不要这么累？"

戈师："你讲的是身体啊？"

CH 师兄："对，身体，因为时间、精力有限啊。"

戈师："身体累是一个相对比较外在的层面，通过正确的养生、休息、调理，加强休息，加强锻炼，都可以得到改进；但另外一个层面，我们讲心理上还是要跳出来，包括身体累这件事，我们还要从身体这个层面跳出来，就是我的心还是自由的、轻松的，不受身体的影响。

"泰国有一个禅师，他是因为一次体育比赛的时候出了事故，导致全身瘫痪，脖子下面基本是不能动的。他后来学禅以后，他就通过这种观照，让这个'心'和'身'完全分开，什么东西都能观照，凡能被观照的对象，心就完全可以从中跳出来；哪怕他生病了，哪怕他瘫痪了，他也在练他的觉性。

"他最开始只能两根指头这么动（戈师伸出右手两指，往复转动），他就利用这个机会修'动中禅'，就是观照手的动作，从这里慢慢入门。最后他的境界很高，心完全从身体之中解脱出来了！现在已经开始好多人向他学习了，他已经成为公认的比较有成就的禅师了。

"这说明什么呢？就是我们的心可以达到另外一个层面。一方面身体很重要，但要跳出身体，这个心的自由、心的觉性可以去开发。如果你达到这种境界，身体的各种痛苦就可以忍受，而且慢慢地，你的身体也会越来越健康。

"比如说虽然我这个手不舒服，但是我知道它不舒服，这颗心从这里超越。而不是因为手不舒服，三天两头起烦恼，这就变成心的问题了，身心这是两个层面。那么身体有不舒服，这是一个感觉，一般的人就会因为这个感觉，生出了另外的烦恼——我怎么会这样！很难受，然后生出一大堆想法、杂念。如果你能在这个时候马上切断，感觉着我的不舒服，同时我的心是很清明、很自由的，这就不一样了。"

L师兄："那种不舒服可能就淡化了。"

戈师:"对。反过来你超越它,它慢慢就听你的了。就是身心之间是相互作用的,但看是谁做主导。你被它主导,就心为身转,心跟着它走了,那就烦恼重重了;心能够转它的时候,它跟着你走,那身体会越来越轻松,越来越开放,越来越自在。"

W师兄:"所以还是要修炼!"

戈师:"这个修炼是一门大学问。我们讲的修炼,不是狭隘的少数人,有宗教信仰的人,活得不耐烦、不对劲的人,找一个地方去逃避世界;其实从我们中国文化来讲,这个修道、修行、修身就是一个人的根本,就是做人的基本修养,是每个人都要去做的事情,是最重要的事情,但现在被好多人边缘化了。中国文化讲'自天子以至于庶人,一是皆以修身为本',离开了修身,你就不成为一个真正的人了,你别的东西、别的成就都没有意义了。修身就是让我们找到自己,找到我们真正的自己,活出你真正的自己,然后你做什么都有意义了。"

G师兄:"我们有一个小组,学习稻盛和夫的企业管理,基本属于比较浅层的一个交流。"

戈师:"企业家其实很迫切需要这个方面的提升!"

G师兄:"对,提升了,对社会的贡献和事业的高度都不一样。"

W师兄:"能让我更向上,向善,兼善!"

L师兄:"它对一个企业的价值观的形成有很大的好处。包括你这个老板,要有一个向上的价值观,你才能传达给你的员工,企业的价值观是由一个老板所决定的,这要靠修行来慢慢提升自己。"

G 师兄："是的。"

戈师："对我们这个社会来说，虽然每个人都很重要，但企业家相对来说更重要一点，因为他影响的是一批人。一个董事长转化了，整个企业都有一个新的精神面貌。"

G 师兄："是的，是的。"

戈师："比如你们。你们学了这个以后，不可能再去做那些假药啊、劣质食品等，不可能去坑害别人吧！"

师笑起来，灿烂而明晰的笑非常具有感染力，喜悦的气息弥漫开来……

戈师："那些造业的人，本身没有智慧，实际上他也害了他自己。通过卖假药最后肯定害自己，自己造的业最后还得回到他身上去。所以还是要把这套理念、这种智慧的东西传播开来。我们的教学也一直想在企业家里去推广，但是我们只是一步步来，也没有特别去宣传，暂时更多的人是通过书籍、博客等找到我的。"

W 师兄："现在这种游学的学习方式比较流行，能够坐下来看书的人已经很少了。"

G 师兄："很多人可能就从戈师的课程进来了，走进了修行这条路。"

我接着说："是，那两天如果真正听清楚了，这个修行就会有一个基本的地图，如果能建立正见的话，修行就基本上能走上正轨，收获是很大的！"

戈师由此引发了一段妙论：

"我们现在的教育哪怕是学到博士阶段，它这个基本的人生问题没解决，它只是知识学习，分门别科，学一门学问；但这些学问都是关于某一个领域的知识，但是我们最缺的是了解自己，没有学到关于人生本身的学问。但这门学问，我们现代的教育是提供不了的，因为这个老师也不懂。这些学问就需要我们在传统文化里面、在儒释道里面、在宗教智慧里面找，它是真正讲人的，讲人的意义的——生从哪里来，死到哪里去，活着为什么，这些根本的问题，你在一般的学问里学不到，而且这些学问不是一种知识，它是人生清净的智慧，它不是每个人都能讲的。哪怕你看了很多书，也不一定能讲这门学问。

"就像我们讲的儒释道的贯通一样，不是我对儒释道每一门学问都很精通，那个书是读不完的；我讲的贯通就是根本智慧的打通。你智慧到了一定的高度就通了，所有的教法都是一个门径，你通到里面去它是空的，空的就通了，这就是我为什么敢于说'贯通'。不是说你要考我儒家十三经里面，哪一段是讲什么学问，作者是谁，那我可能考不及格哟。（师笑）

"但我敢说贯通，就是在智慧的层面上贯通。所以我们不但是贯通儒释道，还要贯通东西方，因为人类智慧的巅峰是一样的。那么这个智慧是从哪里来？不是来自于书本，不是来自于知识学习，而是来自于静心，来自于修道，来自于领悟，来自于心灵的一种开发，或者说是开悟。你没到那个层次是领悟不了的，哪怕你四书五经背得滚瓜烂熟，你还是不得其旨！"

戈师是一个纯粹的人。这体现在观虚斋教学上，他不会为经济效益而去迎合市场，去包装自己。他只做他自己，真实的自己，影响多少人、有多少信众，都不是他挂怀的；他只坚守菩提心，坚定地前行。他常感叹："我登山越高，跟我的人越少。"私下里我也会说："我们是否要走一下市场路线？"戈师则淡定地说："不必。我们非商业机构，不必非要做大做强，一切随机、随势、随缘而化。只要我们在走，就是成功。我们没有输，只有赢，因为我们庆祝一切！"

五、一切都是归清净

万法唯心。由于我们缺少智慧，心念时常束缚于尘网，而生活在二元迷惑的希望和恐惧中，鲜有人能从觉性中展现空性无住之自然光辉的心念，真正达至觉空一体的境界，展现为喜悦、祥和、庆祝的人生！

生活本没有意义，是心赋予生活以意义。戈师说："自心展开为世界的图景、美妙的画卷，若能体认到一切皆为自性的庄严而安住于本来面目，此即是觉醒；若将它作为对象世界去体验并由此生取舍贪厌之情，此即是无明颠倒。一念之迷悟，圣凡之所由分也！"戈师私下与我解释说："这个世界本来是一个东西，一切二元对立的分别，皆心之造作。世界是自心的显现，然后我们又被自己放的电影所迷，假如你知道它只是一场心灵的电影，则醒来了。"即便身为行者，暂时具有的觉性也无法完全转化烦恼，一念失察，仍然会为境所转。

观虚斋里的谈话继续进行……

G师兄："我还有一个困惑。自从打坐这几年以后，我特别不喜欢去一些很热闹的场合，也不喜欢搞活动，感到跟这个世间有点冲突。又不吃肉啊，又不喜欢去KTV啊，也不喜欢吵吵闹闹、喝酒碰杯这些。我现在都有意回避这些东西，因为有时候会很不舒服，进去以后身体啊、头啊都会有不良反应，这该怎么办？"

戈师："这是一个如何适应'场'的问题。"

G师兄："我一般不去逛商场，去也是半小时可以，超过半小时立马不舒服。"

戈师："你可能是静坐了一段时间以后，身体比较敏感，敏感以后就特别容易接受外在环境的影响。"

G师兄笑："有时会闻到人身上那种污浊的气味，就尽量躲着点。这怎么办啊？咱们'业'还没了啊！"

戈师："这是很现实的问题。以前修行的人为什么会到深山老林去？就是要找一个清静的地方。这个浑浊的世间就是带着浊气的，那你就是跟它不适应了，这从一方面来讲是正常的。比如说，你提升了，清静了，那你跟那些充满浊气的人在一起，就会相互影响。"

G师兄："可能接触多了，浊气肯定会过来的嘛，得学会排。我有一次去做足疗，因为不舒服嘛，做足疗的小伙子把病气传到我身上了。那时候并不知道如何用意念把它排出体外，从此我再也没做过足疗，不敢做了。"

戈师："我们现在讲第二个层次。第一个层次是理解它是怎么回事；另一个层次就是要有方法解决问题，就是要怎么办？其实我们要提升到一个新的高度，就是像大乘菩萨一样要回入世间，继续跟这个世间打交道，那就是怎么样'出淤泥而不染'的问题，就是你怎么样不受他的影响，而尽量用你的清净、你的智慧、你的光明去影响更多的人。以这种悲心去对待的时候，你首先有一个清楚的意识，这个意识在保护自己。就是当我们完全无意识地开放自己的时候，就会被别人影响；但是你自觉地意识到这一切，这种清明、这种意识，本身就是一种保护。另外你在意念上可以主动地加一些保护的意念——就是你并不认为别人的东西就会马上传播给你，你把这个心彻底放大，放得像宇宙一样大，那就不存在谁传播给谁的问题。"

我插话道："就无所谓传播了。"

戈师："对。完全空掉了以后，不但不受他的影响，还会把好东西影响给他！再进一步，有的菩萨发慈悲心，说他甘愿承担众生的苦难，把智慧、光明带给人间，他这样去想的时候，反而什么事也没有了。一个是提高心胸气度，心胸再大一点，他可能就影响不了你；还有一个层面，其实就是心理作用——你越是跟这个环境对抗，你越累，你越是跟环境保持和谐一致的时候，你就越不累，这就是'恒顺众生'。当下是什么，就是什么，不加多余的念头，不去判断它是好还是坏。你要常念八字真言，'一切都是，一切都好'，这个事情当下就是好的，这个事情就是这样的，当你这样认识的时候，它对你影响就小了，甚至是没有影响。"

G师兄："还有一个问题，就是受到其他层面灵性的影响的问题。我们去西藏回来，可能是在拍照时照了不该照的东西，一直发烧不好。据说有的人去西藏后就死在那了，他的魂飘在哪，看到有人去了，他就想跟着回来。"

还有这事！我心下一惊，迫切地想听戈师怎么说。

戈师："这种情况下，有时需要一个高僧给你做个法事超度一下亡灵。"

G 师兄："是另一个层面的沟通，把他弄走？是不是一般不修行的人或者阳气足的人，他是附不上的？"

戈师："对，这也是一个'缘'的问题。不一定是跟修行有关，很可能是你跟他还是有某种业缘，他才会附体在你身上，不是因为你修行他才附你。"

CH 师兄："我觉得那个好像是个很好的缘，是增上缘！"

戈师："至少让你对神秘世界有一点认识了。这个不用怕，要以慈悲心待之，以菩提心贯穿。"

G 师兄："有好多人有这种现象，还有得抑郁症的。"

戈师："说到底还是一种业障，所以还是要加强你的正见、正念、正觉。这些有了以后，心里面亮堂堂的，空的、明的，就没有这些事了。你不要怕他，怕他本身也是一个缘；这颗心就是无住的，是空的、清净的心，这就没什么事了。任何一个东西，他要附你的话，你肯定有一个什么东西，让他找到一个'附着点'，比如你动了什么念头，起了什么心，他才找你，要不然他才不找你呢！"

听了戈师的开示，阴霾散去，祥瑞满室。

W 师兄："戈老师，请您给我们讲讲那八个字。"

戈师："这八个字——'一切都是，一切都好'，我们在课堂上已经多次阐释过。'是'有两个意义，一个是'是不是'的'是'，'一切都是'就是接受一切的意思；一个是'存在'，一切事情都是原本地存在。这里，'是'既是 Yes，也是 Being，这两个概念都有。

"这是我们讲的对世界、对宇宙人生的一种觉悟，不是简单地讲具体事件中的某一件事情的好不好、对不对，当然它也能用在这个层面上，但最根本的是我们对整个世界、对法界实相的一个认识。万事万物都是在其原本的位置上如其所是，如如地存在，这就是事情的本来的样子。

"'一切都好'也是超越了现象世界的好坏的判断，它是整个世界法性海洋当中的领悟，它超越了好和坏，它是一种真正的圆满具足。我们从个人的自我的立场来看，会有好坏，会有对不对、错不错的问题。但是当你觉悟了，超越了这个小我的层面，进入了一个更高的空性当中，或者宇宙的海洋当中，它就是圆满具足的，当下就是具足的，没有好坏，没有得失，没有增减，没有生灭。世界的样子就是这样，本来就是如此。一切的问题都是因为我们跳出了这个境界，站在一个局部的、自我的立场来看这个世界，就出现了许多善恶的对立、是非的分别。

"它是一个往上提升的一个状态，其实也是一种观想的心法，你这样观想的时候，就能进入一种状态，这是讲的修行的层面。但是退出这个层面，在生活当中，它也有其意义，就是一种和当下的事情、原本的事实保持和谐的状态。事情是什么样，就是什么样，跟当下的真实保持和谐，就没有多余的问题和烦恼。很多事情，其实就是一个心态的问题，你要接受它，那就不是坏事；但你要跟它对抗呢，好事都变成了坏事。"

W 师兄："和当下的真实保持和谐？"

戈师："对，当下发生什么就是什么。比如做饭时有时煤气打不着火，当下就是打不着，你面对这个事实，你不能因为不着火就生出许多其他的问题和烦恼。出了任何事情的时候，如果你心慌意乱，那就会真的造成伤害；出了什么事了，你把手放在心间，默念这八个字，马上把自己稳定下来，镇定下来，有的时候你马上就静下来了，然后你就可以如实地正视现实而去解决问题。这八个字有无限的理解的可能性，就看你见地如何——你理解到最高，直接就是'大圆满'，就是当下如是的状态；如果你没有到这个境界，往下走呢，就是接受一切的态度，是一种很好的心态。严格地说真正理解这八个字，最后这八个字也扔掉了；真正进入了'一切都是'了，这已经超越了语言。"

戈师的"八字真言"，乃无上的心法，让我对本然境界有了定解，伴随着我境界的提升，理解得越发透彻，每每听闻戈师对八字真言的开示，都会引发心灵直接的体验，真是妙不可言！

春天，这春天

你有一种无言之美

法雨

让灵魂清新

禅风

吹醒沉睡的心莲

暖阳

是觉者的目光

鸟鸣

是自性欢悦的歌唱

凝眸本觉

迎来了生命的春天

一切圆满

静如处子

有限之心于如来之心消融

春天，这春天

此时此地的神性欢宴

六、红尘何处不道场

《云笈七签》言："神静而心和，心和而形全。神躁则心荡，心荡则形伤。将全其形，先在理神。故恬和养神，则自安于内；清虚棲心，则不诱于外也。"清虚棲心，身心康泰，尘劳顿消，万般皆化为解脱的妙用。

既然每个人都有佛性，为什么表现出来却如此不同？

戈师："每个人都是共性和个性的统一。每个人都有佛性，这是说共通的地方，那基本的觉性是无分别的。你的也是空的，我的也是空的，是空而灵的东西。空是无限制的，只有空才能无限制；它同时是一个觉的东西，是一个灵明的东西。这是每个人潜在的可能性，佛性人人都有。但另外一个层面，每个人都带有自己无穷的业力或者无穷的种子，这是个性化的。那么你消业的过程，净化这些种子的过程，呈现出你的佛性的过程，也都是不一样的，道路也不一样。即使你的佛性呈现以后，哪怕你开悟了，你的表现也是不一样的。一个物理学博士和一个哲学博士，他们俩都觉悟了，他们在一起用的语言是不一样的，后得智是不一样的。缘起世界的差别永远是存在的，所以我们讲缘起性空，它是统一的，不能偏到一边去。啊，一切都是空了，那就一切都一样吗？不一样。"

G 师兄："种子不同，就是您说的根器不同。"

戈师："修行也有两个方面。一个是种子的净化，这是渐修的过程。唯识学讲，成佛要经历漫长的过程，如果光讲这一个方面的话，那修行就容易悲观——我在了这个种子的过程中，还不断地加入了新的种子，扫尽还来呀！永远打扫不干净，那成佛的必然性就得不到保障。唯识学讲，种子的净化，它靠这个无漏种来熏习，不断地熏，熏到什么时候？这是没有保证的。所以这个时候，禅宗就从另外一个角度突破，就是从我们佛性的先天的可能性来讲，它是随时可以顿悟的，空性是一直就存在的。觉悟不是我获得了一个新东西，也不需要等种子全部净化以后，它这个空性是随时可以呈现的，顿悟是当下就可能的。也就是'佛的境界'随时都可以呈现出来，但是要成就那个圆满的佛，还是要有渐修的过程。要把这个顿悟和渐修两者配合起来，这就是天台宗的路线，它既讲'理即佛'的一面，同时也讲转化的一面，天台宗的'六即佛'就体现了当下成佛与究竟成佛的辩证统一。"

戈师："要知道成佛的意义是什么？是从梦中醒来，从梦中觉醒。觉醒就要落实到当下，落实到你的生活，而不是说把成佛当成一个遥远的东西，彼岸世界的东西，然后为了那个目标去造业去了，那就成不了佛。"

W 师兄赞叹道："戈老师讲得真清楚。"

L 师兄也感叹道："我刚刚入门，还不太懂，今天听了老师的话，有很多感悟，很多共鸣。"

戈师微笑："不懂有不懂的好处啊，懂多了所知障更大。"（众人大笑）

G 师兄："我说话时总感觉气短，这个用什么方法补一下气啊？"

戈师："精气神是相互关联的，不存在专门去补气的问题。你静坐的时候，坐得好的时候，你整个精气神都在转化，是综合的转化，身体的每个层面都在不断地转化，所以不需要特别去注意补气。还是要你把这颗心真正放松下来，安静下来，找到你觉知的主人，做什么都能够有意识地去做，清醒地去做，放下心里那些负担、牵挂，真正静下来以后，它自动会调节。如果特别想补气，道家里也有很多养生方法。

"其实最好的'补'还是入静。进入空，进入虚空的状态，这个虚空当中有一个最大的能量，它是宇宙能量的宝库，当你真正空下来、静下来以后，能跟法界相通，那个能量能源源不断地补充你；而且那个能量呢，是最安全可靠的，它是最平衡的补品——哪个地方缺，它就补哪个地方，不会有偏差。如果退一个层次，你人为地去补什么东西呢，也许你补的不一定对，到底需要什么，你也不知道，但那个空性中所补的东西是最平衡的。所以你要真正地静下来，大静一场，真正入静、入定，这个身体的能量就会上来，这是没有问题的，还是调心的问题。"

G 师兄："我和人沟通，像我这个岁数的女性，好多人都气短。"

戈师："把生活节奏还是放慢一点，该睡觉时好好睡觉，该吃饭时好好吃饭。"

L 师兄笑道："G 师兄比我们还厉害，围着地球转！"

G 师兄笑："一运动就来精神了！一不运动就不行了，特别是下午五六点钟。一出国就什么症状也没有了。"

戈师笑："那就说明你气不短，身体在提醒你该歇一歇了！"

我也笑道："提醒你需要防护，该自动调节了！"

G 师兄："没办法。因为我们会多，精神压力大。"

我建议说："可以在开会间隙观心，随时修行，哪怕是一分钟或几分钟，身心能量都能得到提升。"

戈师："所以有时候讲修行的理想境界讲得如何好，但是做不到。那这个怎么办呢？从现实的角度来说，还是要专修一段时间，找一个环境好的地方去补充，去调节；等到你水平高了以后，再回到红尘里面来锻炼。从最高境界来说，红尘就是道场，到处都是一样的，但是你达不到这个境界怎么办呢？达不到还是要有方法嘛！有的时候就要找一些方便、技巧，找一个地方静修，短期闭关，提高自己的水平，提高到一定的程度你再回来，等你的能力高了，智慧高了，你就可以适应它，转化它了。其实就看你的能力如何，当你的智慧、能力提高了的时候，在哪儿都可以；但你还没有到那个能力怎么办呢？这个时候还是要专修，提高自己，包括智慧、见地、定力，找一个环境好一点的地方，去修行一段时间都可以。"

G师兄："这个内心的烦恼怎么办？我这个身体就会带来烦恼，内心感觉没有纠结，但是身体它会给你报警，一会儿关节痛啊，这里那里痛！"

L师兄："内心没纠结，但是身体会累。"

G师兄一笑："超负荷地累！"（众企业家们深有同感地笑）

L师兄："我是睡得少。经常晚上只睡四五个小时，睡眠很少很浅。或者十一点睡到二三点就醒，熬到天亮，再眯一会儿。"

戈师："睡不着的时候，不要强迫自己睡。其实，最好的方法是睡不着就起来打坐，把这个睡不着的时间正好用上。如果你两小时睡不着，你练两小时功，那就不亏了，可能就超过睡两小时的效果了。"

我插话道："通过静心，您能很快恢复能量。"

L师兄："是这样睡不着的——总有一些事情会想，一想就睡不着。打坐的时候还在想。"

戈师："要有方法，想还是可以想，你要有一个方法去修。"

L师兄："这个打坐一定要有动作吗？还是只要入定就可以了？"

戈师："打坐不需要动作，动功是太极拳之类的。身体中正，不东倒西歪，不前俯后仰，找一个法门专修，只要你掌握了原理，其实方法很多。"

L师兄："我中学的时候，学习压力很大，脑子很乱，就坐在那数呼吸几分钟，结果学习效率很高。"

戈师："你这是自发地练功。"

L 师兄："双盘十五分钟到二十分钟，腿就麻了。"

戈师："经常练，慢慢就会坚持到半小时；一两年后一个小时就没问题了，贵在坚持。另外可以少量多次，二十分钟多坐几次，不也一样嘛！"

戈师让我演示一下。

我讲了自己的双盘心得："双盘不能硬盘，否则是折磨自己。只有当一件事情走在'道'上，成为享受时，才会坚持。

"双盘前，一定先做'按摩功'，有助于气血畅通。《求医不如求己》里有一句话说'自我按摩治百病'，退一步讲，即使坐上不能深入地降服自心生智慧，长期的按摩还是有利养生的。按摩时，敲打大腿内侧的肝脾肾经、外侧的胆经和前面的胃经，并按摩后腰、两胯及足三里和三阴交穴位，重点转动、按摩一下踝关节部位。

"然后开始双盘，将一只脚搭在另一脚的大腿根部位。脚跟与大腿根部位相对，脚掌心向上、向外倾斜大约 45 度，侧着放，让脚外侧踝关节部位及脚背侧面与腿部肌肉相接，整个腿部肌肉是托着关节处的，这个点，找好了就不痛。将另一只脚搭在已盘上的腿的大腿中间部位。这样，上面这只脚的力量是由这个大腿部分承担的，而几乎没有压在下面腿的小腿上，从而减少了下面小腿的承受力。盘好后，身体坐直坐正，头有一种顶蓝天之感，整个后腰是托起的，身体是一个和谐统一的整体。此时不注意腿，修心为上。一旦找好着力点，时间长一点没有问题。姿势越正确、和谐，越容易入定，双盘很容易打通身体的气脉，有助于炼精化气，炼气还神，炼神还虚。一般来说下坐后，只是有酸、麻、胀的感觉，腿部并不会很痛。

"练功前要发愿，双盘结束后要回向，这样有利于开慧。"

L师兄欢喜地尝试着。

戈师："它也是你心和腿之间的关系，先降服其腿，再降服其心。但是如果你降服不了腿的话，你先降服其心也可以，就不管腿了，这两者是相互影响的。等你的心真正定下来以后，腿也慢慢听话了；当然你把腿降服了以后，又帮助你降服心。这两者相互增上！关键是你要坚持去做，慢慢提高，你有二十分钟，就坚持二十分钟，你慢慢坚持，慢慢地这个盘腿的功力会提高的，这种功力都可以练上去的，这都属于有形的东西，都好办，只要你坚持下去都能解决。

"还有一种修行方法，它不要求很长时间，就练习短时间入定。因为有些时候，初学者坐禅久了，后面的效果很乱了；要训练自己一上坐就入定的习惯，不要搞成我二十分钟还没入门，后面二十分钟又废了，坐一小时还没有十分钟坐得好，所以时间短就要提高质量。一个数量，一个质量，你质量上去了，数量也没事了。我们讲有种三分钟入定的方法，啪！就定下来，定一分钟、二分钟、三分钟，那功力都很高了。你要是观察一下你的心，你就发现你的心，其实啊，念头很多很多，你一分钟都定不下来！所以一个人能定二十分钟的话，那已经是境界很高了，所以你怕什么呢?！二十分钟就够用了。"

L师兄："快速入定对我来说是有点困难的。有时二十分钟，腿一麻了，下坐了，人还没有静下来。"

戈师："它就是一个诀窍，你撞准了很快的。你找到了那个诀窍，定下来很简单，因为我本来就是定的！"

我笑着说："假设一小时的静坐中，有四十五分钟你都在妄想不断，只有五分钟你身心合一了，那这五分钟是非常宝贵的，那就是进步。上坐前调整好状态，一上坐，万缘放下，把心态调好也特别容易入定。"

戈师："定和慧分不开，止与观都是连在一块的。其实你的智慧到了，无所谓定不定，这才真正地定了——你的心本来就没有乱过，呵呵。要有这种更高的领悟。因为它那个乱跟你没什么关系，念头过去也就过去了，杂念已经没有了，对不对，过去心不可得，在哪里？将来心也还没有来，在哪里？当下心找不着，在哪里？"

戈师眼睛一瞪，看着大家，笑着说："定了没有？"（众笑）

L师兄："平时不练，等到心烦躁了再来练。"

戈师笑："平时要用点功，不要等到出事了再来练。精神好的时候也练练。睡足了也可以打坐，不要只等到睡不着了再来打坐。"（众笑）

戈师又说："精神一好就卡拉 OK。"（众大笑）

戈师："广义的修行，行住坐卧都是修行，你散步也是练散步功，就是行禅，那都是一个外在的姿势而已。关键看你的心是不是在观照，你心还在外面发散那就不算，一念觉悟这就是练功。"

L师兄："走路的时候，是不是其他事情就不要去想它了。"

戈师："走的时候，你就是很有意识地走，起心动念要自己知道，全然地走路，感觉你的走路。快慢可根据自身情况，还有环境的情况。人多的地方慢点，快了就撞人了，人少的地方可慢点。"

G 师兄若有所感："修行是条很漫长的路。"

戈师："就是两个方面要结合，又慢又快。如果光讲慢的话，人就很悲观了，不知道什么时候了；但是快的时候，当下即是，随时都可以解脱呀！"

G 师兄："积累到一定量的时候，可能就差不多了，就快了。"

W 师兄："戈老师，通过禅修，就可以达到那种不散乱、很喜悦的状态？"

戈师："禅定是一种方式，但不一定通过这种有相的禅定，也可能是无相的；原理都是通的，能够达到那种状态，就一定有自己的方法。就好比书法家练书法，专心致志在练，也是一种。包括太极拳，有的人有一种方法能把自己的心调成一种状态，他找到那个诀窍，就可以超越这种外在的形象。"

W 师兄："稻盛和夫讲，心无旁骛、全神贯注地在当下的工作状态也是禅修。"

戈师："是的。"

G 师兄："忘我地工作吧！"（众企业家笑）

戈师："我们的修行是内心的状态，而不是外在的表现。你做工作的时候，你怀着一种觉知的状态去做，它就是练功。理论上可以，但是还要经过一定的训练。尤其是要进入很好的状态，这个禅定的训练还是必要的。"

G 师兄："我们觉得走了修行这条路以后，感觉比原来还是要轻松。"

戈师："首先是心理上的这些挂碍要去掉，然后用一定的功夫来改善你的身体和气质，最终还是智慧，是智慧的开花。能够随时随地与当下的发生保持全然地一致，你就没有任何挂碍了。"

L 师兄："睡不着是不是属于昏沉？"

戈师："像你这种情况，睡不着是属于散乱，脑子一直在动，所以这个时候，你如果静静地观呼吸或者数呼吸，可以对治散乱。当然这还需要一个过程，身体有自己的业力，其实你要把这个静坐或修行当成经常性的活动去练，提高自己身心的能量状态。一般来说睡不着，就是我们的'身心不交'，你的心不断向外发散，而身体能量和你这个心，阴阳两者没有交合在一起。所以你要把精神返观内照，精神向下，能量向上，让它们交合在一起，身心合一，这需要一个修炼的过程来转化这个状态。当然，做什么不是马上就有效果，你这一练马上就好，但你要坚持下去。你真的睡不着，你就起来静坐，然后用一个方法贯穿下去。比如说你要观呼吸，就专门观呼吸，胡思乱想你一发现就马上回到呼吸上来，一直拴住，把心拴在这个呼吸上。或者你太乱了，就数呼吸，一吸一呼数一，一直数到十，再循环数一，用这个方法把心全部贯穿到数呼吸上来，不再散乱。一开始可能还是会想，但你要不断地回来，不断地回来，牢牢记住你现在在修什么，不断地回来，这样等你功夫深了以后，你一观呼吸，杂念越来越少，越来越没有了，你虽然不能入定，但你这样就慢慢地越来越静了。等你一静下来以后，你比那个睡觉的效果还好了。等到你身体转化以后，你想睡觉了；想睡觉就让它睡觉，睡不着就练功。"

L 师兄："我是经常想起来练练，忙的时候就放下了。"

戈师："你做企业需要投资，这个也需要投资啊！"

接着又莞尔一笑："你要把时间、精力投进去一点呢！学一个法门，然后开拓自己的智慧，在整个人生的见地上要提升，到时来听我们的课。"

师说完大笑，幽默地说："先做个广告！"

众人爆笑，笑声在观虚斋中弥漫着……

七、灯灯相续愿无尽

由于人类的无明，人类在不断地造业，五毒在六种感知的每个感知当中，造作出负面业力，而人类迟早要享受自己的果报。一些具有暂时见地的修行人，由于见之局限，行止有时也会出现偏歧。我们能做的，就是彻悟大道，不昧因果，以无尽的愿力转化业力之流。

G 师兄："好多修行人把成佛作为一生的终极追求，这对吗？这是不是也是一种贪欲啊？"

戈师："在学佛的某个阶段，他会作这种理解，去追求'成佛'，这是没有问题的，要看他理解到什么程度。如果我们把成佛当成一种欲望，那么这也会增加我们轮回的可能性；但是我们也不能说不要去追求成佛，从你的愿力来说你是发成佛之愿，是为成佛而修行的。愿力不同于一般的欲望，在学佛的过程中，愿力实际上是来'中和'你的欲望的，因为'成佛'意味着要超越欲望。你修行的时候，是永远立足于当下的，并不是把这个目标放在遥远的未来，而是要管好你当下的心——当下清净，当下即觉悟。把一切修行都落在当下，把修行的成果也归于当下，从当下里面超越时间相。我们在时间相里是得不到解脱的，而只有从时间里面跳出来，进入和时间相垂直的那个维度，那个永恒的维度——那就是当下，当下不是一个时间段，它是永恒的；它不是时间三相中的现在，现在总是和过去、未来连在一块的——你修行也在当下，成佛也在当下，进入这种觉醒的境界，只有这样，你才有可能成佛。否则的话，你成佛就成了未来的一个目标，那你就卷入时间相、空间相里出不来了。有的时候，它是相反的——你越执着于成佛，就越是妨碍了你成佛，你就进入了另外一个圈套。"

L师兄："有的修行人到处借钱，借了钱也不还，没影了，找不着人了。"

我觉得这种情况是很可能会有的，在没有真正地醒来以前，人的内在缺乏真正的统一性、自主性。

戈师："这就是学佛、修道里面的一些陷阱，如果学歪了，就连一个正常人都做不了了；我们讲学佛修道是要超越正常人，成为一个更好的人。"

W师兄："关键是，有时还老觉得自己对，自己总是对的。"

戈师："最后还都是一个正见的问题。他'见'到什么程度，他就'修'到什么程度。"

CH师兄就L师兄对修行人的批评表示不满，L师兄解释说，自己不是批评，只是疑问。

大家沉默。

G 师兄："人类不断地破坏地球的环境，不断地造业……也有世界末日之说。您怎么看待这个事情？"

戈师："严格地说，这种问题不是我来回答的，我要去问一下'老天'。（众笑）现在我替上天来简单回答一下。

"我们从修行的基本原理来说。从个人来讲，就是他自己造的业，自己受的报。我们讲人的发展有两条路线：一个是智慧线，一个是业力线。那么当我们人在业力线的这个范围之内的话，他走向的就是末日，他永远被业力支配，走向最后，就是一个终结，就是一个末日。如果我们开发了智慧这条线，智慧的光明战胜了业力，我们走向的是净土世界、解脱世界。

"每个人的业力合起来，就是人类的共业。如果我们人类的发展只是被业力操控，盲目追求外在的科学技术，去改造地球，征服地球，破坏地球的环境，这样走下去，那人类肯定是没有前途的。这条路是死路一条。地球就这么大，你天天去折腾，它能受得了嘛！

"人类也有另外一条线，就是智慧线——宗教文明的线，内在探索的线。如果我们的大学里面，有越来越多的人去做智慧的追求，去静心，让静心变成一个普及的科学，让灵性追求的人越来越多，智慧越来越占主导的时候，当有一天智慧线的发展能超过业力线的时候，人类也许就有救了。所以这就是'你死我活'的斗争。所以我们看到现代科技文明越来越发达的同时，另外一种思潮也在兴起，就是灵性运动的思潮。

"你可能是非常关注这些，现在东西方都有很多的灵性大师出来了。天天讲爱、讲光、讲觉醒等这些东西，一套一套的灵性信息都出来了，还有很多'高灵'都在传播这些信息。有的大师甚至讲，2012之后人类灵性要大焕发，我们灵性的黄金时代要到来了。

"也就是说，业力在加大的同时，另外一条线也在加大，现在是两条线在赛跑的时候了。所以我们才要出来讲课，为智慧这条线增加一点能量，传播一下这条线的信息，给人类多带来一点希望。"

G师兄："很多人谈四维、五维世界，说人类没有未来。"

戈师："很多人谈四维、五维世界，他其实是在做一个理论推导；但他也不是四维、五维空间的人，他只是作为一个普通人在想这些问题，所以这些人的谈论都不足为据。我们讲人类的前途是很现实的角度，我们不能就断定人类没有未来。但是我们说人类一定有危机，这个'危机'能不能变成一种'机会'，是要靠每一个人去发心的。所以这是一种智慧的观点，而不是完全宿命论的观点。说人类总是没有前途的，这是完全悲观的观点。还有一种是完全乐观的观点。'佛会保护我们的'，'上帝会关怀我们的'，这样就听天由命去了，这也是靠不住的。

"根据我们讲的这些道理，每一个人要去做好他自己，要去发心帮助改善这个世界。我们每一个人的人生最重要的是开展你的智慧，转化你的业力，成为自觉、自在的人。人类也是这样。人类要把智慧这条线发扬光大，那么人类就有希望。如果越来越多的人——包括政界、商界，甚至那些大头头们、领袖们都越来越接触到这个智慧线以后，那他们转化的能量很大啊！

"所以我在以前讲课的时候，也讲过薪火相传、灯灯相续的概念，每个人都做一个灯火的传递者，点亮我们自性的心灯，然后我们再去点亮周围的人，那么周围的人再去点亮更多的人……像愚公移山那样，'子又传孙，孙又传子，子子孙孙，无穷尽焉。'一个人的力量是有限的，但是这样传播下去，它的力量就是无限的。所以发大愿，就是这个意思，愿力不可思议！

"我不能说，我一定能做成什么事情，但是我一定会去做！做多或者做少，要尽我的能力，为地球的光明增加一份正能量！"

谈话结束了，大家依依惜别，戈师的话语带给大家深深的启迪。大家走后，已经四点多了，我和戈师去散步。黄昏的田野分外美丽，我的心和自己在一起，世界在意识中慢慢消融，于空蒙中有一丝丝喜悦与轻安……戈师这个高频率的能量场震撼到了我，他带给我无限的智慧启示与加持。这些有爱心有灵性的企业家们，若能深入菩提之旅，他们的菩提心将会影响一批人，那将是国之幸、人民之幸！

生命是一场自我潜能的开发，

因为不断地顿悟和渐修，

而充满了欢喜与庆祝。

感恩您——我的引路人！

无限的恩典，

无限的慈悲。

您给了我整个的天空，

您给了我整个的海洋，

您给了我永远的灯塔。

无限的感恩，

生命中伟大的上师！

我的生命变得越来越有诗意

伴随修行的深入，与尊师在一起，戈师的特质自动地影响着我。师为纯粹的道人，无意于诗文；然亦禅机偶露，时有诗情焕发。受师之影响与点拨，在我对三宝的虔敬不停息时，我很快就领受到加持。我的生命变得越来越有诗意，对大自然及周围的事物越来越敏感，一些灵思妙悟自动地跑出来。于是牙牙学语，虽不懂诗词韵律，也写下了一些灵感的诗篇，这真是奇异！这也算修行的进益罢！今整理出来，作为与师在一起的金色时光的见证，供同道一笑。

一

多年尘劳如梦回，

一心只向菩提皈。

修行路上有好景，

感恩师友情依依。

（此诗发表于微信朋友圈，有朋友评之曰："未见道，有情滞也。"师则注曰："情执为轮回之根，但此处是师友之道情，其果位即慈悲，然学人尚未臻此境，暂称有情，而无情累即可。"）

二

天高云淡艳阳天，
临窗静坐自悠然，
与子欲谈心弦曲，
默然一笑已忘言。

三

秋风秋雨秋意浓，
菩提大愿存心中。
世事无常无挂碍，
净喜自生法性空。

四

初日照菜园，
野花散芬芳。
闲摘红薯叶，
此心妙吉祥。

五

红薯叶，丝瓜汤，
法尔如是滋味长。
一念安歇本觉现，
人生处处是家乡。

六

师游新疆有感

1

凝望天池见神仙，

神仙就在心里边。
踏景无痕如风过，
心合乾坤幻影存。

2

无修显朴智慧婴，
葡萄园内乐天真。
干尸故城演无常，
如日之性万古生。

3

一刻在道一刻仙，
心弥宇宙天地间。
默然静坐非常态，
悄悄已上龙华山。

4

同心西游赏风光，
火焰山前品清凉。
千佛洞里无住位，
慈悲人间走一场。

5

庆祝离别，
庆祝重逢，
一切多么奇妙；
没有离别，
没有重逢，

因为心一直在一起。

七

春游东郊公园

水边林下意态松，
处处道场不费功。
万绿丛中花一树，
自在盛开沐春风。

八

公园行禅

江山如画倍有情，
万般风景在自心。
诗意人生慢慢品，
禅修境界日日新。

九

树叶黄了，
满地的金黄；
脱落的是妄想，
真我逐步显现。

树叶黄了，
成熟的丰美；
回归根尘，
孕育勃勃生机。

树叶黄了，
　思念，
如这秋叶片片，
　浓密且绵长。

耳畔声音悠长，
　面容亲切慈祥。
一个觉者的身影，
　树下浮现。

十
观风景

我迷在美景中，
　风景入我眼，
我融在风景里。

我看到一个真实的美景，
风景在我眼中变得虚幻。
　一切如如，
　我与美景两依依，
　　融身美景中。

　说世界是虚幻的，
是为了让你洞悉它的空性；
　说世界是真实的，

是为了让你知道它的妙有。

觉悟，

超越真实和虚幻。

一切皆为，

自性的显现。

十一

前生我是谁，

今生谁是我？

文殊心田现，

焉用朝五台。

十二

谁迷了你的心，

你迷了谁的眼？

爱与被爱，

有情而无情累。

了悟一体，

方是解脱。

十三

结婚纪念日

感恩你，

我的爱人！

你的爱如阳光，

温暖着我，

指引着我，

照亮我的人生，

让我找到内在的真我，

让我的人生一片光明。

一直以来，

你是我的骄傲，

我快乐着、幸福着。

一起走过的岁月，

记住的只有欢笑；

一路的成长，

唯有对你深深的爱和感恩！

共修、共行菩萨道，

广阔的道的宇宙花园，

两个闲人、爱者，

比翼齐飞。

十四

自性之歌

我亲密的爱人，

心念被你牢牢吸引，

您浩瀚的智慧，

予我以无限的温暖。

爱、喜悦与清醒，

我誓与你不离分。

如蝴蝶的蜕变，
毛毛虫破茧而出。
那是成长的惊喜，
回归自性三宝的道上，
风光无限。

生命在觉知、喜悦，
与能量满溢中流淌，
回归心的家园，
成了一个求道者、一个修行人，
生命潜能无限，
追求智慧、真理是我唯一的方向。

十五

本地非这里，非那里，
无穷道的时空，
我们连成一体。
一刻接一刻地庆祝，
一刻接一刻地观照，
禅融入生命，
享受本地风光。

十六

曾几何时，

心能够安住在故乡；

曾几何时，

有信仰的人生不再迷茫，

心田多了一份宁静喜悦。

十七

依依惜别的深情

你去做客，

一日不归，

临行嘱咐我，

和自己玩……

依依惜别，

追随车畔，

深情凝望，

情不能已。

不需言语，

一日不见，

如隔三秋

你懂的！

十八

生命多了一份优雅从容，

有情而无情累，

无情爱意浓，

心不动，一切都好！

您依然住在心里，

却多了几分祝福。

感恩您，

让我活出了自性的光芒；

这样的爱，

给人成长的力量。

十九

我与你，

保持着不远不近的距离。

近了易贪执，

远了则弃舍。

此距离刚好是慈悲的距离，

我成为你的枝丫，

你即是我的根。

我们同体不分，

汝即我，我即汝。

我与真如联结有多深，

慈悲即有几分。

二十

不着无为，

不着有为，

合道而为。

一个清醒的平常之人，

明觉无为无不为，

无漏无碍。

二十一

是日已过，

问问自己，

今天修行进步了没有？

自觉了没有？

觉他了没有？

活出了喜悦、自在、庆祝的精神状态了吗？

今天随妄想走了吗？

喜怒哀乐之情绪觉知到了没有？

是否一直在觉知状态？

智慧慈悲的佛啊！

让我在您温暖的怀抱里，

成眠！

二十二

寻常岁月，

漫成节日；

节庆之日，

亦寻常岁月。

不增不减，

安住明觉。

二十三
游古北水镇

1

北方乌镇有盛名，水乡再现长城东。

我来观景无异处，唯见车水与马龙。

逃荒如乞觅住处，上天入地难从容。

心能转物苦亦乐，三宝为依意轻松。

2

回归大道心为家，虽在人海亦无他。

万象如幻皆自显，漫听人籁沐日华。

山水情长舍如画，老街旧铺倒时差。

倾城水乡古时景，处处见佛妙莲花。

3

学佛修道三两年，

今非昔比换人间。

陡峭长城步当下，

枫叶片片舞翩跹。

4

夜赏水乡不夜城，

灯火阑珊伴歌声。

仿置仙境笑几回，

无待逍遥性长明。

听戈师演讲"道教内丹学及其现代意义"

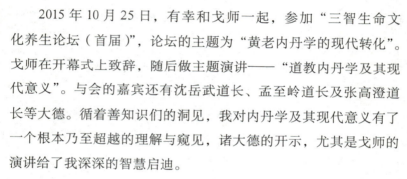

2015 年 10 月 25 日，有幸和戈师一起，参加"三智生命文化养生论坛（首届）"，论坛的主题为"黄老内丹学的现代转化"。戈师在开幕式上致辞，随后做主题演讲——"道教内丹学及其现代意义"。与会的嘉宾还有沈岳武道长、孟至岭道长及张高澄道长等大德。循着善知识们的洞见，我对内丹学及其现代意义有了一个根本乃至超越的理解与窥见，诸大德的开示，尤其是戈师的演讲给了我深深的智慧启迪。

我们是前一天下午到达开会地点唐韵山庄的。办理完入住手续，我和戈师决定绕山庄观景行禅。

黄昏的怀柔唐韵山庄有一种宁静之美。在夕阳金色的光辉中，我们悠闲地走着。远方青山郁翠，若明若暗，静若处子，恰是"好山万皱无人见，都被斜阳拈出来"，玄妙而深邃。曲径通幽，小桥流水，绿柳成荫，行人稀少，无犬吠鸡鸣，无车马喧嚣，空气清香，草木开心，百鸟欢唱，展臂于环宇，身心合一于当下。不时地有一棵相思红豆树挺立路边，自然淳朴中又充满了温馨而浪漫的气息。忘尘世之忧扰，一灵独存于天地之间，如置仙境！

由是感悟：真正的自由是心灵的自由；真正的富足是心灵

的富足；真正的贫穷是心灵的贫穷！心胸广大如法界，八风吹不动，回归本性使然；为众生奉献一生，信仰使然；生活在皇宫里，亦贫穷，贪瞋痴慢疑五毒使然。众生之根本问题在一心，不明心性，不得解脱！仙景怡人，我们讨论书院是否也可以在这里上一期课程……

圣人之道，为而不争。晚餐基本全素，大家陆续坐定，一位九十多岁面色红润的道长进来，嘴里自言自语地小声说"处下"，意即要坐下位，众人力请上坐。席间，有些人在参与养生班的辟谷，吃得很少。道长皆称我们这些后学为师兄、师姐，称戈师为"首长"，并向大家一一虔诚敬酒（红酒），餐后合掌感恩方才离去。

道长之言行一直在向我们"表法"！他的无言之教是在说：要处下不争，众生皆为佛，平等无亲疏！修行对于道长，已融入骨髓，直接体现为做人！我感受到加持，修行不仅要明心，还要做到！身口意皆合道而为，方是大修行人。真是细微处见真功夫！深深感恩师，带我参加这样的活动，熏习我，让我长见识，见得越多，越懂得敬畏，越发觉得要老实修行！

我看向戈师，戈师神采奕奕，圆圆的大眼睛，满眼熠熠的光彩，肌肤细腻而真气充盈，我看到了一个智慧的婴儿！暗下决心，一定要如戈师和前辈们一样真修实证，踏踏实实地如法去见、修、行！

走近善知识们受益良多。孟道长、于德润院长等的发言，都给了我很多启迪。我沐浴于从中华根文化——黄老文化传承下来的内丹学的真谛及其现代应用的生命智慧之中，感而遂通，心智和思维方式都发生了微妙的变化。

论坛上，我学到了什么？

第一，清晰、慈悲、镇定、优雅的生命品质。在开幕式致词中，戈师深入地剖析了观虚书院的院训：清晰、慈悲、镇定、优雅。他谈到，清晰即智慧的根本特质，只有当你回归内心，回归先天元神的本来面目，才可能发挥我们生命本具的那种智慧的观照、智慧的光芒，如此才会有真正的清晰……戈师的讲解，让我对这八个字的含义有了进一步的领会。戈师曾在平日里说，要达到生命的清晰，除亲证外，见地上一定要透彻圆融。他也常常看到一些人，虽然很有学问，或者很有实修，但是从他的谈话中可看出不够清晰，这也就意味着他的见地与实证没有圆融透彻！

第二，神仙可学可致。戈师通过对内丹学的概念、源流、理论体系（内丹三论）——返本还原论、性命双修论、阴阳交媾论的梳理，让我对仙的界定有了更清晰的认识。顺则凡逆则仙，返本还原既是修炼的目标，也是当下的呈现，一念入虚无我，当下成仙。逆反成仙，从功夫论的角度讲是炼精化气，炼气化神，炼神还虚，通过一步一步地修炼，生命回归大道，内在的生命境界得到升华；从境界论的角度讲，一念超越自我，超越我执，入虚无大道，则当下成仙。这是成仙的新概念。当我们一念清静，无牵无挂，回归没有分别心的真心，那就是仙。人人本来就是仙，只是迷失了自己的真性。这让我明白日用生活中，要念念在道，自然而然地守住真心。

第三，回到整体的大圆满的角度看问题。戈师说："看一个人的智慧到什么程度，要看他开放到什么程度。"超越我、法二执，生命没有问题，只要不断地超越。会上，戈师所讲的内丹学"三二一零"的理论，也被几位道长强调。生命的问题永远解不完，一个问题看似被解决了，还会带来更多的问题。而真正能解决的方式就是我们不断地超越，最后回归到零的状态，没有问题！"一切都是，一切都好"！

第四，超越的思维方式。如果研究内丹学，要超越于内丹学之上来看内丹学，方窥其全貌。否则"不识庐山真面目，只缘身在此山中"！我们研究一件事，一个人，均同此理。我们要有超越的心态去思维、做事。戈师说："要把生命变成最大的开放系统——虚空。"有圣人之心，换句话说，跟圣人同心去思维。一件事，圣人会怎么想，怎么说，怎么做……当有了超越有限自我的思维方式的时候，才能驾驭生命，才能活出生命的真、善、美。

生命是天地之重宝，智慧的提升又是生命的重中之重，我们掌握了自控身心的大智慧，才能活出解脱的生命，才能活出色身之外的永恒的法身生命，这是"三智生命文化养生论坛（首届）——黄老内丹学的现代转化"要传达给我们的。

如戈师所言，黄老文化乃内在生命觉醒的智慧，每个人能净化身心，就是在对世界做出贡献。小到修身，大到贡献人类，愿我能真正成为一个载道之器，成为一个真正觉醒的生命，和诸善知识们一起发心，愿在自己的位置上为人类文明的传承与进步做点贡献。

给自己一片无云的晴空

——读《道教内丹学探微》

一、生命本性境界的一幕幕画卷

合卷冥思，顺着戈师《道教内丹学探微》指月的手指，我看到了生命本性境界的一幕幕画卷。戈师深入道教内丹学内在意义的探索，主要论述了"顺逆""性命""阴阳""有无"四大问题，独辟蹊径！让我于内丹学的义理之外，捡拾到内在宝藏的一颗颗珍珠，生命本具的光明又亮了一点点。人可以通过自觉的生命修养，与道合真，达至生命的超越与永恒。

心外无物，陆象山说"吾心即宇宙"，那么人可以选择给自心一片无云的晴空！念头即法身，不再妄想，没有烦恼，贪嗔痴慢疑即五智，清静自在。本来无我，无执可除；本自无事，缺憾即圆满。寂而照，照而寂，"有真灵之知而不落空"，空而不空，即有即无，不增不减，动静一如。身心一体，天人合一，一派太和。智慧而慈悲，饱满而充盈，一个满溢着大乐的无限的宇宙能量场。

人本来即活在这个无云的晴空中，只是因为心迷了。心总是想从明空的觉性中逃离，相信自我与我执的真实性，是我们受苦的因。人类所有的灾难，都是由于错误的念头、思想、情绪，而这背后是不明因果与空性下的无明。只有转化了潜意识中执着的种子和现行的念头，才能不随业漂流，解脱轮回之苦。观照到我执心的非真实性，那只是镜中之自我的造作，它只能给人带来痛苦。那么扔掉它，有什么不可以？当觉性之光照在，我们的念头、思想、业习当下化为正念、正思、正行。有觉知地说，有觉知地做，有觉知地行一切事，则人不可能干坏事，唯有浩瀚的智慧和对众生的慈悲。戈师曾说："作为一个修行人，你先找到自己内在的中心点，在颠沛流离中有道的支撑，道不可须臾离也，先找到本。有了这个人生的支撑点，然后再发展外王的事功，这就是内外兼修，本立而道生。修行，让人成为主动的生命，能做生命的主人；不修行则为被动之生命，被业力撑控。"从错觉的认知里回到智慧心，当我们领略了内在的本性之美，我们就越来越脱离自我、我执心之操控，而能不带好坏、对错、喜欢不喜欢的评判，看到事物的真实相，妙用诸法在修行道路上让我们成长。"万物皆备于我"，一切皆我友，我的资粮，我的助伴，助我进步！

我们能与世界相处的方式，就是调心——心能转物。所谓的心能转物，即是你在面对任何对象、境遇时，都能与三宝在一起，都欢喜庆祝，并心存感激！通过逆返修炼，性命双修，我们把握阴阳，明通造化之机，以"觉悟"的究竟圆满的境界对待有限人生的种种情境和问题，缺憾即圆满，尘世即净土，不以外物伤和气。一切境遇，如师言："当有则有，当无则无，而有无都不住，有无都不着相。无心无为，无我无碍。"应物不迷，是生命最大的神通！当生命回归太虚体性，由有限消融于无限，从小我之心变道心，达至能量的开花。我们成为"为万世开太平"之洪流中的一分子，纵浪大化，生命走向超越与永恒。这是心之力，也是心之解脱。

二、纯粹意识之光充满宇宙

在这无云的晴空中，天地人融为一个完美的整体，生命呈太和态，纯粹意识之光充满宇宙。在第一章"顺逆"中，戈师谈了顺逆互化的生命宇宙演化观，谈了生命返本还原之功夫和现代意义。我认识到返本还原是人改变命运、生命进化的核心秘密武器！尤其是意识状态的转换与进化，直接关系到我们的生命存在状态和潜能开发。戈师说：

> 在内丹学的修炼过程中，精神意识的运用就是具体实现生命逆向演化的根本机制，一切修炼的共同要素，在于意识的能动作用。"炼心二字，是千真万圣总总一个法门"[1]，"修性"固然是直接对意识用功，"修命"又何尝不是通过意识的观照而起作用？

戈师在这里指出了顺逆功夫一个至上的法门是"炼心"——

---

[1] 黄元吉《乐育堂语录》卷一。

意识观照心之变化，由散乱、昏沉的意识状态回归觉知、觉醒的意识状态，由"向外执实"的意识状态，回归性体之无限的"虚意识"状态。

人之有碍、烦恼皆因意念滞住，自设罗网。精神生命分元神和识神，识神即后天的分别意识。元神，在戈师的讲解下，我理解为"虚意识"。戈师说："虚意识就是与道为一的意识本源。"我们的轮回都是因为意识种子现行的一念心。其原因有二：一是执意识里的对象为实，看不到空性的本质，而念念向外流转。二是"虚意识"之光太弱。即无明的业力大于觉性之光的强度，当下不能转念，要随业漂流一会儿。而转念时间长短，跟定力有关。人经由虚静功夫，由执着于自我的"实意识"进化到无限的"虚意识"，由部分有限意识的人进化到完全有意识的人，生命进入了全新的天地。如师言：

> "云散虚空体自真，自然现出家家月"，随着人心之静，万物亦从"并作"而"归根"，这并不是说我改变了万物的运动状态，而是说我的意识状态改变了，关联于意识中的"意向对象"也相应地被改变了。我的"心动"，万物就"并作"；我的"心静"，万物就"归根"。万物不在我的意识之外，万物是我的意识中的对象，故万物的意义随心而转，心动则物动，心静则物静。物静即物恢复成为其本来的自己，不再受意识作用而被干扰，物显现其本来面目。

回归生机盎然之无限体性，也即无云之晴空，真我不受实意识干扰！虚，为意识之无碍；有，为意识之创造。即虚即实，虚实互化，心如如不动。无心，无为，万物顺遂，万物得其所宜！也就是说，当我们时时处于觉醒的、纯粹的意识状态，念头自生自消融，人生也就本无烦恼。意识于因缘蕴集、与时俱化的变化之流，如《灵源大道歌》所言"照体长生空不空，灵鉴涵天容万物"，当相即道，性相不二，而达至天地人一体之超越境界。

太虚意识带来智慧的增长，无限的虚意识是遍知的。如师言："若能虚静，即能超越尘世的有碍，回归道体的无限……心待太虚，神妙不测，与万物贯通，具广大无比的智慧妙用。""越是无为的意识，就越'有意识'，意识本身自觉的程度就越高。"虚静功夫带来智慧的增长，觉醒的人知自己，知别人，知天道！知空性，知无常，知因果不昧……了了常知！这种智慧是人类精神稀有的开花。我尚在修行的路上，通过跟随戈师的修行，生命有很大改变，较以前更清醒、觉知了，但离全然的觉醒尚远！有时，我感受到戈师觉知力非常强，常常是我的一个起心动念都逃不过他的法眼，他帮助我觉察，让我相遇平常所见不到的那个自己。

三、生命就是能量的开花

在这无云的晴空中，阴阳太和，生命就是能量的开花。通过虚静的功夫，身心阴阳交媾，精气神合先天一气为一，先天一气统摄精气神于当下。戈师说：

在那终极的超越境界里，人体阴阳、男女阴阳、天人阴阳都完全统一到太虚体中，就像波浪融进了海洋，人的有限的存在被融进了无限的境界，从后天的阴阳对待返还到先天的阴阳和谐的"道体"之中。

生命归根复命，天之大、地之厚的精华能量注入生命，人和宇宙这个最大的终极的能量场——"零点场"发生了能量交换。

能量"朝伤暮损混不知"。常人一方面恐惧死亡，一方面在耗散生命的能量。当能量增长，一方面我们变得清醒、觉知和富有智慧，对万事万物也更敏感，更有同体之感；另一方面潜意识和惯性会使我们产生流向二元对立的冲动。我们通常会找一个通道把它发泄掉，会参加各类活动，会有爱欲的冲动，会去找人聊天或辩论……直到把这股能量消耗得差不多，又回到了低能量的状态，身体虚弱，身心不交。然后再一次积蓄能量，开始新一轮能量波峰与波谷的交替。戈师说：

> 生命就是能量的开花，能量是喜悦、充溢和智慧的源泉。生命的痛苦和空虚不是别的，那正是生命缺乏能量的表现：由于无数的执着与分别，由于情欲的发泄，人的生命的能量在不断地被消耗，人于是变得枯寂与虚弱。人越是枯寂与虚弱，人就越变得贪婪与占有；人越是贪婪与占有，人就越变得枯寂与虚弱。这就是发生在人身上的恶性循环，人所积累的一点点能量总是被用于发泄性的消耗，人从来没有成为自己能量的主人。
>
> 我们的能量总是在波峰和波谷之间流动，能量就这样周

而复始地循环，而较少有生命洋溢的状态。

何为智慧的行为？就是念念觉察，知道自身能量的增长而转化和升华它，知道身口意是在耗散能量，还是在增长能量。觉察自身能量的细微变化，在它增长时静静地观照，不喜不忧，不驰不泄，以平常心保任它冲向能量的高峰，并保任在高峰能量的中心点，将高峰能量连成超越之能量的平原，做生命的能量的主人，成就无上的正等正觉。

无论何时，当你感到疲倦或没有能量，想要增长能量并实现能量的绽放，该如何最快地恢复生命能量呢？通过这段时间跟随戈师的学习和对这本书的学习，我总结出四种方法：

一是通过虚静自觉的逆返修炼回归道。当你感到能量匮乏，最好回归内心，让灵魂回归身体的庙宇，阴阳交媾，回到生命的源头——道里面去，在宇宙的"零点场"里有最大的疗愈力量。而能量充电的程度跟身心合一、天人合一的程度有关。戈师谈到"精气神虚"的宇宙一本体演化理论，通过逆向的精气神的修炼，达至阴阳平衡，性命合一，天人合一，生命就如电脑一般，得到能量的优化和升级。

二是培德。德乃道之体现，以道心去爱人，做一切让别人欢喜的事。比如说"布施"。诸法性空，法界似一空旷的山谷，自性布施出什么，就回收什么。

三是减少无谓的消耗。每一个起心动念都在耗损，减损一切二元分别的造作。常人闲居而神扰，恭默而心驰。每一个贪嗔痴慢疑五毒之念的升起，都在迅速地耗损着我们的能量。戈师说：

"我们的心理状态和我们的能量状态是密切相关的。有一个烦恼，有一个杂念，或者有一个执着就会导致某一个能量的纠结，它延伸开来就会导致某种疾病。"念头演变成情绪，过则伤，思伤脾，忧伤肺，喜伤心，怒伤肝，恐伤肾，久之，会导致我们身体的疾病。唯有觉性相伴时，有觉知地起心动念，有觉知地思想，有觉性地运用情绪，虽形动而心静，迹移而神凝，精不外泄，神不外驰，身心合一，生命能量才有一个新的飞跃。外转六尘，内化五毒，安坐堂中，内外皆如，日理万机而无为。

四是跟诸佛先贤及善知识的精神相联结和选择有益清静的环境。在宇宙这个大的能量场中，每一个人都在释放能量场，人和人之间、人和自然之间在不断地发生着能量交换。戈师说：

> 每一个人也是能量的发射场，每个人都在发射他的"人体场"，所以我们的环境也包括我们周围接触的人，你跟什么样的人接触，就会受到相应影响。你长期跟一个忧郁的人在一起，你也变得忧郁起来，你要跟智慧的人在一起，你就变得更加智慧，这个"场"之间是相互影响的。

契入诸佛先贤及善知识的智、见，选择有利于灵性进步的场，都是在提升能量。

当生命的能量匮乏，人则会表现得求取；当生命的能量满溢，多会表现得给予。虚空是生命之源，通过阴阳交媾，逆转人的自然生命的能量耗散过程，与宇宙环境进行充分的物质能量信息的交换，保持生命的活力。

四、超越的智慧——游刃有余循天理

在这无云的晴空中，乃超越一切二元对立的智慧。超越增减、好坏、得失之判断与分别，只有纯粹的知。此灵明之知无我，无为，无形，涵容万物，真无妙有。

戈师从有形无形、有为无为、有我无我等几个方面阐述了内丹学的有无之境，我深深感慨，真是"游刃有余循天理"呀！

有为无为之境。戈师说："'道法自然'，'道'是自然而然，自己如此，在它之上没有更高的东西可以效法，在它背后没有更高的意志或主宰使之营为，道并没有有意识地去创生万物、支配万物，这即是'道'之'无为'。"应世的智慧即"唯道是从"，"无为"即法尔如是，法智慧轨道的本我，也即法"道"。起心动念皆合道，一切身口意皆表法。言真言，行载道，意为净意，平常心生活，如实显现真我本色，虽境界上不在有无之中，然亦不乏真无妙有之功能妙用。把自己修好了，世界即太和。

有我无我之境。无我，在儒释道三家有不同的描述，结合戈师的讲解，我有了进一步的认识：道家从修炼中的意识状态而言，讲的是一种无人无我的虚静状态，无"自我"而有"真我"。佛家讲的是无烦恼我执之本觉我，与"性空"义相应，无"实我"而有"佛性我"。儒家则偏重于仁恕之"道德我"，无"小我"而有"良知我"。"无我"无掉的是什么？无掉的是烦恼、执着的自我、实我、小我。而有觉性之本我、佛性我、良知我。三家表现虽殊，然其理一也，都是讲的要无"小我"，而存"大我"

"道我"。

有我无我，从本体论来讲，本来无我。广大如虚空，无形无象，万物同体，生机盎然，也即无我执、法执可除。但是由于我们后天的分别、妄想，使我们离开了道的伊甸园，活在有我之中，由此而受苦。通过渐修或顿悟的修炼功夫，有限的生命又重新回到了道的海洋，重新回归道之超越之境。于虚静无为的无心之真心，心意自净，烦恼自解，妄想自消，业习自化，有我即无我，无我即有我，有无皆自性之庄严，和谐共存。

这种超越的智慧，令生命体现出"道"的涵容性，让我想到儒家思想中的"恕"字。恕，指超越好坏之宽容。戈师谈到"太虚无为，而万物自遂；太虚无心，而万物自滋"，心如太虚，非不知好坏，是安住于平等性，即佛性，同时看到人事物的差异性、缘起性。如镜一样如实映现，知事物的好坏，知增减，知得失……什么都知道，而心是超越的，慈悲的，宽容的。对于社会上的一些不良现象，关系中人的不完美，我们要以宽恕之心对待，以清静心做清静观，心无波澜，唯有慈悲！愿以菩提心和正法的力量，灯灯相传，唤醒沉睡的佛！

五、真理的普适性

在这无云的晴空中，无众生可度，只是平常心、平常人。戈师谈到真正的宗教精神。他说真正的宗教精神本是超越时代的！并从人与自然、人与人和人与自我三个方面加以论述：

从宇宙人的角度看，宗教精神是从整个无限宇宙的立场来观照人的有限生命，寻求一种人体生命的宇宙意义，达成人与宇宙的和谐，以达到有限生命融于无限宇宙这样一种永恒超越的精神境界为根本宗旨。从社会人的角度看，宗教精神是一种慈悲博爱的精神，超越一己之私我，实现人与人之社会关系的和谐。从自然人的角度看，宗教精神是一种清明无欲清明觉知的精神状态，表现为各种身心修养之道，它通过各种宗教修养方法破除人们的执着，消除人们的烦恼，使人身心平衡，解除潜意识的各种矛盾。

总之，都是以提高人的内在的生命质量和提升人的生命境界为根本，最终以达成永恒与无限的超越为归趣。这让我想到真理与众生之间的联结的问题。我想起孔子所连接的多彩世界，想到老子的思想在诸多领域的应用，想到无始劫无量众生喜爱的佛陀……在这个多元的时代，众生需要与最具普适性的生动活泼的导师之间的连接，通过大德清晰和系统的讲解，契入精深的正法。然戈师亦要有契入世间生活的意识，真理要连接众生，不要为哲思而哲思。一方面保持真理的高度与纯度，另一方面要具有普适性，知道众生的需要，而方便利益众生。真理是有温度的，温暖着无始劫无量的六道众生，使其回归心灵的家园，活在无量光明里，活在空性的大乐里，离苦得乐，人生得解脱。易中天先生说："理论如果不是灰色的，就没有普适性；而没有普适性，也就没有生命力。"既要是真理，又要有生命力。也就是说，真理超越时空限制，具有普适性，连接生活，它就有了生命力，有了温度，有了活力，有了无穷的张力，如道一般玄妙精微，无为而无不为，这就是和谐。

六、高山仰止

戈师的著述阐释的是人生的大智慧和真理，这是生命的学问。戈师内在理路清晰，问题式的探索使我眼睛一亮，有焕然一新之感。

《道教内丹学探微》有某种超越一般学术之外的东西，给予了这本书以灵性的生命。戈师于学术之外，融入了自己的实践体悟，结合自己的切身体会，以真切有味且充满哲学理性和智慧的语言，深入浅出地向人们展示了生命世界的奥秘，给予走在灵性道路的我以很大的智慧启迪和加持力量。尤其是书中每章的结语和注释部分，每读每受加持！对我来说能感受到一种高能量的影响。比如戈师在注文中以诗一般的语言谈道——

> 杂念如乌云，遮盖了本性的天空……云聚了，云散了，它本来就没有自性，本来即是空……念头来了，念头消失了，念头也是空，你不用除念，只要觉知到你的内在的无限的空……一旦你觉悟了，头脑就变成了有用的工具，知识就点化成为智慧，你就自由了解放了，这就是禅的全部意义。

当我读这段话时，我的内在充满了狂喜，我的意识之流随着这些话流进了"无限的空"，并清晰地觉知着一切。通过这诗一般的语言，我超越思想的局限而迈向更高的存在。

在"性命"一章的结语部分，戈师在注文中提到三种人生境界：

> 第一种是沉沦于生活的人，他每天忙忙碌碌，……却无暇思索生命的意义，第二种是有灵性爱思想的人，他们不仅在生活而且在思索生活，他们不仅在行动而且在赋予行动以意义……这种人已经开始自觉到他们的性命……第三种是我所谓的觉悟成道的人，这种人是人类精神稀有的开花，……他不仅是在思想，而且是在存在，他的思想和他的生活完全统一，……他只是简单的存在，但简单的存在是如此的浩瀚……

读后，我不禁感到震撼并深深的思考：我属于哪种人呢？我的生命又是以怎样的一种形式存在？它给了我当头一棒，使我陷入深深的反思，也使我更清晰地觉悟了人生。既然有这么美妙的存在方式，为什么不寻求最高的境界呢？这也是本书带给我的力量和指引之一，它使我的生命升华到一个新的维度。我不禁深感庆幸，在探寻人生终极意义的道路上，能有明师的指引是多么幸福！

戈师以富有创造性的语言和哲学的理性思考与智慧循循善诱，越深入思考，越感受到师之道的玄妙与深奥。同时我也越来越认识到，他是一位超越于学术之外的解行并重、定慧兼美的活泼泼的师父。

师之境界于我，高山仰止，景行行止，瞻之在前，忽焉在后，虽不能至，心向往之，唯精进践行。

随缘就好

一

师在弟子圈推荐了两本藏传佛教基础读物：索甲仁波切著《西藏生死书》及巴珠仁波切著《普贤上师言教》（即《大圆满前行引导文》）。师说："精读此二书，学佛即有稳固的基础。"

吃饭时，我笑说："大家反映都很热烈，现在书太多，大家不知道读什么书好，戈师以后可以多推荐一些书给大家，我感觉我们都在读您的研究生啊！"戈师笑了，说："比普通的研究生还要高一级哦。"我们都以能读研究生为荣，师如此一说，我更感幸福，也颇好奇，便问："此话怎讲？"师回答："研究生只是做学问，是世间法，是为职业而学；而跟导师学道，是求人生之大智慧，是出世间法，两者不可同日而语啊！"师继续说："导师的一个重要作用就是给大家推荐书目，现代社会的人都很忙，没时间读书，也不知读什么书好，需要一个引领。微信上好多人推送的文章，内容庞杂，看微信都是被动接受知识，我们还是要主动地有选择地多读书。"

我便说："那戈师您可以经常推荐书目啊！"戈师一笑："随缘

就好！"

二

修道之人在实践菩提心的道路上，还要有应机说法，随缘而化的圆融之道。

慈悲众生，就要知道众生的需求与问题所在。要知道对方所思所想，在什么生活状态，有什么困惑。先交朋友，再慢慢引导他。

自从修道以后，我的聚会大多是谈禅论道。我试图影响每一个和我有缘的人，乐道并快乐地分享着，希望人人皆能走到智慧的轨道上来。

前些日亲友小聚。我谈到无限的意识、要从整体的大圆满的角度看问题及超越的思维模式……妹妹十一岁的小女儿听着听着，若有所思地说："姨，你若能用一句话说服我，我就信佛！"我知道，即使我说了一句，她会有下一句的辩论，因为她不信！忽然意识到我说多了……

交流时应是"随他意语"，而非"随自意语"。以了解、关心对方为主，用心倾听对方的需要，给予适当的指导。在适当的契机中，自然而然地应机说法。好比一个心理咨询师，得聆听对方心声，才能对症给"药方"，给予的恰恰是对方需要的。切忌心太急，避免为度众生而一味地自我宣讲，完全没有注意到别人的反应与感受。

非要度人也是一种执着。初入道的人，往往"弘法之心不能已"，不看时机因缘，见人就想把他度了，也不对。若他没有困惑，觉得我现在生活的状态很好，对修行不感兴趣，如戈师所说："你强拉他也没用，你可以做你该做的，但是不能要求别人怎么样。"也不必与之多言，佛度有缘之人，最好修一下"止语"。

时时刻刻不忘菩提心是对的，无心、无为、无我、无执，圆满自觉觉他。倾听后临机而反应，适时掌握话语权。以言行潜移默化地影响他，让他认识到修行的好处，切忌硬塞或贱卖风采，应是吸引！我有宝，引起他的注意、好奇与探究的欲望。从这一点说，只需你活出存在的状态，你的存在对他就是一个警醒。有时不妨慢慢来，不要想着我一见面，就把对方摄受了！

想起了戈师所说：随缘就好！

三

生命中会有思念的念头及情绪生起，于思念的念头生起时，念而能觉，则是在调伏自心。

思念一个人，如果跟着念头走了，会演变为一种情绪，则会思念入心。坐立不安，"为伊消得人憔悴""才下眉头，又上心头"，久而久之，就会形成一种煎熬，而被束缚于渴求之中。

在念头生起时，看入你的心，思念的念头是空性的。思念的生起是心之造作，你一看它，主人一在，思念之念头自己就消融了，心便能安住在当下。

如果思念的念头已经演变为情绪，要意识到它也只是一股能量流。看到情绪能量流之空性，用慧光照耀它，当下转化。

从生命本身的角度来讲，当已有思念之情绪，说明你没有和"自己"在一起，已心随物转，没有身心合一。从道的角度讲，也从来不存在分离，心若在一起，就是在一起！

那是不是我们要形同枯木死灰，不应有任何思念了呢？非也，真我是活泼地流动的，一切皆从空性的妙明自性中生起，"发而皆中节"即可。念头来了，不追随，不排拒，不认同，不取不舍！这也代表你懂得何谓修持了。

超越念头，庆祝于当下。我知道"你"来了，只是知道。只需身心合一，回到法界——放松身心，深沉地呼吸，观照念头，感受念头。念头解脱为法性，念头自生、自消融！发展为贪、执的二元对立之绳也就被斩断，生命当下自我疗愈，洋溢着无限的净喜。

心安了！本无聚散，在空性的法界虚空之中得到解脱。聚则欢喜，离则无忧。真心是无念的，而又能享受于思念消融之美，安住于本地风光而分享存在。

还是戈师那句话：随缘就好！

随戈师一起"香山论道"

香山，山岚灵秀，淯晖自在，2015 年 12 月 11—13 日，"昆仑高峰论坛暨老子道学文化研究会 2015 年年会"在北京香山饭店举办。戈师作为道学领域的知名学者出席了此次盛会，并在大会上被聘为老子道学文化研究会的常务理事。

老子学会以"替天行道，为国分忧"为宗旨，这是知名学者与企业家组成的战略联盟团队，此次举办的是新老交替、总结经验、继往开来的大会。同愿同行，我想这个年会对观虚书院的未来发展也有一定的借鉴意义。

两天来，我体验了科学与道学的对话，饱享了智慧的盛宴！

"道"是什么？"德"是什么？徐小跃教授理解为：道为无，德为有，《道德经》为"一多经""无有经""体用经""虚实经"。许抗生教授则将《道德经》思想总结为"三回归"：回归自然、回归朴实的人心、回归和谐。并在此基础上提出了老子道家思想向当代转化、转型的"新道论""新德论"，新德论中指出要具有"六德"：朴实、谦虚、节俭、宽容、慈爱、诚信。这些大家的话语打开了我的思想与视野，我想起了戈师说过的一句话："只懂一种宗教，就等于不懂宗教。"在修学的路上，即使明白了核心真理，也还应广博参学。

在主题分组讨论环节，戈师作了题为"修道智慧与生命科学"的精彩发言，我整理如下：

我先从大学里面站桩的体验谈起。在大学二年级的下半个学期，我突然就开始了生命的觉醒，我意识到人的肉体生命是非常短暂的，假设我活了一百年，回顾整个宇宙时空的长河，这一百年只不过短暂的一瞬间，在整个宇宙当中渺如烟尘，不值一提。突然之间，我的整个人生都塌陷了，因为找不到任何可以安身立命的基础——如果我们的生命就只是这个宇宙间的昙花一现，那么无论我们在这一生当中有多大的功业，哪怕我成就了帝王将相，又有什么意义呢？那个时候的我，就觉得生命是空虚的、没有意义的，什么读博士，评教授，那更不要谈了。我就想即使我成了一个总统，也没有什么意义！统治了世界你又如何？还不是化为一层云烟嘛！那个时候，我感觉到人生极度的空虚，没有任何依靠，没有任何意义，我陷入了极大的精神困顿之中；如果这样下去，如果没有找到出路，我就不会成为今天的我。

很幸运的是，我找到了出路，这个出路可以说是"解悟"与"证悟"的双重体验。通过研读中国传统文化，尤其是老庄哲学，我获得了精神上的"解悟"。在读老庄的过程当中，我感觉到、体会到某种东西，给我一种精神的安慰，但这种安慰还只是停留在思想层面。后来因为某种因缘，我又进入那种体道的境界当中，有了"证悟"的体验。我在南京大学先修了一门太极拳课程，后来为了打太极拳，要先站桩养气。我想先站十分钟体验体验气感，在站桩的时候，老子的一些话语，自然地在我的心海中想起，我把它作为我练功进入状态的一个诀窍。我默诵《老子》里面的某些话，慢慢地我进入了一种状态，就是真正地无为，真正地与道为一。此时，所有的牵挂、所有操心的问题都消失了，个体的我也消失了，融入了一片不可分别的广大的空或者道之中，那个时候，我对道就有了一种直觉的、直观的瞥见。

　　进入那种纯粹无为的状态，整个的小我就融入了道的海洋之中，自己感觉好像没站多长时间，几个小时一会儿可能就过去了。在这种体道的状态当中，我的精神、我的身体都发生了某种的变化。身体方面有某种明显的充实感，一种光明焕发的感觉，身体里充满了能量。而心理上呢，所有的思想的牵挂也突然豁然开朗，好像看见了一个更大的天空，我们以前所操心的问题不过是站在有限的小我来看问题而得到一个错觉。事实上，我们还有更广大的生命，这个生命是我们以前没有体验到的。体验到这种无限的生命，生命顿时就有了意义，这种意义不是来自于思考、来自于理论，而是来自于某种进入状态以后自然而然的呈现。你会觉得人生是如此美好！

　　我记得在南京大学球场站完桩以后回来，整个天地都"变色"了。那个操场后面就是一条马路，来来往往的车流声以前都是噪音，但是在我听来，那是宛如天籁，都是美妙的音乐；看所有的花草树木都充满了诗情画意，生命就有了意义，有了一种无限充实的美感。

后来我就觉得，人生只要找到了这样一种道，所有的问题都不是问题。我就想，任何时候，只要我有时间，每天给我一个小时，我进入它，所有的人生问题都不再是问题。

这是我最初的一个体会。

后来，我对中国文化里的儒释道都很有感觉，因为我发现所有的先贤大德所谈的，都跟我的体验是相通的。他们是从不同的路径、不同的角度、不同的语言，讲的都是如何突破有限的自我，进入无限的道，所以这是修道的总纲。

从这个引子，我就想到我最近读过的一本书，是欧文·拉兹洛的《自我实现的宇宙》（浙江人民出版社，2015年8月），它恰恰是从现在科学的最前沿来谈，它谈到现有的科学范式都出现了问题，因为大家都知道科学的进步就是一个范式的转换。以前的范式出现了问题，出现了不能解释的现象，需要一个新的范式。拉兹洛其实也是一位科学家，他从最前沿的科学视野，发现现有的科学所不能解释的问题，包括爱因斯坦的理论也是不够的，它没有找到一个最终极的统一。他提出了一个最新的科学范式，他提出了一个最新的场——阿卡莎场，"阿卡莎"是来自印度教的一个词语，但其实翻译成"道场"是非常贴切的。拉兹洛认为，完整的宇宙系统是由可观察的显现的维度（M维）和不可观察的深层维度（A维）两者的相互作用组成的。M维的事件是由A维构成的，并最终消失于A维之中，而A维就是阿卡莎场。也就是说，他认为整个世界最终来自于一个无形的不可测度的统一场，这个场是遍布宇宙的，是没有时空限制的，这样就可以解释目前科学所无法解释的"非定域的物理现象"。拉兹洛提出的新范式不再是古老的哲学认证，而是有最新的科学理论的基础的，有一套严密的论证。这套新的范式，可以解释现有科学不能解释的问题，是目前更具有理论兼容性和完美性的最新的科学范式。

在我阅读这本书的时候，我就想起了我对道的体验。我可以从体验上和拉兹洛提出的新范式去相应，因为在最开始在对道的体验的解释中，我就提到"道"是"宇宙全息统一场"，全息统一就是说它没有时空限制，它是在无论多远的时空都可以相应的，这种场就是宇宙统一性的根基。而我们认为事物之间有差别，那是在这本书所谈到的另外的一个维度的世界——M维的世界，它是有差别的。所有的显相的世界，都是来自于隐性的世界、隐形的世界，从那个无形的世界凸显出这个显相的世界。对于这两个世界，拉兹洛也有一套范式，解释它们之间怎么转换，它们之间有什么关系。在我看来，这讲的正是传统的"道"和"物"的关系，或者"本体"与"现象"的关系。这样的一个本体就不再是一个虚玄的本体，而是一个真真实实的存在，确实成为我们今天这样一个世界的存在的基础，是将万物打通构成统一体的一个东西，而这个东西，我从内在体验到了。

我们人生最大的问题，恰恰是我们执着于这样一个表象的世界，把自己局限为这样一个小小的肉体、小小的自我感、小小的头脑，陷在这个地方，我们为此而奋斗一生。但真正的解脱是如何放下这个虚幻的小我，来融入那个无限的道。

　　拉兹洛那本书是用科学来解释的，我可以用贴近现实生活的一些现象来作比喻，来接近这个无相的世界。比如说，任何表面看起来有差别的事物，如果我们去深入地追究它们，一定会发现它们最后是相通的。就好像地球的表面有很多口井，每一口井都是独立的井，但是我们知道往下挖的时候，它们在地下广大的河流中是完全相通的。又如，任何地球上的两棵树都是完全独立的，但是树在地下，它是相通的，它们有无数的联系。佛教里面经常讲，所有的波浪看起来是波浪，其实波浪都是相融于整个的海洋。我们人也是一样，看起来人一个一个也是独立的人，但是所有的人往里再挖掘，继续深入其本性的存在，在"道"之中确实所有的人都是相通为一的。这个不再是一种玄学化的哲学，它是一种体验，而且是可以用最现代的科学范式来说明的一种东西。

　　所以我就想，我们对科学的了解往往是一种局限性的了解。当我们问一件事是不是科学，我们其实要问是符合哪一种范式的科学？如果我们把某一种科学范式固定为科学的普遍标准，去宣称某种事物不合科学的时候，这就出问题了。但是每个人对现在的科学的了解是很有限的，他所了解的可能只是过去时的某个范式，他认为是科学，好像其他的都不是科学，他认为你这个是不科学，其实他理解的科学早是过时的科学。最广义的科学它是一种理解、一种范式，他能够真实地解释宇宙人生的现象，经得起实践的检验，这就是科学。

从这种意义上来说，东方的修道智慧它实际上就是高深的、前沿的或者更彻底的科学，所以我就提出了一个"内在生命的科学"概念。我们内在修炼、体验所得到的一整套解释生命、解释宇宙的范式，完全可以成立为一种科学。这就是科学与宗教的相通。当然，我们本来不需要把这套理论理解为科学，它和一般向外求理的科学是不同的方向；但是在今天的语境之中，不科学意味着它不是真理，意味着它是不正确的，所以我们需要正本清源，从科学的根本意义上来说明修道的智慧是一种内在生命的科学。但是我们的科学不仅仅是有西方近代科学这样一套模式，一定要用数学公式来表示，我们的中医、我们传统的修道科学，它是有自己一套语言、一整套描述这个世界的方式，这套语言可以帮助我们从内在去了解这个世界，了解生命，那么建立这样一种内在生命科学的模型是非常重要的。

　　最后，我想从道教内丹学的角度出发，简单介绍一下我所建立的"精、气、神、虚"这样一个"生命四层结构"的理论模型。精、气、神、虚四层，就是生命的物质结构、能量结构、信息结构和本体结构这四层。到了生命的本体结构，就是"道通为一"的那个层次、那个世界，在那个世界里面就是打通的。这是我们每个人都潜在地具有的一个层面，但是我们没有把它显现出来，焕发出来，在大多数的时间，我们那个层次、那个世界是被遮蔽的，是没有呈现的。我们所体验到的，可能就是物质世界的生命，或者能量层次的生命，或者我们大脑处理信息、理性思维这个层次，本体世界是被遮蔽的。所有的修行功夫我们可以看作是通过前三层的转化、打通、积累，进入第四层——生命的本体结构，进入生命的本体结构以后，用这种打通的世界或者说是合一的境界，再来转化我们前面的三层结构。用内丹学的语言来说，就是如何从后天返先天，再如何以先天来化后天，最后达到先天和后天的统一，也就是与道为一的证道的境界。

这是我的最简单的一个说明，其实这可以展开，但今天没有时间详谈。生命的四层结构的模型，可以解释很多的修道的现象。包括我们人体的疾病、养生、健康，你用这个四层结构模型一观照，就会发现很多的问题。比如我们认为一般人有没有病，你上医院一检查，所有的指标都是物质结构的指标，这显然是不够的。所以全面的养生、全面的健康要从四层结构来统一观之。谢谢大家！

通过学习，我有两点体会：

一是两重天地。修道乃是一个意识进化的智慧旅程。生命由有限的自我的天地通过阴阳交媾回归"道"——无限的本体性的存在，人的心灵则进入了一个新的世界。于存在的"一体"中，生命不再有虚无感，人生情感有了终极的寄托与归属，心灵富足而圆满，"德"的潜质自然显现。戈师曾说："要融入老子所讲的某种'道'的意境……对我而言，道家智慧就是修道，离开了修道，道家也就是一种知识系统。阐释道家智慧，就是阐释修道的意义。"智慧从哪里来？从修道中来。通过修道，我们找到真正的自己，才有法身生命的诞生。

二是科学的定义需要重新界定。戈师阐释道："我们把宗教里面宗教性的真理这种实相拿出来，它就具有某种科学的性质，它是超宗派的，不分民族的，是普适的。就是说修道对生命的体验，对生命的那些原则的发现，是具有科学意义的。"科学的进步表现为不同范式的更新，广义的科学就是能解释经验现象而能被证实与证伪的系统的理解，不局限于某个固有的范式。佛道教中关于人的生命进化有其系统的理论与实践，是广义的科学。相对于研究外在对象的通常所说的科学，修道是发展内在生命的意识，是意识成长的科学。戈师引用最新的拉兹洛的《自我实现的宇宙》，说明"道"是真实存在的无限统一场。

戈师还谈到生命的"四层结构"模型，我进一步看到了它的广泛应用。比如说，还可应用到两性关系上。两性也存在着身体、情感、思想和灵魂的全面连接与合一现象。灵魂合一了，可统摄前三层，而现实生活中的男女关系多停留在前面几层的连接，从而导致了一系列的两性关系问题。

短短的十五分钟发言，戈师出口成章，一气贯通，直指人心！超越儒释道三教而直探本原，兼容于学术界和宗教界两重视野，独树一帜。

在这样的一个聚会里，我无大家的身份，无企业家的实力，似乎像空气一样不引人关注，然我安住觉性，以心斋而听课，身心通泰，诚挚地向诸前辈、大德、善知识们学习，爱智慧和真理，又是欢喜、自若的。感恩戈师给予我智慧，让我不再为外在的这些名利而困扰，而能有以自为光、泰然自在的自信、镇定与优雅。凝神静气间聆听诸大家对道的领悟，体悟大道的真意，惊

随戈师一起『香山论道』

奇地发现按照道的规律去发展生命的潜能，会省时、省力，作用是无穷无尽的。事实上，人的行为若顺其自然，法尔如是，法空性无我而又众生一体的"道我"，法智慧轨道的本我，生命自然会焕发出勃勃生机，含藏无穷的创造因子。我不禁思考人在这个世界上如何定位？戈师曾说当下一念之入虚无我即为仙，人人本自是佛，因此，每一个人在这个世界上最究竟的定位应是成为"觉者"。当你认同自己教授、学者、企业家、作家的身份，认同自己丈夫、妻子、母亲的身份，你就迷失在里面，那只是自性的庄严和方便，所以在心里你要知道真正的自己是一个觉者，这样你所作皆是为了菩提心，才会"以百姓心为心"，对众生有真正的大爱，言行也不会有偏差。世人若能一念作佛、为仙、入圣，这世界就多了一份真善美，一份欢笑，一份和谐；而少了一份雾霾，一份污水，一份垃圾食品，一份人与人之间的虚假，一份身心的自伤。一方面人要给自己定位成为一个觉者，一方面要不断地回归一个觉者的境界。体道、得道是后天生命的发展方向，我们要随时问自己"在不在道""有没有德"？

会上谈到《灵源大道歌》，这是一本宋代女真人曹文逸的著作，有学者认为它是一部女丹作品。由于戈师讲解过此篇作品，所以我在心里竟默然地有了自己的见解："大道"两字已经指出本书是谈修道的根本的东西。《灵源大道歌》前四句"我为诸君说端的，命蒂从来在真息。照体长生空不空，灵鉴涵天容万物"，即指出性功的根本是什么，命功的根本是什么。后文又谈到修性的关键是什么——"神不外驰气自定"；命功怎么修——"专气至柔神久留"。再后文又谈到常人是怎么样把生命能量耗散掉的——"朝伤暮损混不知",以及我们如何回归大道——"宫室虚闲神自居"。综上,它是回归生命的本源的作品,开示了回归大道的路径和方法,是普遍适用的,而非仅女丹作品。会后我问师:"若我当时举手发言,可以吗?"戈师说:"如果时间允许,是可以的。"一方面我知不足,一方面我为自己的进步欢欣鼓舞,这真是令人兴奋,默然发现在戈师的引导下我对道学这个领域已经"入山"很深了。

会议间隙,戈师的老朋友赵卫东教授走过来,两人谈笑风生间商定:明年春暖花开时,对话笔谈或者请师到济南做一场讲座。戈师称之为"博导的博导"的熊铁基老教授,对师言最近脾虚气短,身感虚弱无力,问戈师能否给发功治疗一下?师笑说自己从不给人治病,关切地给了他一些建言。大家又谈到企事业单位的程式化管理和创新的问题、媒体造势等话题,我进一步感受到学者们的家国情怀……戈师送出了 10 本《宗教智慧》丛书,真是念念在菩提心!我欣喜地遇见了《弘道》的主编郭武教授,拙作《观虚斋教学侧记》在《弘道》中连载,我要感恩生命中这些无私弘道、间接成全我的人!我唯精进践行智慧之道,使观虚斋教学薪火相传!

月朗星稀,我们六七人登山散步。一行人有说有笑,樊光春教授请师教他几个动功的动作,并邀请师去他们那儿做讲座。微风吹拂,山林沙沙作响,似是老子的唱诵:"吾有三宝,一曰慈,二曰俭,三曰不敢为天下先……"山因为有了这些高能量的人而活跃了。至半山腰,大家请吕锡琛老师高歌一曲,她清唱了《霸王别姬》选段,清音缭绕,静谧的夜充满了光明、浪漫的气息。

在第二天的会议中，詹石窗老师曾谈到音诵有利于治病养生，因吟诵和音诵都依字行腔和运气发声，具有陶冶性情、感通大道的神圣属性。音诵可以使人精神专注，导引内气运行，而五音对五脏，不同的振动、频率对人体有不同的影响，戈师点评："道门音诵科律之意义除了声音之效，更有'心自开悟'之功。"心开欢唱，欢唱心开，若想有针对性的养生，还是要选对曲子的。

第三天晨起，一轮红日升起，端坐窗前，全观凝视，想起会上裴钢教授吟诵的朱熹《观书有感二首》："半亩方塘一鉴开，天光云影共徘徊。问渠哪得清如许？为有源头活水来。"观书以增智，炼己以安心。感恩一切增上缘！

应机说法红薯会

一、不离日用伦常内

"红薯会"缘起于今年（2014年）观虚斋小菜园种了大片的红薯。

我和戈师长夏以红薯叶为主菜，秋天以红薯为主食。红薯叶或蒜蓉或清炒，翠绿鲜嫩，清新爽口。戈师常赞叹红薯叶是一道美味，有一次即兴作了一首打油诗："我家红薯初长成，新采薯叶最清新；一道佳肴烹成后，多少名菜难为情！"红薯叶素有"蔬菜皇后"之称，属于长寿蔬菜与抗癌蔬菜。红薯的茎也可榨汁，味道鲜纯。红薯叶的类胡萝卜素比普通胡萝卜高3倍，且含有丰富的黏液蛋白，具有提高人体免疫力，增加免疫功能，促进新陈代谢的作用，常食可延缓衰老。红薯的根、茎、叶都可食，真是自家有宝不远求，寻常菜肴滋味长。

春天播种时节，一些师兄来帮忙。初夏，在晨起或晚饭后，我、戈师和云儿常常一起去菜园浇水、除草，戈师细心地查看红薯的长势，我们以禅心护育这块地，农禅一味，别有一番雅趣。

及至金秋十月，红薯喜获丰收！自产的红薯味道甘美，正好有些师兄想要来观虚斋拜访，于是戈师便提议举办"红薯会"，和大家一起分享红薯的美味。一来感谢北京曾经参加过劳动的道友，二来为外地道友创造一个聚会的机会，顺便谈禅论道。

师兄们欢喜响应，大家商定 10 月 25 日召开观虚斋首届庆丰收红薯大会。

才华横溢的 L 师兄道："听戈师薯山论'健'。一番风雨路三千，庆师红薯丰收年。排骨赘肉皆不顾，不为红薯只为缘！"。幽默的 WF 师兄则打趣地说："我和王师兄薯山论胖，和龙师兄薯山论瘦，和华阳兄薯山论仙，听戈师薯山布道！"我也欢喜地和曰："禅家有宝不远求，风光旖旎在金秋。更有良师长相伴，菩提道上乐悠悠。"

这就是红薯会的缘起，外地师兄 24 日报到，以品尝红薯为主，附赠南瓜宴。

觉醒的生命每个当下皆全然地享受与庆祝，这是师开"红薯会"给我的启示之一。圣和凡之间只隔一念，但这一念有时却要我们踏过千山万水才会达至终极的觉悟。正如戈师所说："你梦见自己游走四方，其实你从未离开过（存在的）家园；你梦见自己进入了地狱，其实你一直就在天堂。"此心觉悟了，一切如如。

在我看来，红薯会其实也是一次"共修"的实践。我尽量于会上做到觉知，但意识有时还是跑了。农禅一味，真意是训练我们有觉知地做所有的事情，在一点一滴的生活中修行，觉知相续。这个省察也是很不容易的，我们分分秒秒都在妄想纷飞，食而不知其味，谈话时心却不在，人在挖红薯，思绪却跑到了其他地方……身心不合一！头脑喜欢分别，喜欢制造一些问题，缅怀过去，筹划未来，唯独不愿意全然地活在这一刻。意识的选择功能使我们的生活充满了创造性，人常常是放弃了意识清醒的机会，这使我们的生活充满了枯燥和无聊，若能全然地活在当下的片刻，接纳并观照自心生起的种种觉受，则一切操之在我，无入而不自得，每一个片刻都是入道之门，积德之基，都充满了神奇。每个存在的当下都变得流动和鲜活，都是全新的，是极富创造性的。

　　戈师平时很自在，感觉每个东西都是美好的。刚开始，我有时也不理解，有那么快乐吗？后来伴随我修道境界的提升，我也越来越有那种没有来由的欢喜。为什么一切都是美好的呢？挖个红薯、吃个红薯有什么美好的呢？红薯是再平常不过的食物了，但是当我们在觉知下去做这些事情，你在挖红薯，就在挖红薯，没有别的，没想别的，这就是享受！生命就是活一个当下的存在的幸福感，其余的都是过程。在觉知的情况下面，你工作、学习、做饭、挖红薯、走路、谈话，清醒而自在，没有妄想，那么当下就是幸福的。我们不自在，是因为我们活得不全然，离开了道！戈师时时在教我，真正的生活只有当下。

　　师之境界是我永远的灯塔，我一步一步地向师走近。因品尝了法味的清凉，而愿不断地探索，以期新境界。追随戈师和古今圣贤们的脚步，一步一步地学习，如鸟试飞，不断地保任觉知。感恩戈师给我们表法：道在日用平常！戈师说："红薯乃平常之物，但以禅心待之，则意义非常，甘甜无比！若我们以这样庆祝的心去过每一刻，那整个人生就一直生活在佛国。"感恩戈师！感恩一切的因缘际遇！让我修道日日新！

我的体会是，师于寻常的生活中，总是活得很全然，全波即水，全水即波，总能找到生活的感动点，活得真味融融。这感动像彩虹，是心灵的天空最美丽的风景，欢愉了自己，鼓舞了身边的我。我深深地体味到幸福的真谛——这源于首先你要成为一个幸福的人，我和着戈师的旋律共舞，一起欢愉着，品悟法界的"一味"和幸福。

"即其所居之位，乐其日用之常，而胸次悠然，上下与天地同流。"戈师是乐在道中！戈师曾说："人如果能达到自我身心内外的普遍的和谐，人就成了自己生命的主人，人就能获得生命的自由与解放。"一切的欢喜、庆祝皆与道合真之显相。境界不同的人，显现不同的人生；不同的人，活在不同的境界里。越是与道合真，则越能享受无待的幸福与自由。

禅心任运，欢喜着万象的庄严，体察宇宙的律动，处处有美，充满诗意。智者"行鸟道"，飞翔于天空而无迹可寻，心同宇宙广，万事皆为虚，纯粹地享受着生命无依的美好，不依物，不依法，不依亦不依，活泼自在，每一件事皆为庆典！守中而用中，一种平怀，乃一个顺"道"之"自然"的婴儿。

道不远人，人生是超越通常所谓的有意义、无意义的。人生之所以会有无意义感，源于人活在有限的"自我"之中，自我成为了一个孤立的岛屿。而当你把自己无限地打开，消融于道的无限时空中，整个宇宙、茫茫法界都是你的，万象皆是自性的庄严，生命流动而鲜活，即空即有，生机盎然，此时，当下的一切就是生命的全部意义。

二、般若妙用显禅机

光阴冉冉中静静地沉淀生命，上一刻发生的事情，转瞬成了当下的故事。一任千般皆美好，万事皆为虚，唯有觉悟与庆祝！

24日晨起，我和戈师静坐后，师读《明儒学案》，我读《空行法教》。我与莲师极其相应！视其为我生命中又一位上师。莲师教言摄九乘佛法之精华，直指人心，系统精深，言简意赅，让我于佛学有了一定的基础。吾读之，如获至宝！法味清凉，爱不释手。

在我的生命中，除自性至友外，有四位密友。首先是戈师，用佛教的语言来说，戈师是我的"根本上师"；通过戈师的介绍，我又交到了孔子、老子和释迦牟尼等三位儒、释、道三教的宗师。戈师为我打开了一片天空——精神的天空，真是"性天辽阔"啊！这些精神导师的人生观、价值观、对生活的态度……给我的人生以智慧的指引，让我明白生命的方向和意义。当然，我的生活里还有菩提道上众多亲朋好友们的关照与支持，我很欢喜现在的生活，它让我感受到爱、光明和温暖。

我问师："读莲师之书爱不释手是不是一种偏执？"师曰："此执是为对治常人的执着，最终是为不执服务。修行之执犹如针之拨刺，只是对治之针而已。刺去针除，最后对针当然亦不执之。"

我于"一念清静，娑婆即净土"越来越有体会。这个体验最真切的一次发生，是有一天我和戈师散步归来，走到楼下我们夏日里经常行禅的树下，我突然看到这世界一片明净。于是明白净土世界真的就在当下之生活里，超越红尘和深山，超越在家和出家；大修行人在哪里，哪里即净土世界，因为"明空妙觉离戏论"！

大约八点多，在我和戈师吃早餐的时候，HY 师兄从山东泰安赶来，到得这么早，倒是出乎我们的预料。HY 师兄身材瘦瘦高高，看起来仙风道骨，他在见地、禅定上很有功底。由于晕车的缘故，他整个上午都在静坐。

中午时分，从事警察工作的 W 师兄从内蒙古赶来。

"有朋自远方来，不亦乐乎"，欢喜重逢。

戈师凭几宴坐，意态放松，以真我示人，衣着素朴。他从不造作，以平常心待物，以本分事接人。这让我懂得最美的润饰是光明的觉性，是一颗无限的仁者之心！

W 师兄："戈师，我刚开始读您的书，有几天可高兴了，看什么什么好，欢喜得不得了，过几天不读，就不行了……"

戈师微笑。

我回应说："是的，戈师的书每读每加持，我每次读，都感觉有开悟一点点呢！"

HY 师兄出定，一番拍打按摩。

HY 师兄："戈师，小说里有练睡功的，一睡两天，我可以如法练一下吗？"

戈师："看小说，主要是让你的思想进入那个小说当中，能够扩大一下视野，增加你的想象力，培养你的文学才能。比如说你生活的圈子很小，但你读那个小说好像可以跟着它游山玩水，还可以想一些东西，让你的心情得到放松。但是你不要把它当成练功的书来看。像《西游记》还可以，《西游记》跟练功有很密切的关系。你现在对小说不会认真，也不会入迷，已经超过那个境界了；你知道它是编的，就不会再被它吸引住了。而传记有真实的内容在里面，对人生有智慧的启发，还是要多看一些大师的传记。"

HY 师兄："戈师，怎样理解'万法皆空，因果不空'？这句话不是佛经里的话，也不知道是否有问题？"

戈师："这句话是口头语，逻辑上有问题。其用意在说明不能以空来否定因果。按缘起性空来说，空与缘起是统一的，因果即是缘起相关性。故问题在于正确理解空义，万法皆空、皆有，因果亦为万法之一。"

HY 师兄："那'罪由心起将心忏，心若空时罪亦亡'呢？"

戈师："业由心造，此染因果也；心空业消，此净因果也。"

HY 师兄："戈师，圣龙树菩萨在《中论》里讲'八不'——不生亦不灭，不常亦不断，不一亦不异，不来亦不去。如何理解它的究竟意趣？另外除觉照一法外，还有什么方法能迅速打破我执？"

戈师："这个我将在《学佛通说》中详述。彻悟缘起性空，则'八不'可了然于胸！以诸法性空故，无实法之生；以缘起相续故，无实法可灭。其余可类知。性空故，无我可执；缘起故，有我之用。总之，缘起性空，为佛法总纲。《佛学管窥》中有'中论思想略析'一文，可参阅。《中论》犹是论理，若论实修，《心经》之'六不'（不生不灭，不垢不净，不增不减）更切真境！"

HY 师兄："是否可以这样理解，世间万物包括整个宇宙，其实是心的显现。而这种显现是因缘因果而现，没有实法的存在。如水中之月，镜中之花。此之谓性空。是显而无自性的。"

戈师："此是偏于唯心之解，从境界上言可；从本体论而言，心与境互缘，皆本空也。"

HY 师兄："可有顿超直入之法，直接在心地上体会《心经》'六不'的境界？我有时在修'梦幻观'。"

戈师："有！你的自性本自'六不'，一切现成！"

HY 师兄纯真地笑了："学生愚钝。"

师一笑："知愚钝者，本自六不！"

众笑。

我起身做午餐。当下带着爱心做菜，尽力做好辅助工作，为我的奉献。我有意识记得自己，由于菜多，不知什么时候觉知跑了，以至有一丝累的感觉。戈师的话现前："在你的内在，有一个如如不动的中心，不受外在的打扰。"我一念回观，找回了丢失的能量。

我陆续端上几道素菜——木耳炒鸡蛋，观虚斋小菜园自产的又甜又面的南瓜等。

大家一边吃饭，一边随意闲谈。

HY 师兄："戈师，我突然觉得神通就是心中想象，想象变个什么，就变个什么；能量足了就可以。"

戈师："还不光是能量足的问题，还是看你破除那个执着的程度。"

HY 师兄："我有时感觉言难达意，其实就是内在不清明吧？"

戈师："对啊！意不清明，言如何达意？言为心声，你表达得不'清楚'是因为你内心的不'清明'，你诠释得不'到位'，是因为你领悟得不'到家'……"

W师兄："您常说'走自己的路'，'我是我自己、做自己'！戈师，我修了这么久，好像还没活出自己！"

戈师："不执自我。每个生命都有独特的缘起、个体性差异，在空后假的层次上，要找到自己生命的独特版图，这不同于空前假的自我。"

HY师兄："根本平等智永远都一样；空后假，看来要自己发现自己，观察自己！"

戈师："你有你的道路，你的天命，独一无二，不与任何人比较或雷同！"

我感受到一丝加持！记起有一次，我对戈师说："我找到了我生活的艺术——宗教。"师笑："你知天命了！"

W师兄："戈师，您的偈子：'外现学者身，内秘菩萨行；心行不到处，密证不思议！''不到处'可否理解为凡人不可达之处？"

戈师："指超越心念思想的境界。思想本身即是限制，当然证悟超越思想的境界，则可运用思想，不是排斥思想。"

W师兄："我有一个很大的困扰。我经常做事情很难坚持（学习和工作），比如业余爱好广泛，但却无一精通，刚开始时信心满满，往往学一半心里或身体遇到一点阻力就半途而废，特别脆弱。为此非常痛苦，然后过一段时间又继续学习，又从头开始，又放弃。就这样反复，没一样坚持下去学好的，一直停留在一个水平上，各种道理心里也明白，可就是做不到。再比如读书，买了很多，经常一本没看完，同时又看好几本，最后要看完一本都得花好长时间。"

戈师："你这是定力不够，心难专一；而追其根本，还是见地、智慧不够。生活琐事，可顺其自然；但修行、事业方面，应一门深入，长期坚持。还是要加强定慧修习，培养觉知，有意识地对自己用功，转化习气业力！"

HY 师兄："戈师，我该怎样理解忍辱呢？"

戈师："修忍辱不离觉照，观无常无我，而后能遇顺逆之境而持正念，不随境转，无住生心。若只是一时强忍，终将爆发。"

HY 师兄："但是无我很难，在佛家这是'无生法忍'的最高境界。"

戈师："观无常无我是修法，不是证无我之果境。无生、性空、无我都有正见、正观、正觉三层面，从正见开始起修。此是修忍辱之智慧一面；另可修自他交换、自他一体诸法，以修忍辱之慈悲一面。两方向是相通不二的。"

W 师兄："何为'无缘大慈，同体大悲'？"

戈师："'我'因为某种理由来慈悲'人'，是先'分'而后'合'；本无我，亦无人，万物只是一体，故无需任何理由而慈悲自然显现。"

HY 师兄："慈悲无我！慈悲是悟道者的自然呈现！'慈悲'可以理解为觉者的感受描述吗？"

戈师："还是有见地、觉受、证量的不同层次的。"

HY 师兄感叹道："修道非着相，在世间生活如何转化不停变化与动荡的心念，这是我今生的必修！"

戈师将筷子放于碗上，双手向法界一伸："修无修相，全体皆是！"

我们欢喜，我有一种合一之感。

我向师汇报自己在做饭的时候，有一刻觉知跑了，感觉到了累。

戈师："观照有不同的层次。比如说，你觉得你在观照，啊，我在吃菜，我观照着菜，但是我的心在这个菜上呢，你以为这是观照，这是不究竟的。真正的观照就是我知道这个菜，但是我的心还在我里面，还在我的中心，在那个不动的点上。你没有在那个不动的点上，你的意识跑到南瓜上去了，没有回来。"

戈师指着南瓜："观照不是去注重南瓜，是要回到自己，然后这个菜你也知道，但是你对这个菜一点都没有挂碍。"

HY师兄："当下就是，不一定在外面。对吧？"

戈师："对，就是没有内外。"

师兄们赞叹自产的南瓜就是美味，我盛了点南瓜给戈师。

HY师兄："戈师，如何理解'成熟的自我'？是不是经过自我观察和自我分析所得到的那些关于自己的某些特征和品质？"

戈师："不是。成熟的自我是充分发展的、有完整的经验的自我，能够开始反观自身，意识到更高的超越自我的可能性。"

HY师兄："常人对于生活中的经验多半是不完整的，不彻底的。要达到一个成熟的自我都不易，更难谈超越了。如此说来，成熟的自我已经是一个修行途中的概念了。"

戈师："是，修行就是自我发展与自我超越的整个过程。"

HY师兄："戈师，有时我想，修行是否需要阅读一些心理学和哲学的书籍，以便有更好的反思能力。"

戈师："适合你现阶段需要的书都可以读。"

我问师如何理解师讲的"和光同尘，游戏人间"中的"游戏"二字。

戈师："游戏，即不当真，不执着，知一切如幻，而享受游戏本身。"

W师兄："戈师，若心真能解脱，则无有病痛？"

戈师："是，万法唯心现，心解脱则一切解脱。但身体之病痛仍会有，不过不当真，不影响心解脱。"

HY师兄："当体解脱，则病痛无根，亦如水中月，镜中花，说无亦有，说有则无，对吗？"

戈师："不管有无，重在直观其本质。"

W师兄："那因果之痛是否必须承受呢？"

戈师："我在《观虚斋语录》里面说过，'业由心造，一切罪业无非妄念所致；观心无生，妄念本空，就是净化业障'。佛心是解脱的，无有病痛；佛身有相，不违业果。修行就是在转化习气、在消业，业果是动态的、可变的，故修行不昧因果；至于消业到何种程度，亦循因缘、因果，不可无限夸大，佛亦有限制，但心无挂碍。业力余势尚在，但心不昧。"

HY师兄："我意识到欲望时，只是在觉知下经验，任它发生，还是须要控制呢？"

戈师："真正重要的是你清醒，而非无意识地假装清醒，在清醒觉知时，自己会决定是去体验还是中止某个欲望。只有当你昏睡时，才需要严守戒律，控制欲望。"

H师兄："戈师，是不是可以这样理解，一切欲望都是上天为了让人修行而安排的诱饵？"

　　戈师："欲望就是让你认清它的本质，从而超越它。"

　　H师兄："认清和超越的方式，是必须经历事件吗？还是……"

　　戈师："有意识地经验才能认清，真正认清了，可以不经历而直接超越。只有不带期待的行动，才不会带来业的束缚；只有不带选择的觉知，才会带来智慧之清凉。"

　　W师兄："戈师，我有时感觉被情绪一下子就吞没了，比如大喜、大悲！我也尝试去记得自己。"

　　戈师："平时还要加强定慧之力，情绪来时才能真记得觉照；真觉照时，情绪已没有'我'参与，它就如乌合之众，烟消云散了。问题在于，情绪来时，我们并不真能保持清醒，而是随境流转了。"

　　W师兄："当情绪生起，立刻就觉知到，没有让其发作。消业了吗？"

　　戈师："觉知其无常性空，回归觉性本身，即是。若仅是压抑住，又留下种子了。"

　　W师兄："戈师，如果自己找个地方发泄出来，会是什么后果？"

　　戈师："有意识地发泄而不制造自他伤害，也是消业之法。"

　　最终，我们几人把菜全部"光盘行动"了。

　　《诗经·周颂》说："日就月将，学有缉熙于光明。"不断地学习，智慧的光明会越来越大。人生最重要的是解脱心智，做生命的主人。人人皆具佛性，只需解脱出来，活出生命的活力。

三、人间万事有乘除

午后，戈师小憩，我和师兄们在客厅或自在品茶，或交流修行心得，或静坐。没有什么要达成的，生命呈现几分悠然。

在北京上学的 T 师兄下午三点钟过来，他是大三在校生，颇有才气和悟性。

戈师拿出几本其他作者的书送给大家，笑着说："请你们鉴定鉴定。"众人欢喜地分了。

T 师兄向戈师汇报近期的修行情况，谈到了气功。

戈师说："气功为什么那么盛行？这个值得研究。

"这就是我们中国的宗教的传承被打断以后，人们潜意识里面有这种需求。其实每个人都是潜在的'宗教人'，他有宗教的需求，然后练气功是一个出口。那个时候，几千万、上亿人在练气功。

"但是练气功它本身是有限度的，所以气功往宗教这方面靠，是一个必然趋势。因为练功是干嘛的？你不能说都是为了治病，病治完了怎么办？如果人生是短暂的，他人生有终级意义的追求，所以人本身有宗教需求。这些练气功的人，他们就缺这个东西。

"一些'气功大师'把气功这个东西宗教化了！他说我要让你们'圆满'，他是'度人'来的。那些对佛道教都有兴趣，但是又不怎么懂的人，一听这个，哎呀，找到了，找到了我们的救星了！

"另外，气功它本身有一套功法，要集体练功。每天早晨六点在操场上练一小时，有一个小圈子，一个辅导站，每天早晨站桩，一个姿势站一个多小时，这样坚持下来，不到半年，每个人身体都会有变化。这就是我刚才讲的，它有实际功效。

　　"尽管它理论上有问题，但是它这一练下来，每个人都有收获；一有收获以后，就对它更崇拜。所以你再否定气功，他已经听不进去了。

　　"所以任何事情都有两面性。不能说气功就没有效果，它也是有效果的，只不过我们说它在宗教这个层次上，它有问题。

　　"其实每一种宗教也都有这个类似的问题，它都有两个方面的发展。一个就是向着邪教的方向发展；一个向正教的方向发展。就是在宗教这个地方，它是一个无形的东西，无形的地方也是最好做生意的地方，最好骗人的地方也在这。"

　　戈师一笑："如果说是一个要骗人的人学宗教，那他就利用这个宗教，制造他个人的神圣的光环，伪造一个传承，因为这个东西，只要去编故事，你也没法去考证它。所以要有正见！"

　　我想起了戈师前一段时间和一位培训师的线上对话。

　　培训师："世界上有两种东西最容易使人发狂——宗教和金钱。要小富，就去种花；要中富，就去栽树；要大富，就去播种思想。"

　　戈师："使人疯狂的是宗教崇拜，真正的宗教智慧使人清醒！想通过播种思想致富，其思想只是成功学，远非真正的宗教精神。"

　　培训师："人的初期、早期，生存、生活阶段追求的是物质富有，到了中、后期追求的是精神、思想、境界的富有，是从贫穷到富有，从富有到富贵的过程！"

戈师："彻底的观点是，人的一生都应内外兼修，而内外皆富！"

培训师："人生定位不仅取决于个人的主观判断，还要经过与客观环境的互动与磨合。"

戈师："一个人对人生的定位取决于人的根器、愿心与智慧，常人受制于环境，智者以定慧力转化环境。"

培训师："我认为大部分人参不透或没必要参透，除非像研究者。我们大部分人只要把宗教为我所用，让我们的生活更幸福、更美好就足矣。"

戈师："一般人参不透，是因为没有真正遇到明师，被社会上本身就没参透的人忽悠。参不透，当然就没必要；但实际上领悟生命的真义，于每一个人都是头等大事，才能真正有美好幸福的生活！"

大家又谈到了政治。师一直关心政治，分析起当前形势，见解精准，清晰而有远见。

戈师谈到了"势"。师说："整个时代还是有一个大的趋势，要知势，识时务者为俊杰。我们也可以把天命理解为一个整体的趋势、综合的能量的合力作用。但这不是简单地说有一个上帝或者有一个神在控制，实际上是整个大势的一个表现。就是整体上，它会有一方向，整个时代还是有一个大的趋势，这个'势'还是不能违背的。

"我们还是处于一个比较好的时代，至少它会向比较光明、比较进步的方向发展，这个已经不可逆转了。中国不一定会走完全西化的民主形式，就是完全的普选制，那不一定是好事情。有一个比较好的健全的制度，人完全按制度办事，这就是民主。让那些好人做好事，坏人干不了坏事……"

茶烟飘飘渺渺、唯恍唯惚，若有若无，一碗茶里照见世间万相，万事纷纭！

今年，北京雾霾天气极多。T师兄问："戈师，这种雾霾天气，我们有没有办法防护一下呢？"

戈师："如果从物理上来说，天气太差了，就少出去。从心理上来说，你的心有一个防护的意识，不被他们干扰，保持正气的充足，就能在一定程度上转化它。最终来说，所有物质上的东西，都要受更高境界的东西来控制，就是你要比它高一级，做它的主人。你要比它低的话，你就受它控制了。但心能转物的程度是不一样的，有一个总的原则就是：任何时候当我们有觉知，有主人公为中心点的时候，那个时候就是一种保护了。一般的邪气之类的进不来，就是加了一层意识的防护！

"比如说，我们晚上起来上厕所，一般人容易受凉，对不对？那这个时候，只要我们意识到了，外面有凉气了，有这个'我们会受凉'的意识，就相当于加了一层保护。有这种观念以后，觉知了以后，基本上就没事了。大部分受凉啊、出事啊，都是无意识的时候，就等于我这个系统失去了保护，防护机制没有了，那个外气就容易进来。人睡着了，很容易受凉，等你醒的时候，就不太容易，你感觉到冷，但是你已经知道了'我冷'，那个凉气就基本上被保护层挡住了，进不来了。

"大部分坏事都是在无意识当中出现的。意外，是意料之外，没有意识了！那么多车祸，为什么会有车祸呢？因为根本没想到，他如果提前知道这个时候会出什么事，那就不会出事了。在意料之中的事情，基本就不会出偏差意外了。"

T师兄欢喜道："对。"

戈师："我们的生活，一个是外在的转化，但外在转化不能操持在我的手里，我无法控制，但是我们每个人可以发愿，发心去为这个外在的转化做点自己的贡献。怎么样保护生态啊，怎么样清除这些污染，做我们力所能及的事情，比如一些垃圾分类啊，少用垃圾袋啊，一些环保措施……尽我们的能力去做。但这个东西，每个人在我们的位置上只能做一部分。那作为修行人来说，就是改变不了外境，就要改变自己、提升自己，反过来你转变了自己，净化了自己，也在间接地净化外在环境，这也是一种贡献，是无形的贡献。"

谈话由气功到宗教、到政治，再到天气，但皆为人如何和社会、和自然和谐相处的问题，真是人间万事，处处有道啊！天下事即我之事，吾辈唯修身尽一己之力，"穷则独善其身，达则兼济天下"。

四、性命双修话密宗

就这样静静地坐着——

任凭生命自我修复

任由气息的逐渐绵长

任由能量蚁行与消长

任由天地逐渐清宁
任由自己慢慢消融
寂而照
一派太和
坐着
超越时光

HY 师兄："戈师，我看《作为上师的妻子》说，佛法以后要在西方兴盛。"

戈师："莲花生大师的预言是这样。说'铁鸟飞空的时候'，铁鸟就是指飞机，我们现在就是铁鸟飞空，西藏的佛法会大盛于世，尤其是在西方。现在看来，虽然有不同的宗教，但是最能够跟现代科学一点都不相冲突，能够融洽为一的，就是佛教。其实道教也可以，但是道教杂而多端，性格不明，有很多杂七杂八的东西，把那个特色给冲淡了。基督教信仰在现代科学的背景之下，它实际上是有一些问题的，它在宗教上能成立，但在科学上，它成立不了，它是一种信仰。但是佛教不需要以信仰为前提，科学家信佛教一点都不冲突，而且你科学学得越好，对佛教了解得越透，一点都没问题。"

T 师兄："莲花生大师传过来的佛法，是比显教更保留了原始风味的佛教，还是不太一样？"

戈师："其实莲花生的系统，或者整个藏传佛教的系统，它是另有源头的，跟大乘佛教和原始佛教都是不一样的。从它自身的解释来说，它是佛教的相当于报身佛的一个传承，大乘佛教相当于法身佛的传承，而原始佛教相当于化身佛的传承。这也是我在一篇文章里面总结过的，佛教这三大系相当于三身佛的传承。因为原始佛教它是最大限度地保留了释迦牟尼佛在我们这个世间传法的特色的，是最原始、最可信的那些东西，所以南传佛教有的就不承认大乘佛教，更不承认密乘，说这个东西属于神话传说的东西，那么这个就相当于现实的'应身佛'——释迦牟尼佛的传承。但到了大乘和密乘之后，这个佛的概念已经扩展了，释迦牟尼并不只是历史上这么一个人物，他只是佛的法身在这个世界的一个应现而已，那么他的后面还有更久远的背景、更深远的东西，这个源头是法身，还有他的报身，那么像《华严经》这些经典，在原始佛教里都是没有的，那来自于哪里呢？就来自于法身佛的传承……

"现在就有两种思路：一个是历史的考证的思路，从历史学家来说，从佛教的发展来说，这个法身佛的传承就很难说一定能够证明它；一个是从佛法义理的本身的道路来讲，这是可以说得清楚的。因为你既然讲了佛法，讲三世，讲了轮回，讲了因果，就已经不局限于我们这个现实的世界和有形有象的传承。所以整个本尊、佛菩萨所传承的这些东西，其实都是来自于另外一个世界，不是我们现实的人间的释迦牟尼佛的传承。"

T 师兄："那如果能感应到呢？"

戈师："对啊！密宗里面有好多与本尊相应的法脉。"

T 师兄："这种法是比世间更早，还是更晚出？"

戈师："从出现的时代看，是先有原始佛教，再有大乘佛教，再有密乘佛教这样一个顺序。从义理的发展角度来说，也是慢慢走向更圆融。所以原始佛教是一个现实主义的进路，它不讨论那些形而上的问题，就直接下手做功夫，也不假设有什么佛性之类的。不谈这些，就现实地观，观身、受、心、法（四念处），观身心的无常，证到了无常，证到了解脱，就成就阿罗汉。但是这些理论，你要往深追究它的可能性，追究它的整个理论基础的时候，就必然会发展成大乘佛法。"

HY 师兄："我看到陈健民上师在他的书里说，为什么密宗能够即身成佛成就得快呢？主要有三个原因：一、它的本尊的加持特别厉害；二、它的宝瓶气，气功，对转化色身起了帮助；三、它的观想。现在懂了以后，其实还是完全靠个人修持如何，不一定修密宗就是最快的。"

戈师："任何一个宗它都有自己的'判教'理论。判教就是说我这个宗派，我自己要成立，然后我要对其他的宗派进行判摄，要纳到我这个宗派来，一起成立一个体系，要排一下位置。这样一排的时候，肯定是有自己最优先的一个地位。我为什么要修密宗呢？如果我的密宗和你的显宗是一样的，那就没有特殊性了，所以宁玛派有九乘次第，它给这整个显教各层，加上密宗四层瑜伽，一直给它排上去，排成一个系统，它们有最高、最后的法。这个你掌握它的佛学的系统和脉络就可以了。

"但这些东西从理论上讲并不是完全必然的，你放到天台这个判教体系来说，天台有自己的圆教，那个圆教比你其他的宗派又高多了。"

师一笑，继续说道："甚至比华严还要高啊！华严宗也有它的判教，原始佛教有原始佛教的判教。它们都强调它自身的一个重要性。

"当我们学一个宗派的时候，确实也要认同它的特殊性，认为它最有意义我们才学它，这个本身也有它的合理性。你学什么就得认为自己这个是最好的，这个是没有问题的。但现在问题出在当我们跟别的宗派进行对话的时候，我们就会出问题了。我们让别人来相信我这一套就会出问题了，所以我就说你自己可以这么相信，但这个不是普遍可以推广的。

"学净土宗呢，你可以说我这个是'易行道'，别的都是'难行道'。你那个修了半天都是没有保证的，我的命终往生，往生就可以成佛了。所以从净土宗的判定来说，那净土宗就最好。一句阿弥陀佛含盖了所有的宗教，最圆最顿，而且最有保证的。"

师喝了一口茶，继续说道："密宗有它自己的一套判教体系。一方面我们需要理解他们说话的背景，另外就是我们要尝试从一个客观的、平实的、超越宗派的立场上来看，而不是从宗派的观点出发，这样我们就可以单纯从道理本身去理解。

"在道理本身这个层面上，就有密宗讲的因乘和果乘的问题。我们成佛有两条路子，一种是因乘，是从因地往上爬，一步一步修，渐次登顶。据说释迦牟尼佛就是通过三大阿僧祇劫的修行慢慢成的佛，这是一条沿着佛的脚步逐步前行的路。另一种是果乘，就是现在释迦牟尼已经成佛，那么他可以将自己成佛的经验和所领悟到的境界传给你，你就不再走他那样的'冤枉路'了。从这个角度出发，他将他最后悟到的本心、佛性的现量直接指点给你，你就从这个地方开始起修。"

　　戈师："所以前几天，我发的微博里面说——做功夫去悟本体，这是一条道路；悟了以后，又以本体做功夫，这就是果乘的道路。我是先抓住了本体的，先明心见性了，从这开始起修，那跟你靠自己摸爬滚打、找不到路的修就不一样。从这个意义上来说，果乘是会快一点，肯定比因乘要快。这不是宗派的问题，只要你走果乘的道路，包括禅宗，你走顿悟的道路起修，这个肯定比渐修的快。这是其一，从法本身来讲。但是并不一定说你修禅宗走果乘就一定快，这又取决于你的根器。因为你进不了顿悟的境界，你这个果乘的前提不存在，你悟不了这个本心，传递不了！我可以直指本心给你，但是你不明白，没有见性，那怎么办呢？那么你还得从头开始打基础。这是其二，从根器上来讲。所以，不是每一个人去修禅宗都是能顿悟成佛的。从法上来说，这个顿悟的法是快的，但是如果不符合你的根器，它反而变成慢的了。你学了一辈子禅宗入不了门，你还不如别人念佛扎扎实实呢！那样进展更快。所以从法来讲是一条路，但是从根器上来说是另外一回事。没有绝对的高，没有绝对的快，要符合你的根器，符合你的能力，那才是最好的。不是盲目地学密宗就一定高，你要有那个根器，学好了才行，学坏了，学什么都不行，没那个水平，你学什么都学歪了。"

　　有一些片刻，我有很强的存在感。我感觉自己仿佛是一个大的能量体，充满了能量，虚室生白，房间里充满璀璨的光辉。戈师和他们谈话的声音清晰地回响在耳畔，了了分明，又了无痕迹。一个片刻，我瞥见自己头上一片硕大的光明，那一点灵明向虚空扩散、蔓延，和戈师的"在"融为一体，一切极其和谐！

我对觉知有了进一步的认识：真觉知了，任运地活在当下，自性之光遍虚空法界，自他（它）相融，与时空和谐一体，能量充满，一种有能量且活生生的生命存在状态！也明白了，为什么有的人，你一看他，就感觉他很有魅力，他吸引你，因为他的超清的能量场！因为他的"在"！一个人之"在不在"，任何一点都能反映出来——行住坐卧、神态、眼神……一举手，一投足，皆全息体现。

T师兄："密宗是不是还是一种比较性命双修的法门？显宗它可能更强调性一点？"

戈师："对。陈健民讲的还是有道理的。密宗是包含着气脉的修持，身心两个方面同时进入。这个修得好的话，它是比较圆满的，符合性命双修的圆教的道路。单修一边也可以到，但是比较慢一点，从心性入，或者纯粹从气功的角度入，它都容易偏向一边。"

T师兄："在道家的一些师父来看，佛教只强调性，然后他们觉得还不太究竟。"

戈师："其实讲心性，它就包括气脉在里面，只是看它偏向哪个方面。你心性到家了以后，自然就包括气脉了。但是它现在光讲这个，你又没到家，所以就容易偏了。"

T师兄："会不会释迦传法的时候，他还是有命功的，但后面慢慢地失传了？"

戈师："从原始佛教来讲，它确实没有太讲究命功的方法。因为佛法根本的目的是破烦恼，破执着，把这个心性种子净化以后，色身的转化就包含在其中，所以它走的是这个路线。只有到了密宗以后，才把这个气脉的问题突出地体现出来，就像道家，一开始老庄也不怎么讲气脉的问题，但到后来这个内丹学就比较重视性命双修，所以也有一个从显教到密教的过程。"

HY 师兄："佛家说的'戒定慧'这三个字是不是把所有心学的本质包含在内了？也包含命功在内。它修的是本，然后你那个气功啊，还是末，修也行，不修也行。修会快点。你光修气功显然是不行的，明心见性，即便是开悟了，你的定还是要下一番功夫的。开悟之后，不一定能定得住，因为它那个力量没上去，能量没上去，它还是要做功夫。比较快的方法是一边做功夫，一边参，这样的话也能直接悟，功夫也没有断。是吧？"

戈师："从总体上来说，就是顿悟、渐修都是同时递进，定慧都离不开。佛家讲戒定慧，道家讲精气神，这六个字结合起来就比较全面。戒定慧讲的是功夫，精气神讲的是本体。即我们修的是什么？不外乎精气神；怎么样修精气神？不外乎戒定慧。所以，以戒定慧修精气神，就是佛道统一了，性命双修了！"

戈师："但是对一般的人来说，学佛教的人不懂道教，学道教的人不懂佛教，他们两个人还在打架，其实两者一点都不矛盾。"

HY 师兄："戈师，看密宗的书上说即身成佛，我认为是不太可能。业力的种子它肯定要经过大量的研修、磨炼，专修的时候还行，一碰到事情它还有。我看密宗陈健民的实修体系表上，有很多闭黑关、闭红关……还有性命双修，我就想他是不是设计了一种研修的模式。他那个闭关就相当于磨炼了，他可能设计了一种更难的磨炼，短时间内就把种子给灭了。现在我感觉应该不是，它肯定要经过生活。"

戈师："这里面就是说，在陈健民那里面有一些问题就在这个地方。他是比较过分地重视了那些功夫性的东西，把那个功夫当作一个最高的成就了。不管你闭什么关，他实际上是一种通达本体的方便。比如你通过七天的闭关，通过你气脉的修行，能够体证到一种状态、一种境界，那么这个成佛一定不是究竟成佛，你最多可以说是一个明心见性的方便。开悟是可以的，但从某种意义上来说，开悟了也就是成佛了，跟佛的境界是一样的。从这个意义上来说，我们可以通过修个什么法门成佛，只能大致这样说。但是那个不能代替圆满的成佛的状态。圆满的成佛不是说你通过机械的方式能达成的，不是说你打通了中脉，打通了什么脉就可以了，也不是我把身体化成光了，我就成佛了，这还都是一种功夫，还是在色身上下功夫的一种状态。那么你觉悟的状态，心能转物的境界，消除习气种子，达到无漏的这种状态，它这个悟后起修的过程是免不了的。"

HY 师兄："这个是漫长的！"

戈师："长不长还看个人。每个人都是古人。"

众笑。

戈师笑："你现在不知道我走到哪个阶梯了！其实也是漫长的，这个就看你从哪儿开始算。所以每个人的人生都是漫长的，你不能说我们每个人今生都成就不了。"

晚餐后，送师兄们去宾馆住下，我与师在小区的花园里散步。

禅心无住，这一天却有太多的感触与收获！

五、福慧双修无挂碍

戈师的心，二边不住，大智平常，圣凡一如，大愿度生！

万物流转，心无增减。卷则一尘无，灵觉相抱，妙观自在；展则弥宇宙，随缘而化，遵循天理。此为二边不住。

戈师的心对大自然的一切、对生活中的细小诸事都很敏锐，小到红薯叶、修水龙头、教育子女，大到家国大事、天下纷纭，都深具智慧洞见。同时又是平平常常的一个人，随遇而安，复归婴儿，和光同尘。此为大智平常。

戈师的心宁静得像大海。全波即水，静水流深。戈师的心里满是圆融无碍的法教，在随机开示里，在语录里，在每一篇随笔里，活泼泼而又空灵深远。有时天真如婴儿，有时深邃一真人。此为圣凡一如。

戈师心接千古，与诸佛的慈悲愿心相连相通！如北宋张载之言："为天地立心，为生民立命，为往圣继绝学，为万世开太平。"续千圣之心灯，传诸教之法脉，心月照古今，性天涵万象，念念在菩提心。此为大愿度生。

25日晨，我早早将斋里打扫得一尘不染，L师兄、Y师兄、Frank等师兄们九点左右都到了，犹如游子归家，观虚斋中喜庆浓！

师领大家去观虚斋小菜园，体验农禅一味。

戈师是智慧的新型农夫。虽然我们不怎么会种地，但是我们的工具较一般的农民来说，都是较先进的，且一应俱全。菜园面积不大，由于没有贪心，不求处处用上，反而显得富足。戈师将菜园分成五大区域：蔬菜区、主粮区、爬藤区、棚架区；中间阳光最好的地方，我们留了一处空地作为休闲区，可放帐篷，可以野炊，可以品茶，怡然自乐！

当下这一刻是多么美好啊——煦暖的阳光，红薯叶的清香，野花的芬芳。爬藤上的丝瓜有着明显的棱角，卷须细细长长，随风摇曳，几个红彤彤的圣女果躺在枝藤的怀抱里，红绿相间的杭椒结得饱满，紫衣的红薯散发着泥土的气息。天籁欢鸣，时光静止，言语变成多余的。

每个人都从心底洋溢着欢愉，每一件事似乎都变得有趣。有戈师在的地方，仿佛每个人都更归于中心，他超强的能量场无声无息地蔓延，我们的振频都伴着他而调高了。戈师挥锄破垄，L师兄欢喜地捡拾着红薯，T师兄嗅着红薯叶的香味，W师兄手捧几个红薯，嚷嚷着要破案（红薯在前一晚被小偷起走了一部分），戈师、师兄们会心地莞尔一笑，Frank师兄在电话里说会晚些到，一定要给他留点红薯……大家嬉笑着，喜乐的氛围萦绕着我们，瞬间变成永恒。

我在捡红薯时，警觉到我的念头，清楚地观察到它会跑到过去和未来，我不禁哑然失笑。业力的惯性使头脑缅怀过去，恐惧、担忧未来，除了给生命增加负能量，什么忙也帮不上。这是一个飞跃，是值得庆祝的：意识在觉察，心在滋生正能量，灵魂在趋向和谐与统一。

L师兄和我提前回来准备午餐。L师兄一出手，我便放心地将厨房交给他了，全力做他的助手。十多个菜，L师兄做起来得心应手，很快就端出一桌的美味。而最后一道湘菜爆炒辣椒（辣椒是观虚斋小菜园自产的），呛得云儿小师兄和刚进屋的师兄们眼睛湿润，云儿童言无忌："还让不让人活了？"哈哈，这件事也成了弟子圈里师兄们的笑谈，至今仍是我们常提起的一件趣事。

午后，戈师做了精彩的讲道与分享。

戈师说：这次红薯会就是一个机缘，大家能有机会凑在一起，见见面。今天也不算正式上课，大家有什么问题，有什么心得体会，都可以聊一下。也许在聊天的过程中，会有一些很好的问题，有一些很好的灵感，可能比上课还好一点。

Y师兄是佛医堂的义工，说道："我现在还是随境转，心不能安！"

戈师："觉性的增长，心不随境转，这是我们修行的一直的方向，当然不是说一天就达到。而且每个人都有不同的层次，没有人说我已经完全做到了，做到了就是一个成就者的状态。一方面要对自己有一种宽容，不要对自己要求太高，不要说我马上就完全做到心不动，心不为境所转。

"那如何做到'心不为境转'？这就是我们修行的方向了。就像我们在课程里面讲的，要从各方面去修。主要就是两个：一个是修自己的定慧，修定力、智慧；一个是修福报，修你的善举、善行。就是从一举一动的行为上，去行善积德，积累自己的福德与福报，改善自己的生存状态。我们所生存的外在的条件属于福报的范畴，内心的境界属于智慧的范畴。要福慧双修。与人为善，去做好事，这是一个方面；培养你的定力和慧力，每天抽时间来修行，修一个方法，还是要坚持下去。找到自己最合适的方法，坚持实修。

"看一些善知识的书，跟这些智慧的信息保持联结，要不断地向这个方向走。你老是跟那些俗的信息在一起，你就被他打扰了。跟圣人、跟上师，跟那些有觉性的人在一起，跟智者们的信息在一起，读他们的书，就受他们影响。

"这就是说，你要在见地上、理论上都要提升自己，实践上再有一个法门去修它，要坚持下去。

"你修一个法，生活中随时要把它用上。

"觉知就是共同的、根本的法门，它不是某一个法门。所有的法最后都要回到这上面来，起心动念，了了觉知。要知道这个念头生起的同时就是灭，找不着，如果你这个念不把它当真了，不认同你的念头，这个能知道你起心动念的那个觉，在不在？"

Y师兄："比如说，现在我想去赚钱，我观照到这一念？"

戈师："起心动念，不等于说我们要把这个念头消灭掉，只是说在念头起来的时候，你保持你自己清明的觉性。或者这个念头当中，有两种情况，一种就是说我们起了坏的念头，做坏事的念头，比如说追逐那些感官欲望等坏念头，我们要把它看破、放下、转化。而所有你该做的、正当的事情——你的职业、赚钱，你生存要求你该做的，都可以去做。只是在做的时候，跟一般人不太一样，你不会完全被它迷掉。不是说你为了赚钱就迷在其中，有的人为了赚钱，啥都不要了。"

Y师兄："像刚才吃饭的时候说的，赚钱还是为了佛法？"

戈师："对。赚钱还纯粹为了生存，这是一个比较低的境界。我们生存也需要赚钱，但它不是我们人生的意义和目标。"

戈师："整体上要提升你的智慧，把握自己的行为。如果被自己的贪瞋痴慢疑控制了，见地首先就不行了，智慧的灯光就没有了。

"整个修行都是为得智慧、得定力。有没有也是相对的，你要往这方面走，在走的过程当中不断地提升。

"该做的事，还是要把它做好。不要一修道了，就不能生活了，把自己的基本工作都做不好了。你原来该做什么，还做什么，只是那些犯罪的、犯法的东西、不是善行的东西，你不去做。但正当的事情还是继续做，同时有时间、精力空出来，去修行，去读书，这就是我们生命的意义。"

Y师兄："有时候，自己内心还很浮躁。"

戈师："我们学佛修道就是为了解决这个问题。心浮躁，有问题，有烦恼……就是有浮躁的时候，我能不能觉醒？能知道自己有浮躁，就去转化它。这里有快有慢，不修行的人起了烦恼，心浮气躁，他就完全掉进去了，他就完全认同这个情境了。修行的时候，你智慧之光一照的时候，那这就像演戏一样，自己看着这场戏。如果我知道我在演戏，我还会当真吗！知道人生就是这一场戏而已。我们菜地右边那块地的主人，才五十几岁，前段时间还教我怎么种红薯的大叔，因脑溢血突然就去世了！这个世界上每天都有无常的事情发生。有飞机的、有火车的，有汽车的，各种事故，还有莫名其妙的病，各种天灾人祸。我们知道在这无常的背景之下，并不想抓住什么，也抓不住，我们就是要利用这个时光去享受，去开发智慧，去争取无形的财富，而且有形的财富只不过使我们更好地具足无形的财富，赚钱就是为了不赚钱，就是为了不为钱操心。我们有了钱，就不用为钱操心了，就可以专心修行了。这样赚钱就有意义，否则的话，我们赚钱有什么意义呢？你什么也带不走。"

戈师对大家说："L师兄在赚钱方面、生活方面已经没有问题了，让他教大家一些赚钱的智慧、生活的智慧。"

L师兄实修多年，见地透彻，企业也做得很好，圆融世间法和出世间法，是非常儒雅的一位道中人。他以地道的湖南口音说道：

"我参加了好多微信群，但真正有智慧指导，而且还有一些交流的只有我们观虚斋的群。能够加入这个群里面，深入学习佛法，让我们的工作、学习、生活都发生了革命性的变化。

"我以前是搞事业的，现在我还是搞事业的，但是我心里面的感受是截然不同的。

"戈师说赚钱应该以智慧为导向！人生的意义到底是什么？我们工作、学习，没有觉知地做事，好多事都是瞎折腾。比如说，放生，没有对的放生环境，放生就是放死，但好多人不知道。

"我一学佛，我的心就静了，静心了以后，很多东西自然就改变了。

"以前我很烦恼，现在我不烦恼了。别人符合我的想法，我就高兴，不符合我的想法，我就看不惯，这样子就使得自己很累，就很不舒服，固执己见让自己很烦恼。第二个就是舍不得。认为什么东西都是自己的好，让别人家得到了，哪怕我没有亏损，我都不舒服。这个为什么呢？只希望自己好，不希望别人好。招来了烦恼！有时每天愁买愁卖，也是烦恼。为什么一年365天，有二百多天是烦恼的呢？学了智慧以后，我就想明白了。我知道这一段的财富、福报就这么多，我尽了这么大的努力，这么一想通的话，一边心里很舒服，一边又赚了钱。

"我们都在谈当下，我感觉到没有智慧之前提的话，你体会到当下是很难的。把那些不应该的烦恼一定要去掉，这样子才真正感觉到当下是幸福的。

"以前，我听寂天菩萨说人之所以有烦恼，是有困难。如果这个烦恼是能解决困难的，你烦恼有用；如果这个困难是不能解决的，你烦恼有用吗？这个话我当时没在意，后来一想，这有很大的道理。应是只问耕耘，不问收获，但看脚下，不问前程。所以我做我的工作，就是我努力把它做好，至于结果怎么样，谋事在人，成事在天。

"所以我的感觉就是说，通过学习把这些智慧的东西，要完全打通，那是要达到师父的境界。但是能够打通一二，那就真是受用无穷了。通过跟随戈师的学习，当然我也有跟别的人学习，我在财富上有新的认识。无论你干哪一行，除了努力，还要为别人服务，这就是有正见。另外，我觉得挣钱一方面需要努力，一方面还要培养福报。能够做善事，能够供养道场，这才会有福报。要不你努力拼命，拼的人都没命了，也不一定赚得好多钱。以前我做事通俗一点说，就是比较功利，有赚头没？有就花。但是我学了智慧以后，我的判别标准就不同了。这个东西它缺德不？它缺德，我就不花。（众笑）我做这个事的前提，它一定有善的标准在里面。善虽然不是道，但它是走向道的一个方法。如果我们不行善，要走向道，那是很难的，最好是能够化掉自己贪嗔痴慢疑的习性。

"但是你光做善事，不化心也不行。化掉我们固执的、嗔恨的、经常发脾气的、经常不开心的、根深蒂固的那个习性。化掉那个习性，才真正降服自己。

"原来不学习不知道，通过学习知道自己原来是贪的，就来个贪嗔痴慢疑戒！观照一下自己，是什么原因让我不高兴了？为什么我会不高兴？通过学习以后，我形成了一套三分法。比如说，现在你骂我，我生气了，第一是不是我自己搞错了，第二是不是你在某些方面误会了我，第三我是不是真的做错了，如果是，你该骂，那我应该接受，应该承受这份批评。这三点冷静分析一下，烦恼就没有了。有的时候，对于一些事情，我只是声音大一点儿，但是我内心不起烦恼，别人也感觉不到我一脸凶相，效果我也可以达到。我觉得这样子也是一个觉知，我是不是被情绪控制了？

"我最有感触的就是戈师说的'做头脑的主人'。头脑喜欢做主，我的感觉就是一定要觉知，才知道哪些东西是真的，哪些东西是假的。很多人发了脾气以后，过不了十分钟就很后悔。既伤自己，又伤别人。但是在当时他没有觉知，脾气来了就发了。

"佛法里有'生忍''法忍'和'无生法忍'。生忍，就是你骂我，但是不代表我这里面没有意见，我不做声，我怕讲出来，我伤害你，所以我不做声。但是这样子，我没有伤害你，我还是伤害了我自己，我可能闷在心里面，我闷闷不乐，长期，我可能会得肝病这些。法忍，就是你骂我，你可能不是骂我，或者是一个别的事情，真地了解清楚了，你应该骂我，这个是法忍。'无生法忍'真的很难做到。就是你骂我，真的是在关心我，你肯定是在帮我，我不但没有脾气，我还感到高兴。如果能达到这个程度的话，我想人生就没有多少烦恼了，达到了一定的境界。

"我们真正学佛就是学道。把道搞清楚了以后，很多烦恼都是空无实性了。如果真正能解脱烦恼，最大的意义就在这里了！没有解脱烦恼，你说，我要获得当下的幸福，那真的是假话。只有当我们解脱了烦恼以后，你的当下才是清凉的，才是清静的，才是幸福的。

"我们用钱的目的是满足自己的需求，如果是满足需求，则很少有烦恼；我们平常是满足欲望，所以烦恼就来了，欲望是无法被满足的。满足欲望是很痛苦的，所以这就要我们搞清需求和欲望的区别。比如说，美女从来都不缺，你说古代的四大美女死了，就没有美女了吗！只要我有欲望，它就有美女！（众笑）我已经体会了满足需求的幸福，不做欲望的奴隶，一定要认清需求。我觉得很多人活到八十岁了，他到底需求什么，他不知道。他只是怕死，别的他也不知道。人生到底需求什么？要知道自己的需求，才能有当下的幸福。幸福了，就是最好的，没有幸福，其余的都是假的，都是浮云。所以你要做到幸福，就要有觉知，要有觉知，就要有智慧。有智慧，就要入戈师这个团队。学也罢，还要问；问也罢，还要修！幸福感就来了。

"人的一生任何东西都带不走，能带走的只能是提升自己的灵性，这个是能带走的。承认自己的来生，当下的幸福和来生升华自己它是不矛盾的。只有我们当下幸福了，我们的生命就升华了，来生肯定是好的。按戈师所说，来生也在当下。我觉得真正加入这个群的话，就要来真的，要认认真真地去学习，学习以后一定要反思，对照自己以前所想的。反思了，你就悟出了很多道理。悟出了道理以后，就行。行了以后，马上就受益。任何法门，你能够做到一心不乱，就是一个好的法门。如果那个法门，你修得欲望越来越大，那就是一个邪法。

"我们能遇到这么好的师父，真的不容易，既然遇到了戈师，我们就要把这个智慧的东西真正地搞清楚，真正地自己受益。我千里迢迢地从长沙到北京来，真的为了吃红薯吗？肯定不是为了吃红薯，是为了智慧。戈师的书是智慧，戈师的生活也是智慧，他的言论也是智慧，这不是单一的，是一体的，一体化了！多方面地感知、学习、沟通、贯通，我就觉得受益非常非常地大，真正把这些东西学会以后，我们也可以了，我们也大喜了。也就是说，现在我赚钱，我不会烦恼，是真的不会烦恼了，它的源头在哪里，过程在哪里，结果在哪里，我都知道，还有什么可以烦恼的呢！而且人生有很多有意义的事情，你可以去做，你也可以去做好，都是过程，都是修行，而且真正如 HY 师兄说的法喜充满。法喜充满就是当下的幸福啊！

"我觉得我跟戈师学习这么几年以来，我是打通了各方面的关系，那些纠结越来越少了。我自己的境遇，每天都有收获。当然还有参照物，我老婆感觉我是进步的，她是非常肯定的。"

戈师插话："这是最有说服力的。"

L 师兄："戈师说的是真的，只有老婆最清楚。因为一个人最容易把内里的状态在老婆面前表现，跟老婆最亲嘛，她的感觉最真实了。有些事情，我老婆有烦恼的时候，我能够肯定，但是我不把她的肯定当作我的肯定，不把她的烦恼当作自己的烦恼，也就真的懂事了。这是我跟戈师修了这么多年，我的内心的感悟。"（众人鼓掌）

戈师："L师兄为帮助新进来的人，做了一番引导性的经验之谈。至少我们不要先讲成佛了，先要把生活搞和谐了。学佛要不断地转化我们的生活，用佛法的道理指导自己的生活，要能用上，不是空理论。"

戈师对 HY 师兄说："你看的书比较多，见地上有自己的思考和想法，正见上有一定的成就，比较专修，实践上有一定的体会，下一步就是用上！在生活上用上，在为人处世中用上，让自己在生活上更圆满些。"

戈师："观是核心，这又分两部分。一种是'观照'，就是我庆祝地接受一切，我不去改变任何东西。这样有了烦恼以后，他就亲自意识到了，不理它，它就消失了。就是保持灵明觉知，这种观照也是万能钥匙，能解决所有的问题。还有一种就是'观想'，正见、正思维地去对待某些问题。比如说，你学了中观，用中观的思维去观。生从哪里来，死到哪里去？观一个东西的实质是什么！用这种正思维去参透它。把这个烦恼给它看清楚，看透了，这就是正思维。用你看的书、听的课所得到的智慧去观它的时候，解释、解剖它，这个就能把它解决掉。

"这种正思维跟我们平常的胡思乱想是不一样的。胡思乱想是'它'做主，是业力在做主，自动地联想；而正思维是在正见的指导之下，有意识地想一个道理，想清楚，想清楚了就得智慧，就得到一种见地，就能把一件事情看清楚，就放下了。

"观想还有一个意义。除了讲道理之外，因为我们的心是有潜力的，观想可以创造出不同的世界。我们现在是生活在这个世界中，但是我闭上眼睛的时候，我可以生活在我自己的世界里。包括道教、佛教观想的功夫，以及气功，都是从这里来的。

"比如，我观想鲜花盛开，我就在这里面站桩，这是一种观想的功夫。包括观想在一个清静的有泉水的地方，泉水沐浴我，把我的病气、杂念全洗掉，冲出去，大部分气功都是用的这种方法。这种方法也是有力量的，意念就是力量。只要是我们有意识地去驾驭的，是做主人的，这个就是一种功法。

"所以念头本身是两面性的。当没有觉知，没有意识的时候，就是胡思乱想，就是杂念；当我们有正见，有了智慧，有了意识，去用它的时候，就是妙用，就可以创造出一个新的世界，就可以创造我们所要的境界。

"掌握了这个'技术'以后，你坐飞机也好，我可以想要我的什么世界，就要什么世界。心就是千变万化的，我可以想象我在海边，也可以想象在天空中，在大海中，可以想太阳、月亮、繁星，这个时候你心灵的力量创造了一个世界，然后把它定在那，就是止观了。开始是观，观了以后，就定在那个地方。比如说，你观想在阳光灿烂的环境里面，在草地上打坐，然后就慢慢融入那个状态，就定在那不动。懂了这个原理以后，我们就可以创造自己需要、适应的方法。所以方法是无止境的，它不是固定的，用它可以对治不同的问题。每个人可以利用这个原理创造自己的方法，就是把这个心的妙用展现出来。

"核心还是那个观，后面的是觉不觉的问题。你迷了，你就想不起来观，想不起观照，想不起正思维，啥都没有。一头栽进去以后，所有的事都纠缠不清。你从那里面跳出来，默默地观照它，正思维它，把握自己的命运，观想一种境界，或是观想自己想要的生活都可以，你也就不存在什么寂寞呀、烦恼啊，你这一坐，整个宇宙都是你的，你想怎么样就怎么样，对不对？我们一般人是很笨的，非要在物质世界创造很多东西，占有很多东西，很累！但是你要活在'第三层'，到了意识的信息状态，这个时候不需要很多现实的东西就可以创造出一个世界，而且那个世界一旦创造成功了也是有能量的，甚至可以化虚为实！"

L师兄一笑："大招来了。"

戈师："对。可以打一个比方。就是我们要创造一个房子，或者建一个公园也好，你要设计图纸嘛！那个最开始设计图纸的部分，最开始是我们的观想。有了这个图纸以后，下面就是落实，施工，找材料，慢慢就把它变成真的了。那有了这个愿力以后，后面补充你的行动，转变现实世界。成佛一开始也是从一个图纸（愿力）开始，我们想象一个远景目标，然后再一步步去落实，让这个成佛之愿成为我们生活的一个统率。

"但这个不是一种欲望，也不是一种执着。因为这是我们有意识去创造的东西，它就是我们能把握的东西。如果是被动的、无意识的，那就是被别人把握，是无意识状态；如果是觉知的、主动的，那就是自由的状态。这就是'一心开二门'，这颗心可以向两个方面走。迷了，就是凡夫的无穷无尽的妄想、烦恼；觉了，就是诸佛菩萨的重重无尽的境界，无限的风光。我们就是要转化自己的业力习气，往这种觉醒的方向走。慢慢地让觉悟的这条线贯穿起来，生的地方变熟，熟的地方变生。凡夫的那一套慢慢去掉，佛菩萨那套系统建立起来，这就是进步。最后你这边打成一条线了，完全建立起来，那边就消了，这就成佛了。"

大家又谈到福报的问题。

戈师："一个是智慧和福报不要分裂，不是修几年福报，再来修智慧，智慧是贯穿始终的。此外，福报是一个整体的概念，不是一定要做什么才是修福报，不是非要给庙里捐多少钱才是福报。这个福报也是要发心的，要在菩提心的指导之下来做。我有了菩提心，在路上帮助人，见到路上有块石头，我把石头搬一下，这都是修福报。起心动念都是福报，都是智慧。没有智慧，就把那个福报搞得很死板。为了留个碑捐多少钱，贪那个福报，反而是一种贪心了。这个时候，就有一些世间法的利益在里面，但是我们同时要理解根本的原理。你发了菩提心，就是福报，没有发菩提心就没福报，那只是一点点善根。"

L师兄："可能发了菩提心，又做了善事，就有功德了吧？"

戈师："广义的福报，跟功德是一起的，是福慧双修里面的两个系统之一。一般说的'人天福报'，前面有一个'人天'的限定，就是说这个福报只能是在人天这个层次结善因善果，没有达到解脱的层次。这个语境里面，把功德和福报对比，把福报集中在人天这个层次上。我们在福慧双修这个层面来讲，这个福报就包括功德。一个智慧，一个福报，大菩萨修行就是这两个方面，福慧双修。这是广义的福报，包含了一切的善行、功德，属于积功累德这条线；另外就是觉性增长、大智慧这条线。"

我插话："一个人老谈什么就会吸引什么，比如说，老谈福报，就会吸引福报吗？"

戈师："主要还是你的心和愿。你谈什么当然会有这方面的影响，'老谈'就说明这个人在这个层次上已经懂得比较多了，老谈智慧的人，这个人确实有点智慧了。但是因果要搞懂，并不是我为了得智慧才谈智慧，那智慧不是谈出来的，言为心声，那只是一个体现。"

HY师兄："我觉得真正的福报是什么呢？就是智慧，智慧就是在觉性当中去正思维。"

戈师："你这个又是另外一个话题了。任何事情，都可以从不同的语境来说。当我们讲福慧双修的时候，这个福、慧是对照来讲的。那么有的时候，像南老师也讲过，最大的福报是什么？清静啊！一念清静，这就是最大的福报，这是把这个意义引申来讲。当然，最大的东西就没有智慧、福报的分别了，最根本的东西就是一个东西，那是从最高的层次来讲。从统一的方面来讲，也就是说福慧也可以统一起来说，统一起来说你就不能把两者分开。哪有没有智慧的福报？哪有没有福报的智慧？智慧本身就是最大的福报！对不对？那我能够得到很大的福报，这也离不开智慧。分开说是勉强的、相对的，最高境界是没办法用分别的概念来说的。"

HY师兄一笑："以前，我就被朋友骗过。他先说借钱，我怜悯他，就借了。再要他还钱时，态度就变了。我后来想，就当布施了吧！"

戈师："如何理解布施？怎么样才能正确理解布施？你没有智

慧，上当受骗，引起烦恼，这当然不是'布施'出来的，是你犯错误了。所以说福报跟智慧是分不开的。

"布施其实是一种心态。本来布施就不光是给钱的问题，你在恐惧面前，给大家信心，给大家力量，这就是无畏布施；在需要法的人面前，给大家讲道，这就是法布施；实在有穷人需要帮助，你有钱帮人家，这是财布施。这些都可以。在布施当中，再无人相，无我相，无众生相，无寿者相，这就是布施波罗蜜。

"那你弄得那些骗子骗你的钱，鼓励他的贪心，那当然不对。这肯定是需要智慧的！至于你被骗后用布施的观念来化解自己的烦恼，这也可以，但不是真的布施。"

大家闻法欣悦，品茶回味，真意无穷。在良知和物欲之间，明了人生的意义和方向，福慧双修！

六、心气无二金刚身

一些师兄没有发言，只是静静地聆听、学习。

HY 师兄："我有一个疑惑，戈师，自性是否含法报化三身？神通、特异功能是怎么回事？"

戈师："这里面实际上有两层意思。第一层，我们讲自性里面、空性里面具足万法，这个贯彻到底，它是具足一切的。就是成佛，整个三身都在里面。但是我们讲另外一层，身心是不二的，但不是完全一样的。不完全一样，不等于说肉体死了，精神就死了，两者不一样，还是有分别的。它们是一个无限地嵌套的关系，不是完全等同的，还是有外层、内层，一层一层的。

"所以我讲，有些功夫、有些神通它不是在空性里面就自然具足的，它是要一点点去做功夫。比如说，返老还童，安住在空性里就能返老还童吗？那不一定。有的需要专门去练，是你要去开发，包括你要能达到心炁完全无二，能在空中飞行，要有这些神通，不是说我在空性里安住就能达到，但是至于解脱、成佛是够了。如果你想返老还童，又想要像米拉日巴一样能够直接飞上空中，那是需要一些专门的方法的。"

HY 师兄："它是一个功夫，修就有，不修就没有？"

戈师："对。但是有些东西，我们讲人体有无限的奥秘和潜能。身心合一的状态，能够聚则成形，化则成气，这就是人体最高的一种能量状态，不练功夫是达不到的。密宗里面很多的东西，仅仅修空性是很难达的。问题是我们不需要去追求通神，如果你去追求人体最高的潜能的话，有专门的法，而且那不是一般的人能修的，人类只有极少数人去追寻这个东西，而且不一定成功。这是第一层意思。

"第二层，我们讲完全成佛、三身成佛。虽然我们讲空性具足这些东西，但是我们讲空性之中，还是要修这些东西，还是要有妙用，就是从理论上包含了你把它开发出来的过程。等于说，我们这棵树里面，就包含了树的全部信息，这个种子就具足了，但是种子真正长成一棵大树，还是需要土壤、水份等条件，所以说空性里面具足一切，就是什么都不缺，还是要去修才能把这个可能性显现出来，这个法也是在空性当中的妙用。其实悟后的修，还是有很多秘密的，不是简单的就可以了。

"昨天我讲的是什么呢？对于我们绝大数人来说，我们最重要的是关注我们的觉性，能够打成一片，能够转化所有的烦恼、习气，做到这个就足矣。考虑多了，反而成了妄念！我们最现实的途径，就是能够'觉'，成为觉者，'佛者，觉也'，觉了，就能够转化习气，醒梦一如，不被境转，这对我们修行人来说是最高的境界。

"化身有两种。一种不是我们讲的一个身子出去了，这个念念之间的妙用变化，这就是化身。念念之间的圆明、清静，这就是报身，念念之间的空性就是法身，所以说一念之间具足三身。如果说，真的是佛的化身到别的国土去现身的，这是另外一种情况，佛学里面有这个说法，但我们现实中谁修到这个境界了？法身是体，我们可以把报身看作法身的相，化身是法身的用，三身就是体相用的关系。也就是说，我们这个变化的妙用，它就是化身。今天面对你现这个相，明天便对你现那个相，这就是千变万化的。但并不是说，我现一个身到湖南去，跟不缺居士去交流，现一个身到泰安去，这就是另外一种理解了。在禅宗里面，主要是回归自性，自性之外别无它物，把这个根本的东西抓住了，得本不愁末！

"大多数人就是现实问题解决不了。太玄的东西、太高的东西对他来说没有意义，所以禅宗就直接把根本的东西抓到，把旁枝末节的东西去掉。"

HY师兄问戈师："在禅定上若气脉打通了，是不是身心全部都打通了？"

戈师："心气无二，都是相通的。通彻底了，后面就是中脉通了，随着你功力的延续，气脉也会相应打开。虽然是不二的，但是又不是马上相对应的，之间还是有一个相应的过程。比如说，你当下见性了，当下就开中脉了，不是这么回事，它还是要有一个力量去贯穿的东西。

"有时候，不同的话里面有不同的语境。比如说凡夫即佛，这么说是在什么意义上说？佛性跟佛性是没有区别的。

"心气无二也是这样。不是马上就完全等同，等同了就是一个东西，所以从缘起的角度来看，很多东西都不是完全等同的，但又不是完全分开的。我们说众生一体，但是众生一体又不是完全一样的，每个人和每个人还是有差别的。要把它贯穿起来理解。"

HY 师兄："是不是可以这样理解，在用的上面每个人是不同的？"

戈师："对。一体不是完全相同、完全等同。完全相同就变成一个死气沉沉的东西了，它是一个有机的统一。这个'同'呢，用现在的话来说，就叫'全息统一'。我和桌子是统一的，但是不能把我等同于桌子。"（师笑）

HY："戈师，是不是彻底圆满的佛，他的气脉是通了的？"

戈师："那当然。"

停了一下，师又说："太强调气脉和太排斥气脉，其实都是一种偏。因为我们讲身心是一体的，所谓一体是相关相连的，这很自然就有两条道路。把气脉打通了以后，对入定毕竟是好的，不一样，开智慧也方便啊，心气两者相互影响。但是也不是完全统一的，完全统一肯定就说不通了，心物是有区别的，但是根源是相通为一的。而我们修行恰恰是要以心转物，以心为主，而且不依赖于物。你把物抓得死死的，最后怎么解脱？最后是心的解脱！你不能说我通过入定来解脱。有的禅师身体不太好，但是他的气脉是通的，偶尔他的身体也会这疼一下，那疼一下。你不能说，你入了一辈子定，怎么还疼呢？他的心是解脱的！"

我想起半年前我的一次通气经历。

前一段双盘，感觉到双脚发热，腿也热，且感到腿部有力量。坐中常常后腰有热气托起，海底穴热热的，双腿越盘越紧，有越坐越舒适之感。有时后背有气流上行，或到达颈部，或抵至头顶。有时腰间带脉处有丝丝缕缕的气流蚁行。下座后双腿暖热，并无疼痛。

一晚醒来，我凝神内照，心息相依，慢慢进入了绵绵若存的状态。不知多久，两脚心发热，似有火球般炙烤，热度慢慢向脚趾、脚跟扩散。突然，一股气流沿双脚如瀑布般冲上头顶！还没等我反应过来，势如破竹般全身走了一圈。我一惊，出定了。但脚心热度不减，气流自己再次缓缓沿双腿上行，每过关节处，缓慢顶过，身体当即柔软下来，九窍百骸舒适无比。我竟动弹不得，任身体慢慢消融，有如睡在暖暖的天地大床上，身体有如一个大气囊。

语于师。师微笑："你得气了，不管它，意守中脉。"

晨起，不思食。师又对我说："不管任何觉受升起，你都不要形成任何的论断，只是如实观照！'虚无生白雪，寂静发黄芽'，人果能至虚至无、至寂至静，则物我一如，道通为一，先天一炁自然来归身中，变化气质，而有至美至妙之境。"我又想起了《空行教授》中讲："于近日一切觉受，皆视如梦。意者，任运安坐一切所显均无修整。任一切觉受即归自然与放下。安住明觉而无执着。"经过一段近似闭关的生活，练功到了关键时候，一天一个功景。如《灵源大道歌》所说："往来真息自悠悠。绵绵逶迤归元命，不汲灵泉常自流。蒸融关脉变筋骨，处处光明无不通。"自己终于有了一点体悟，愿与诸佛菩萨同行！

自此次通气后，一个多月的时间里身体常常是自发式行气。那段时间里，或看书时，或与师行禅时，只要心一静，它自己就来。我不得不放下书本，任它周流，或者原地伫立，或者就近找个椅子坐下。师一直指导我不理它，后来它逐步消失了，或者是习惯了。

但这次体验的发生，于我的身心都有变化。

性功上，自此我的心量打开了，我更能从无限的角度来看问题，更能从宇宙一体的角度思考问题，以较高的境界看待和处理问题。对生活有很强的出离感，身心也走向无欲。面对诸法，我执心减弱，对诸法不再那么执着了，更多地看到空性。我的生命变得充满诗意，看大自然的花草树木，常常是真气弥漫，虚而一体，充满艺术美！我的理悟力变强，经典看得更明白、亲切了，经常写一些似诗似歌的空灵文字。能更多地享受单独，我像一个小孩子一样，经常是和"自己"玩，享受着简单的快乐。快乐变简单了，好像不需要什么依凭，是一种没有来由的快乐。

命功方面也有一些明显的变化。

首先是体温升高。手脚及全身暖软，身体温度较以前大约要升高一二度的样子。尤其手心、手指尖、脚心、脚指尖温度变化明显，手脚以前是温的，现在是热的。此乃气血运化能力加强、阴阳平衡之妙用。中医讲"血为气之母，气为血之帅"，气通了，气的运行充分，血之运行能力加强，合力使体内能量转化和新陈代谢加快，才使体温升高。

肌肤更有弹性和活力。以前小腿肚的肉是松软的，通气后每天打坐按摩的时候，发现肌肤充满弹性和气感，每一个细胞的生命力似乎都更强了。

此外，身心协调的也更紧密。身体更听从心的指挥，体现为更加警觉。如戈师在讲《灵源大道歌》时所说："'万国来朝赤帝宫'，身体里面的百结、百脉，所有的气脉都通了，所有的关节、各个器官它们都有一个统一的指挥，都来到了'赤帝宫'。赤帝宫是什么？赤帝就是心，赤帝宫就是心宫。也就是我们的心开始做主人，整个身体听从我们主人的指挥。因为身心打成一片、合一之后，那么身心就通了，通了以后'万国来朝赤帝宫'，身也相当于一个国家一样，它的元首、它的首脑、它的皇帝就是我们的心，心开始做主了，身体开始听从心的指挥了。"我从这段话得到了印证。身体仿佛有了"功夫"，更有整体的协调性，警觉而不松散，常是每一个细胞都被觉性照顾着。进一步形象一点描述我体验到的——你看那些"仙风道骨"的得道高人，他们是形神俱妙的，修道有进境，神气必然变化！这个藏不住，也装不得。功力到了，如树结果。以前我看戈师，知道他是警觉的，但不知道是怎么回事，现在有些明白了。

道家之性命双修是有道理的，以我之体验，性命确实相互作用。吾修法有进境，则更知师，更印师，也更通古今圣贤。我觉知到这些发生在我身上的微妙的变化，心安觉性。

生命只有一件事——践行菩提心。我追随戈师的脚步，乐在菩提心的践行中，步入了虚淡精专的菩提之旅。

HY 师兄："双盘会越盘越紧密，身体越来越柔软，最后达成金刚之身？"

戈师："我们讲身体，身体本身它有不同的概念。一般讲的就是外面这个粗糙的身体，但其实我们要向内追究，其实每一层都有它的身体，就是除了物质结构的身体，能量结构它也有它的身体——能量身。信息结构也有它的身体，那是更微细的身体。那你灵性的那个层面的身体，就是你的金刚身。那个是不生不灭的，如如不动的，要证悟的是那个。

"另外，我们解脱的时候，有两条线。一个是从外部往内找，找到最核心的；找到最核心的呢，从里面再往外通。这个从法身，再通报身，再通化身，就是往外通。从外到内，是从后天返先天；从内再往外通，是以先天化后天。前面是从功夫求本体；后面是从本体做功夫。再到先后天合一了，就是法身成就报身，再到化身的阶段。那你保任这个金刚身，就是你长养圣胎的地方。这是一个来回。"

HY 师兄："我的体验是，我可以不受身体的影响。比如我晕车的时候，我的心就如如不动。"

戈师："对。你里面的那一层可以不受外层的影响。用刚才那套语言来讲，你外面晕车有点难受。现在你进入里面去了，就不管外面了，超越外面了。然后你保持这个里面，它又从里面往外通了，最后把外面调好了。"

HY 师兄："对，我体验的就是这样。戈师，能量足了的话，饥饿也可以补充滋养？空中本身没有饥饿，在空中具足。"

戈师："可以。身体可以有饥饿，但是往里面去可以超越。你现在还没到那个状态，还是要保护外面的身体，不能随便不吃。"

HY 师兄谈到南老师为什么抽烟，戈师由此谈到戒律问题。

戈师说："真正的戒，不是说它该做什么，不该做什么，而是说我在这个东西之中不被它转。那你喝酒喝醉了，乱性了，这肯定是不行。但是你喝酒不伤害自己，不伤害别人，对自己还有好处，他那个喝酒就没什么坏事。让你不抽烟也是这个道理。不是说一定不能抽，但是你不能为这个烟所转，或者是一定执着于它，或者由抽烟自己生起烦恼，那肯定不行。像南老师抽烟，有其特殊的背景。如果他想抽，他不执着于它，他能转化它，不影响他的身体，也未尝不可。他能驾驭它，他不为这个抽烟所害。"

我插话："戈师，也就是说，面对所有的欲望我们可以做它，也可以不做它，心应为超越的？"

戈师："对。具体做什么事，不是关键，关键是你后面的这个人，这颗心有没有沉迷进去。如果驾驭不了自己，迷了，那我们学佛学什么呢！迷于酒，迷于色，什么都控制不住。那不能说我就是大师，我就可以吃这个，吃那个，那就是借口了。"

L 师兄："有很多大师，他就拿这个当借口。我有一个同事供养了一位上师，经常要吃肉，那他的慈悲心在哪里？市面上现在也有素菜馆，并不是没有。"

戈师："那就是另外一回事了。他如果一定要吃肉，那就是问题。如果是吃什么无所谓，你给我什么我就吃什么，这是可以的。"

L 师兄:"未必一个不抽烟的比抽烟的人更自由。"

戈师:"好多人他是给自己的行为找一个借口,根本谈不上戒律。这个人还没谈到戒,就是戒之下的境界,他冒充戒之上的超越的境界。戒之上是他已经超越戒了,他无所谓守戒,时时都在戒当中!起心动念都有戒,他还需要这些吗?但是那些人其实是根本没达到,他还是需要戒的。他做不到呢,他就找借口——我这个酒肉穿肠过,我这个境界高,你还执着不吃肉,执着不抽烟,你看我多自由自在,那都是凡夫相的表现了,那跟圣人的解脱境界根本不一样。最后就要看他内心里真正是有执着还是没执着,而不是口头上讲一个道理,服人之口,不能服人之心,不能让你心悦诚服。"

L 师兄:"人还是要有自知之明。"

戈师:"人要知道自己的位置。就是你处在什么地方,就要按什么地方的规矩来。你说超越戒,超越定,超越慧,那是什么境界?没到那个境界之前,一定要戒,要定,要慧。不能搞混了!所谓的口头禅,就是他把这两个搞混了。他把大禅师的境界和小混混的境界搞到一块了,小流氓不也是混混嘛,自由自在的,想干什么干什么。"(师笑)

近黄昏时分,大家离去。HY 师兄是次晨的火车,需再住一晚。

红薯会上戈师分享着他的存在,对我们是一个点醒!迷者处处可迷,起心动念,无不是业;觉了,处处坛城,永恒庆祝,从容中道。师兄们带着疑惑、问题来,满怀法喜禅悦而去。

戈师的法教如浩荡的秋风,吹落我妄想的叶,吹掉我烦恼的

枝，让我沐浴道之清凉。我沐浴在无上的法喜里，生命趋向自在
与圆满。

七、出世入世双风流

《明儒学案》载王龙溪先生言："独处一室而此念常炯然，日
应万变而此念常寂然，闲时能不闲，忙时能不忙，方是不为境所
转。"仁者之道，不离世间，只是不要有一颗世俗之心。日日新，
风云变幻，此心寂然不动，心有所安，心无所住。

想起戈师的语录："提起放下两自在，入世出世双风流。"

晨起，戈师又给 HY 师兄做了早开示。如慈父般千叮咛、万
嘱咐。

戈师说："具体生活的问题，自己要做些规划。到底走什么路
线？陈健民的路线不是我们每个人都能学的，找个地方闭关，能
不能闭下来？你闭关有没有达到那个层次还是一个问题，真正到
了那一步才行。还是要有一个现实的道路，既现实又理想的，会
通在当下的生活里面的道路。无论是人情世故啊，具体的做人做
事啊，能力都要提升，这也是修行的觉知的体现。你既然有智
慧、有觉知，你应该比常人做得好。哪怕是扫地、喝茶、倒水，
都应该比别人更觉知，这就是不空谈。包括你跟你父母的关系，
比以前更亲了，这也是修行的成效。如果你越修，矛盾越大，脾
气更大，那就麻烦了，那就背道而驰了！在你的家庭里面，你能
够带动他们，影响他们，他们也会认可你，这就是修行有成就的
一个表现。如果家人都不认可你，你就只认我是修行人，他们都

是俗人，那就麻烦了。

"最终就是要把世法和出世法贯通。真正的修行人，他应该是自在的。自在包括两方面：世间法自在，出世间法自在，不是割裂的。有的人只能在修行的时候自在，生活的时候不自在。或者不能跟人打交道，不能见人了，那这个修行就偏了。你前面自己专修也好，闭关也好，提高自己的智慧，最终要到世间生活里面来考验，不迷失在其中，而不是躲开、逃避，这样最终是没有解脱的，自己把自己圈起来了。要在社会当中能够出入自如，自由地演戏。你跟各种人演戏，把它演好，不要讲度他们。自己要能够活得自在，能够面对他们，解决自己的问题，然后在这个过程当中，再去发心帮助别人，那就是更高的一个境界。"

送走 HY 师兄后，观虚书院首届红薯会圆满结束。

龙树菩萨说："因缘所生法，我说亦是空；亦为是假名，亦是中道义。"一切真实地经历过，当下确又似一场梦，了不可得。

一幕幕欢笑的场景仍历历在目，戈师的法语回荡耳畔，亲切而有磁性。L 师兄修学心得的精彩分享，HY 师兄的妙语与纯真的笑，WF 师兄的幽默调侃，警察出身的 W 师兄的亲切腼腆……一切法皆为佛法，皆在表法。

我和师到小区外的田野去行禅，我们也称之为"探险"，通常是漫无目的随心意而行。行禅之美好，在于邂逅大自然之朴素与美妙的同时，让人遇见了悠闲、童真和幸福的本我。

步履自在而随意。放空自己，全然地天真，头脑停止了思维，只是注视着，欣赏着，一任自然之美景颐养着心灵，一任光阴静静地流淌……身体又有真气涌动，全不管它。

邂逅的欣喜在于不经意间的相逢。我们穿过马路，经过一处村庄，走向田野，在踏过一片荒地，翻过一坐小丘后，蓦然之间，眼前现出了一处美丽的风景！一片平整的绿地，几座漂亮的古堡式的房屋，一条在阳光下安静地变幻着粼粼波光的河流，无数棵结着果实的柿子树和枣树……刹那间唤醒了我内心的新奇感。我带着孩童般的天真，惊喜地观察每一处细节，一切瞬间笼罩在浪漫的情怀里。

淡淡的喜悦与自在。鲜花翠柳，大自然的各种声音——蝉鸣、鸟鸣、野鸭的叫声，阵阵传来，师笑对野鸭说："我知道！"我吟诵：

> 漫听蝉唱赏心花
> 三宝长伴度年华
> 本来快乐不依境
> 随顺因缘处处家

师赞许。太阳透过树的枝叶洒下金色的光辉，空气中能量涌动着。

回程，我们没有按原路走，有些迷路了，于是开始交流。

师问我对今天的开示有什么心得？我谈了诸般体会。戈师说："在万法当中抓心法，在心法当中抓空性！如何才能悟到空性呢？你只要悟到一切如梦如幻，都是人们作茧自缚，都不为实有。"

我说："当下来看聚会，有一种虚幻的感觉呢！"

师微笑："从性空角度讲，它是虚幻的，是抓不住的；然而一切缘又是相续的，相互作用的。树照常绿，花照常开，但树和花又是空性的。说缘起法性空、虚幻是为了让我们不执着于缘起法，但并不是否定缘起法的作用与相续。"

我欢愉："也就是既虚幻又非虚幻？"

师点头："对。这就是缘起与性空的统一。"

佛法常说"深入经藏，智慧如海"，《论语·为政》里孔子说："吾十有五而志于学，三十而立，四十而不惑，五十而知天命，六十而耳顺，七十而从心所欲，不逾矩。"在今天这个讲究效率的时代，我们不必等到七十岁才有这样的人生境界。我们可以在这些大师的智慧光芒的照耀下，建立明晰的内心价值系统，一一去实践，活出自己独有的灵魂！

顺着您的手指

我看向那月亮

见了

一轮圆满的月

和那明亮的月芽泉

天上人间

红尘道场

这正是您的法教特色

D 师兄来访

一、三乘佛法从头说

"内观"的意思是按照事物的实相如实观察,观察到事物真正的面目。所谓"如实",就是"照它实际的面貌来认知",而不是经由预设结论来认知,通过智慧的观照,体认到诸法的无常性、无我性和不生不灭的法性,真正放下内心的执取,获得解脱。

南传佛教的"内观法门"是印度最古老的禅修方法之一。它是透过观察自身来净化身心的一个过程,要义是"观身如身、观受如受、观心如心、观法如法",在观照身、受、心、法的当下,看清真相,破除我执,体证到生命的本来面目,虚心而待物。

2015 年 9 月 14 日,D 师兄来访,戈师就"内观"这一话题展开了诸多开示,让我于内观的基本原理、修证功夫、所要达到的证量及大、小乘修法的界限有了进一步的科判。

D 师兄看上去淳朴敦厚,颇有福报的他,现为一家大型企业的股东,但不参与经营,从而有时间专门修行。他谈到自己近几年来,一直在修习"内观"法门,即将去南禅寺参加葛印卡老师的十日内观课程。

戈师宴坐在茶几边，温和而从容，微笑着和 D 师兄谈话：

"广义的内观包括了一切修行的法门，通常所说的内观是指南传佛教的传承下来的一个法门，主要指'四念处'，相当于原始佛法、小乘佛法里面的一种修法。它的特色就是比较具体，比较有可操作性，而且比较现实。所有原始佛教的观法，没有太多形而上的艺术，不像大乘佛教和密乘佛教里面有一个佛菩萨、本尊的世界。它不谈那些，它面对我们现实的身心，因为每个人都有他现实的问题。

"它会讲观呼吸、观身、受，这是每个人都能感觉到的。它不需要太多的理论基础，不需要懂很多，这是很现实的。在"观"的过程当中，一种是修止，一种是修观。修止的目的就是把心集中、安住下来，它没有智慧这个部分。你全部集中在观这个呼吸上面，慢慢身体就会有变化、有体会，会有很多越来越精微的体验。如果这样修的话，它是一个很好的入门。

"其实小乘佛法的'观'，它最后要指向无常、无我，尤其是'人无我'。通过观这个身、受、心、法（四念处），观察五蕴（色、受、想、行、识），然后确实领受到生命的实相是无我的、无常的，没有固定的本质，是没有实体的东西，是空的，这样你就生起智慧了，能够破执着了。破了我执，后面的法执其实也能破；但是一般来说，小乘是偏重于破我执的，重点目标是把我执破掉，破了我执就解脱了烦恼，就达到目标了，这就能成就罗汉果了。证悟了空性以后，就解决了自己的问题，就没问题了。不需要很多别的东西，这是比较扎实的、现实的道路。

"但从整个佛法来讲，它应该是比较系统的，有一个整体的系统。小乘观法很重要，但就整个修学体系来说，它还不够。要在小乘基础上，再向大乘、密乘学习，小乘、大乘和密乘，就是佛法的整个系统。"

D师兄："葛印卡老师的内观是不是能跟我们大乘的修法相结合着去学？"

戈师笑："如果你现在修葛印卡的内观法门，你就先按照他的方法去修；等到按他的法修到了，达到他的目标了，自然就会转向大乘。"

D师兄迫切地追问："所谓的目标是到什么境界呢？"

戈师："因为这个法里面，都是有它的证量的，修一个法就是要达到它那个证量，产生那个效果。比如说，你证到了'人无我'，它下一步自然就转到'法无我'。破掉我执以后，就要走向利他，就要发菩提心，就不再是个人解脱的问题了，因为修行最后我执都没有了，还有什么个人解脱！他最后就剩下大乘的菩提心，这就是'回小向大'，这个菩提心就是更大的愿力，这个时候大乘的很多修法就可以用上了，那就要修'六度'了。"

随着戈师的话语，六度的音符在我的脑海里闪跃而过，复归宁静。我看着这一切的发生，观照着。

D师兄："在'三十七道品'里讲了从小乘修到阿罗汉要经历的每一步，我感觉自己修起来挺困难的，会不会很难在这一世当中证到一个什么样的结果？"

戈师："这个能不能，还是要看你自己，看你的愿力，还有你的业力，还有你自己的精进度，还有你的根器。就是你在修的过程中，慢慢就看清了真相，看清了真相就破掉这些执着了，烦恼就熄灭了。因为烦恼的根源就是'有我'，如果'我'都没有了，那还有什么烦恼呢！就是所有的问题都没有了！"

D师兄："我现在有疑惑的地方，就是不知道该修哪一种更适合自己的根器？虽然修了很多年了！"

戈师："这里面本身就是一个学习的过程，它就是你的见地的问题！你在小乘这个见地上，就只能修小乘的见地的法，把大乘的法传给你，你也是按小乘来修，因为你见地就在这。但随着你见地本身到家了，你的修法自然也就提升了。如果你真正到了大乘的见地，你即使修小乘的法，也是用菩提心来修，也不是为自己而修。

"用更高的见地来含摄下面一层是可以的，用下面一层来含摄上面是不可能的。哪怕你用密宗的即身成佛的见地来修大乘也是可以的，因为它是兼容的，就等于说它是更高的版本，高版本可以包容低版本的。因为在密宗里面，它也要修小乘的法，它是把小乘作为前行来修的。比如说，修大圆满，大圆满的前行里面就有修无常心、出离心等，它里面有很多包含小乘佛教的修法。

"所有的法都是工具和方便。但葛印卡这个法就是针对现代人的散乱，针对那些讲道理比较多，空谈比较多，学佛学了十年都没打过坐的人，这是一种比较实际的修法。就是说，它这个修法比较现实，比较扎实，它没有那么多空谈的道理，但是有具体的方法。总的原则也很清楚，就是培养你的觉知力，培养你的专注力，就是通过止观，止观到一定程度的时候，就生起智慧；再从观的智慧当中，就能看清法的实相，按照法的实相、本来面目

D师兄来访

255

去做，就能解脱。

"这个道理是很清楚的，不会歪，也是容易证到的。比如说，净土宗，它是大乘的、形而上的东西，这要有信心的人才行。但小乘不一样，它就针对我们现实的身心，有一套现实的可操作的方法。按照佛法原始的教导，去踏踏实实修，所以它有它的应机之处。但是众生有各种各样的根器，不是所有人都需要修这个法。"

我们开始吃茶点，D师兄谈到葛印卡老师内观中心的道场连锁运营模式。我归纳起来谈到几点：1.课程纯正，没有任何宗教色彩，不同教派的人都可以参加；2.课程理论联系实修；3.课程结束之后，学员根据自己的发心，随喜交费来护持道场；4.一般来说，道场都是合作租来的，环境极好，特别安静。常是在半山腰上或山沟里面，有山有水，空气清新；5.具体课程中，对学员的要求有两点，一个是觉知自己的感受，任何感受都能够觉察到；第二个要有平等心，身上有任何感受，你都不升起嗔恨心、讨厌心，若是有轻安时，也不生起贪心……另一个是要求学员一天当中有三个坐势：一个小时不换腿，不放手，不睁眼，保持完完全全地让你处在一个人的空间，培养你的心力；6.学员守止语戒律，最后一天才允许讲话。

葛印卡内观中心在全世界以这种方式开了好多家，然后无一例外，都能生存下来。

我看得出，他认为内观其实是很不错的一个法门。

戈师："如果你对这个有信心，也有兴趣，这个可以坚持修，它也是很好的一个法。但是不要走到另外一个极端，不要轻易地把这个法跟别的法对立。我这个法是最好的、正宗的、有传承的，说别的法门的坏话，比如说，用小乘排斥大乘法，这个时候对你是一种污染。大乘法本身没有任何问题，它的问题是某些历史的原因造成的——在某些阶段，它这个实修的传承有些时候中断了，但这个法本身没有任何问题。到了一定的时候，如果没有实修，只有理论了，那肯定不行，所以我们现在的课题就是重新恢复它的实修的传统。把小乘和大乘对立的话，这就是见地有问题。因为大乘法就是小乘的一个更高的发展，它更圆融了。它应该说是比小乘更高，更高不见得就对你最好，那是另外一个问题。但是从这个法本身来讲，是有层次、有次第的。小乘往上发展，一定会达到大乘，大乘再圆满发展，就会到密乘，它这是有次第的。只是对某一个人来说，他不见得一定要修最高的法；最高的法对你来说，并不见得是最好的法。所以应该从小乘开始学起，但是又不要执着，认为只有我这个法是好的、是对的，大乘解脱不了，大乘是没有传承的，这个不能这么说。

"大乘的传承也有，它慢慢也会恢复。其实每个法都有传承，要追溯，都可追溯到佛陀那里去。"

D 师兄："我比较喜欢研究《金刚经》,《金刚经》和内观之间会不会也有可以相融合的地方？"

戈师："没有矛盾。《金刚经》包括整个般若学讲的这些空义是佛法的根本。它们没有任何的矛盾，你修密宗也需要这个。

"你修上座部佛教，最后是要开智慧的。开什么智慧？就是要领悟这个法的法性，我们讲的无常、空、无我，这都是法性的不同的表达。你要领悟到这个，落实到人无我，才能解脱。这怎么会矛盾呢？只不过《金刚经》是直接讲这个最高的智慧，上座部佛教有一套观法，或者有一套谛观的程序，把止观的路径和过程分得更细，让你一步步可以趋近，但是最后一定要走到这个地方来。就是它的'观'法里面，十六观里面，最后一步步都是走到这方面来的。到了'四念处'后面的观法，所有的观法一步步都是围绕这方面来的，这个空义是根本。前面培养的'止'，最后也是为'观'服务的。"

D师兄："戈师在《佛学管窥》里面，有一篇是专门讲《金刚经》中关于'无住'的内容的，是吧？"

戈师："对，论《金刚经》中的'有无'问题。"

D师兄："'应无所住而生其心'这句话应该怎么领会呢？"

戈师："佛法讲的'空'，落实到你的修行上，就是'无所住'。心无住，其实就是空的意思。我们不空，就是抓住了。抓住了，就把这个东西当作一个实实在在的东西去抓，内在有一个我（能），外在有一个对象（所）。有一个能抓，有一个所抓。抓住了，执着了，这不就'住'了嘛！住，就是执着。法本身是无住的，法本身就是空的，但是我们迷掉的时候，我们就把这个空的法抓住了，这就是后面所有的问题的根源。

"《金刚经》是从根本的总体上来讲的。你修上座部的葛印卡老师讲的法门，其实慢慢应该证到'无住'才对，只不过还有一个具体的怎么做的问题；否则的话，你读了很多遍《金刚经》只是懂了很多道理，心还是一样，没有变化。"

D师兄："我在知见上面了解了，但并没有亲身体验到。"

戈师："上座部的这套方法，我刚才讲了它的好处，就是它的可操作性、现实性，不需要很多的预设的理论知识，也不以信仰为前提，它是以现实的身心作为你实验的对象，去做实验，去一步一步地解析自己，破了我执，这是它的好处。"

D 师兄："对，它就讲一旦你产生了贪嗔的想法的时候，你身上的那种感受立刻就是不一样。如果你不喜欢那种粗重感的时候，你那个粗重感会立马特别厉害，会特别加重，一旦你把这颗心稍微放平一些，那种粗重感就会好一些。"

戈师："对，它还是在那个止观当中，体验到心和气、身的关联。"

D 师兄："它不讲气。"

戈师："它那个气就融合在受当中，触、受原理里面都有气的。如果我们从更高的角度来看，这也是小乘佛法里面一些需要提升的地方，需要扩展的地方，很多地方它不讲清楚，所以它也有它的限制。

"但是一开始学的时候，不需要管它的限制，只要去学。学到一定的时候，你就自然会打开，它没有矛盾的。就是不需要排斥大乘、密乘。

"般若恰恰是破除你的执着，让你能够更加与法相应。"

D 师兄笑："像《心经》讲的，破的就更厉害了。"

戈师："《心经》讲的就是修法修到最后，结果就应该这样！不管你怎么观，最终你不要着在这上面。观了之后，最后就要证空。其实说到底，就是要证空，证空就是阿罗汉了嘛。只不过证空，你直接抓不着，需要通过现实的方法来做。身体是粗重的，观呼吸更精微一点，最后就要观心，观心以后才能生起智慧。一切都围绕观空，所以整个原理它是通的，是不相矛盾的。

"实际上就是一个法门你相不相应，相应就好好去修。这是一个入门，但是到最后都是没有知见。你不能说，我是葛印卡的法的传承者、信仰者，都不是！这是一条道路，一道门，从这儿可以入门。修到最后是没有门派的，因为真理是一味的。莲花生大师是密宗的大祖师，但是讲到最后，也是这个东西。最后的法是没有分别的，最高的真理是一个东西。

"如果是佛的教导，这是没有分别的；但分别是我们众生的根器不同，走的路不同。那么针对现实，他要提出一些不同的修法，包括葛印卡，他也不是完全的上座部的修法，他要加入一些现代人的整理，更适合现代人去做。也不是完全按照原始佛法来传的，这个是方便。方便的层面是可以变化的！"

二、顿悟、渐修与解脱

D 师兄："戈师，您是突然之间就顿悟的吗？是在怎么样的一个状态下，完全就'开'了？"

戈师："其实智慧的显现肯定是有积累的，当然它最后表现为顿悟。但是没有没有来由的顿悟，顿悟一定是经过很多准备阶段。包括你修定、长期的智慧的积累，有很多因缘。而且这个智慧是本来就有的，每个人都有的，所以到一定的时候，一点破，你就知道了，它就是你自己的东西。所以你的心性不是别人给你的，也不是新产生的，也不是你创造的，没有任何人能够给你，就是你自己发现了自己，自己找到了自己。

"你明白了这个核心的东西，然后再用智慧贯通一下，就知道了。为什么这么说？因为各种各样的说法都是会归到这一点。

"但是，这个智慧最后还是要反过来用到你的生活当中，用到你的修行当中去消业，这个消业的过程是个扎实的、缓慢的过程。不管你修南传、北传，还是密乘，最终都是要转化习气。因为你原来执着惯了，这个业力就是这么大，衣服就是那么脏，你了解了大乘，也还是要转化这个业力。"

我不禁问："这也就是保任的过程？"

戈师："对。最后你才会真正地、彻底地认清楚。如果业力很大的话，你即使偶尔顿悟了以后，也没用，到时候又回去了，又被遮蔽了。

"我想起以前自己多次有相似于'见性'的经历，然终不能打成一片，如此反反复复，不禁感叹：'若人静坐一须臾，胜造恒沙七宝塔。'内观使我们体认到无限的'自性'，然见性易，成圆觉难啊！"

戈师："一念顿悟，佛性现前；转化业习，仍要渐修之功。犹如婴儿，已具人形，还需护养长大，始真成人。"

D师兄："几年前，我有一次'悟'的经历。有几天就像什么都明白了似的，那几天特别兴奋，然后过几天又打回原形去了。我还跟人家讲法，讲了好几天。后来又不行了。再后期就很难碰到这种状态了。其实悟也有大悟、小悟，对吗？"

戈师："对，悟本身也有不同的含义。禅宗里面有很多当下开悟了、顿悟了，那个悟不是真正成佛的悟，就是你当下明白自己的心了——心的原本的样子，体会到了，这就是开悟了。

　　"但这只是一个初步的起点，有了一点灯光而已。那如何把它认清楚，如何转化习气，这后面还有很多修行的。

　　"我们品茶。窗外鸟叫蝉鸣，绿树临风，鲜花悦意。在清醒的观照中，业力之流当下斩断。

　　"当你'记得自己'，一切都是修行。只是外在有区别，内在没有区别，一声一色皆含祖意，举手抬足尽显真容，生命唯有那一体的和谐。"

　　D师兄又讲到他和合伙人从开始创业到现在的生活现状，两人似乎是一个"为学日益"，一个"为道日损"。

　　针对他的生命状态，戈师指导他现在有时间正好可以在理论和实践上同时迈进。

　　戈师说："一方面要找到很好的方法去实践，去提升；一方面还是要真正下功夫多研究正法，这种研究本身也是修行。比如说，你看好书，看正法的书，真正去研究它，去参悟它，你不是为了考试，不是为了去学知识，不是为了写文章，你就用身心去投入，去学它，这本身也是修行，也是长智慧。让自己慢慢地把这个见地理清楚，长智慧是根本。选一个方法一直修，修到它的证量为止。读书也是这样，读书就是要受益，要读懂。比如像看书，我把这本书看完了，光看完了没用，你得学到东西，把它融会贯通。让自己的智慧、见地越来越彻底、圆融。在菩提心的指导之下，理论上做好，实践上做好。学佛的宗旨在哪里？目标在哪里？都要很清楚。

　　"每天的功课自己安排好。每天读书、打坐的时间都要安排好，也没必要一天到晚打坐，心在坐与不坐之间要让它自由。就是座上的境界，座下要能保持住，生活中能够用得上，这样的境界才比较踏实。

"如果一个法，你修了半天，没有体会，没有感觉，这说明跟你不相应，所以要找到相应的法。相应不相应，就是要达到目标。修止要入定，修观要开慧，定慧能增长，这就叫相应的法。"

D师兄向我们讲述他的修炼状况："我每天内观，训练任何状态下都觉知身上的感受。比如说，一开始，我在走的时候，只是觉知腿部的感觉，慢慢地就能去觉知全身的感觉。一边在觉知脚板的感觉，一边在觉知上手臂的感觉，觉多一点的话，可以同时觉知三个部位的感觉，或者四个部位、五个部位……不停地在增加，这也是它的一种方法。其实，我觉得这跟戈师所传递的'在任何动作中保持觉知'，应该是相通的，对吧？"

戈师看起来"灵光独耀，体露真常"，他从容地回应D师兄："目标都是一样，都是训练这个觉知；不同在于觉知的对象，不同的法有不同的重点。这个就是根器的问题了，有的人喜欢这样，有的人喜欢那样，但对直指心性来讲，它不是觉知对象了，是觉知那个觉知，就是直接回到中心，回到你本来的面目，回到你的本性。那个本性就是觉知的根源，在那个里面就没有能觉和所觉的区别。能觉就是所觉；所觉就是能觉。这就是一念顿悟，一念回机，自己觉知自己。因为我们这颗凡夫的心一直在关注外面，被外面所带走；而我们训练觉知的时候，就是我们要看着这个对象，要觉知到这个对象，不被这个对象所带走，不是无意识，最后再回到他的觉知本身，就是觉知到自身。因为我们一直是在觉知别的东西，没有觉知他自己。觉知那个本来面目，这就是智慧，这就是'明'了；不觉知自己，被外在带走，就是'无明'。

"这个从'无明'到'明'的过程，就是训练觉知的过程，这个道理、路线是很清楚的。你所有的训练最后都还是要回到那个无形无相的智慧的中心，它知道一切，但是它不是知道什么东西，从这个意义上来说，它还是'全知'。全知不是什么都知道，而是它那个知道本身就超越了任何对象，实际上什么都不知道但知道'全'的'知'。"

D 师兄："实际上是般若无知，无所不知，是这样吗？"

戈师点头："对。如果是知道某个东西，就有微细的二元形成，这就还在过程当中。其实他什么对象都不觉知，他就是自己知道自己！这就是直指心性，他就是知道他自己。当下就一念不生，一个纯净的意识。但这个东西不是别人的，它本来就是自己嘛，只不过你原来不注意它而已，所以要认出它自身。就像孩子找到妈妈，这是我妈妈，妈妈本来就是他妈妈，现在他知道她是我妈妈了。

"所谓的轮回就是你在外面跟着对象跑。不管是六道、七道，心跟着不同的对象跑了，就是不同的道。哪个业力重，你就往哪边跑，贪瞋痴慢疑都会带着你跑。那么回到自身，觉知它自身，那个东西是你的法身。在你不觉之前的情况下，它是佛性，是潜藏的；在佛性觉悟它自身的时候，它就是法身。"

D 师兄："'法身大士'怎么理解？"

戈师："我们讲法身，是讲根本的原初意义上的法身。'法身大士'那讲的是一种证量、境界，这是指成就法身境界的大菩萨们，就是你这个法身成就了。但是我们现在讲的还是一念悟的时候就是法身，但是你又迷了，又是凡了，还不是究竟的成就法身，认出法身不等于成就法身。

"在中阴阶段，比如说人死的时候，他这个心迷了，就跟着外面跑了，就到六道里面去了。但你平时就训练这个觉，当你平时这个觉悟很清楚，很明朗，在中阴阶段你也能够回到自身，那就可以成就'中阴解脱'，就是在中阴证得法身解脱。"

D师兄："人死、四大散的时候，怎么面对肉体死亡之苦呢？"

戈师："如果你平时有这个内观的基础，就不会执着这个了。那个身体感受是感受，不管是痛还是热，这都是在外面。在里面那一层，那个纯粹的观，那个本性、本来面目它是超越这个东西的，它没有什么痛不痛，但你平时没有修行的人，那就跟着外面跑了。有痛苦你就开始叫喊了，平时有什么习惯，就都来了。

"所以在平时要修行。你平时怎么样，到了做梦时就相应了。中阴也跟做梦一样，你平时是怎么面对贪嗔痴慢疑的，到中阴的时候也怎么面对。那觉的时候，能觉，能转外境，'心能转境，即同如来'，这是修行的主线索，把这条线抓住，不管你修什么，最后就是这样。

"这个'境'就是各种各样的东西。你看身体有感受，这就是一个境，你被它带走了，哎呀，我好舒服啊！我明天还要这样舒服，要永远保持这种舒服，这就着相了。哎呀，这里好痛！又被它带走了，又忘了自己。你要能够转境，你这颗心永远是觉的，回到它自身。这种智慧、这种境界慢慢地就把四大也转化了，就转化境了。你跟着它走，你就被它转了；那你能转化它，它就慢慢跟你走了。这就是修行的真正的意义！成佛是为什么呀？只不过就是自由了，能觉了，能做主了，不迷了，其他什么神通之类，都是自然而然的。不管什么世间法，还是小乘、大乘、密乘，最终你都要回到这个上来——觉而不迷，觉悟自性，不随境转。如何达到这个境界？除了具备正见，就是具体怎么做功夫的问题了。"

三、自觉、觉他与空性

我笑言："学佛、做佛，就是佛怎么做，我也要怎么做。像佛一样觉悟，也像佛一样应世。"

大家都笑了。

D 师兄："我的家人都是知识分子，他们对我修行还是不太理解的。"

戈师："你对佛法感兴趣，肯定是你宿世的福报也好，业力也好，有这方面的因缘。往深里讲，其实我们学佛、学道，东方这些宗教它其实是不需要信仰的，是超越信仰的！这套东西它跟你信不信没有关系，这就是人生的智慧啊！所以说你可以跟他们打成一片。当他们不信的时候，你不一定需要他们去拜什么，但是这些道理是可以和他们沟通的。

"其实我们信佛，最终还是为了学佛的智慧。像佛一样长智慧，不是求神保佑我发财，保佑我不出事，不是那种信仰。对于一个真正学佛的人，他不需要把重点放在信仰上，你尊重佛、法、僧，尊重三宝，都是为了开发自己的智慧，跟他们学习，是从他们那里学到因果的道理，这个道理像科学一样，你不信，它也在。"

D师兄："修行以后，知道这是正道，更加希望家里人也能够接受这样的事情。有什么好的方法去帮助他们？"

戈师："我们讲的宗教智慧，就是超越宗教色彩的，它讲的就是宗教的核心，这个是可以交流、可以沟通的。比如说，她对宗教不感兴趣，你可以说这个老师他不是什么宗教，他是一个学者，把书给他看看。有的人不适合讲宗教，你一讲宗教把他吓跑了。我们这个东西就是人生的智慧，每个人都有问题，有烦恼，对不对？都有他的心结。那这个东西可以帮你解开心结啊！"

D师兄："我有时候也感叹，觉得他们没有那么大的福报，不容易相信。"

戈师："你先自己做好自己，用自己的身心、言行去影响他们。再找一些方便，用良好的愿心去引导他们。但这个不要执着，因为你不是佛，你也不是上师，你没有觉他的能力。就算是佛，也不一定能度他们，也需要缘分。他有他的缘，这个不可强求，你尽力而为即可，发这个心是好的，但是你不要执着。一执着反而出问题了，一定要怎么样，他这个人不学佛就怎么样怎么样，反而对人家有意见，产生隔膜。首先让他理解你，不要把你当作有问题的人，因为你学佛以后，智慧提高了，产生了慈悲，生活更好了，让他看到你是正向的。你学佛以后变好了！以前你脾气很大，现在你脾气好了；以前你身体不好，现在你身体好了。有很多好的变化，那他们可能就愿意跟你学了。"

我想起《大学》讲的"君子有诸己而后求诸人，无诸己而后非诸人"，除了采取推己及人的恕道，逐步影响他人，其他皆不如法。

D 师兄："现在我的活动和交往越来越少，吃素，也不喝酒。"

戈师："你现在就参加一些有意义的活动。交往一些道上的朋友、法上的朋友，没有意义的活动都不参加。因为人生很短，学佛没有时间去浪费。积累智慧资粮、福德资粮，这就是我们学佛要干的事情。行善积德，做点好事，积累功德，开发智慧，然后亲近善友、善知识，哪有时间去浪费？根本没有时间去浪费。

"要保持中道平衡，不要走极端。学佛，不能完全地消极，好像无常了，为了解脱生死，然后什么都否定、排斥，其实学佛还是为了更好地生活。不光是来世的解脱，这一世就要得解脱。好像为了来世解脱，那你这一世都不能解脱，一天到晚活得愁眉苦脸，那也不对。因为来世，就是这一世的相续，解脱就在当下、当生。你只有活着的时候，活出解脱的品质，死的时候才有可能活出解脱的品质。我们不执着世间的万物，但是同时有能力去安排好自己的生活。也不是说不能快乐，苦是因为我们执着，才苦；我们不执着，自然就有快乐。这个快乐，我们不执着，不执着就更快乐，这就是一种清静的快乐、无事的法喜。你知道这个真理以后，你的快乐是彻底的，你没有对待，没有二元分别，没有执着的快乐，那不成了彻底的快乐嘛！"

D 师兄："就不会被一些东西绑住？"

戈师："对。你连快乐本身都不抓了，这才是真快乐。一旦你贪恋快乐，它就产生烦恼，但是不是说学佛就不能快乐，这是不同的概念。禅悦法喜，这就是真正的快乐。"

D师兄："没什么事情，值得特别开心；也没什么事情，特别难受的。对做事情也没有了热情，这样不对吧？"

戈师："外面的事情，不会影响你；但你内在有一个宝藏，找到内心的净土，从里面焕发出快乐来。如果你的快乐是因为抓住了什么东西，那是不对的。

"机缘合适的情况下，也可以和人分享。毕竟还有比你更差的，当你以平等心、谦虚的心去跟人家分享，也是适当的，你也可以去分享，这也是一种法的供养，也是学佛人一个要做的事情。在路上，每个人都是学生，每个人都是老师，只要你的发心正确就没问题。有的人太谦虚了，把自己看得一无是处；有的人又太冷淡了，什么也不做。不要走极端，要随缘去做利他的事情。"

D师兄："《楞严经》里面有一句话，'当知虚空生汝心内，犹如片云点太清里'，请戈师开示一下这个境界。"

戈师："《楞严经》这句里的'虚空'的概念是个有相的虚空，就是说我们通常所了解的虚空还是有限度的，这样的虚空相对无穷无尽的心性来讲，那就像一片云彩在太空里面一样。那这个虚空概念，不是我们讲的'观虚'中的那个'虚'的概念，也不是我讲的作为本体的'虚'的概念。真正的虚空是无量无边的，那就是跟你的心性是相应的、相成的，不存在谁大谁小的问题，都是无量的。

"有的时候，佛教会批判这种'虚空'的概念，这时所讲的'虚空'是有限的、有限量的，就相当于我们物理学、天文学所讲的某一些层次的空间的那个概念，那是一个有相的概念；但是哲理的虚空是无量的。所以这要理解概念的不同分际。

"真正的心性、本性是空性的，是超越边界的，它是跟道合一的。既然是超越边界的，当然是超越所有的有相的事物的，一切有形有相的事物在你的这颗心当中，都像一片云一样。《楞严经》的这句话就是让我们真正去体会心的无量无边，回归心性的无限。心性的无限是什么呢？就是超时间、超空间，没有时间相，没有空间相，没有大小的概念。如果我们讲大小，不管你讲多大，只要你还是有限量的，那一个有限量的大和一个无限的概念来比的话，还是一个无穷小，对不对？而真正的心性是一个无限的概念，它没有大小。"

我感受到加持！回归广大的虚空！不必计较"梦中"的得失，唯有无尽的爱的涟漪。陆象山说："宇宙内事，皆己份内事。"本我无善无恶，超越善恶，是至善，真心来应水月道场，诸法皆是来帮你消业的，助你成长的！而我的一切所为也皆是为了众生。

D 师兄："戈师能再说说'正见'吗？"

戈师："正见最基本的就是空性。佛法的整个智慧，包括禅、大手印、大圆满都是讲空性的，都是空性的不同证量的显现。比如说，小乘的空性是人无我、无常，大乘的空性是人无我、法无我，但是这基本上还是一种认知的见地。到了禅宗的空性就是证量，就不是关于空性的道理，而是空性的证量现前了。大手印的空性是什么呢？就是证到那个法身。一切都可以放到那个法身里面去，一切都是佛性的展现，那么你证到那个佛性，通过那个佛性把它空掉，一切都是佛性。这就相当于有一个套子，把什么都往里面一装，把它空掉了。大圆满的空性就是本空，本来空，装都不需要装的，妄念的当下就是空的。一切都是，本来就是空的，本来就是清静的，所以无任何造作，没有一切寻求，在它本来的状态下，本自解脱。

"不管它做什么，最后都是为了证空性。证空性有不同的方便，不同的角度，不同的层次，所以显现出不同层次的见地。

"最高的见地就是无见之见，就是证量。就是真正证到这个东西了，这就是彻底的'见'了。

"空性的另外一个方面就是大悲。因为彻底空了，就是万法一体，法界一体，空性展现出来就是慈悲。没有了我之后，剩下的就是众生；有了我以后，就跟众生是对立的。空到家了，慈悲就到家了，空跟慈悲是不二的；空跟显现是不二的，显现就是空；空跟你的觉性是不二的。空觉不二就是法身，空乐不二就是报身，空与显现不二就是化身。这都是从空性里面来的，法报化三身都在空里面。空性和慈悲心的结合就是菩提心，菩提心也是空性。你要把这个见地一贯穿，其实都是这个东西。修所有的法，最后都是在这里面。

"有了这个见地以后，你碰到什么东西，能够提起它来。什么妄想、什么烦恼，哪有啊？找不到。这就能解决问题了！"

"心似皓月澄天寂，意若寒潭彻底清"，我沐浴着这法喜甘露，一念清净，一片光明。

D师兄："戈师，像我们研究经书的话，应该只研究一本，还是应该什么都看看，或者去听一听？"

戈师："一开始的时候，就是要精通一个法，一门深入，吃透一本书，不要贪多求全。那样，最后啥也没学到。也要看你在哪个阶段，到了一定的时候，其实各类书都可以看。"

D师兄："《六祖坛经》里'无相为体，无住为本，无念为宗'这三句话怎么理解呢？"

戈师："无相为体，是讲本体；无住为本，是讲功夫；无念为宗，是讲境界。其实从禅的根本宗旨上来讲，这三个东西就是一个东西，只是从不同的角度来讲。比如说无念，从禅宗来讲，直指那个性体，应该是超越念头，那个不动的自性它与念头是没有关系的，是超越念头的，就是没有念头的执着，念头本身是空性的。但如果你初步理解成'没有念头'，那就是一个相对的理解，是一种局限化的理解，就是没有妄念了，没有执着的念头。'无者无妄念，念者念真如'，这其实是一个字面上的分开解释，严格地讲不是无念的本意。无念怎么能解释成二个字，一个是'无'，一个是'念'？这种字面上的诠释是方便，不能说它错，但已经不是原来的意思。'无念'就是超越这个'念'，你的本性是超越念头的，念头是空性的，所以念头找不着，它是空的。念头当下就空，本性就现成，这就是禅了。其实这个念头念念不留，这就是无住，前念后念都是空的，都抓不住。无相也是一样。既然是无住了，就没有现成的相可得，相就是你要抓住的东西，才是相，它是空性的，就没有相。所以无相、无住、无念，这其实讲的都是统一的。

"如果回到《金刚经》来讲，这三者都是讲空性。无相，不是说绝对地没有相，而是这个相是空的；无念，不是绝对地没有念头，而是念头是空的；这也就是无住的意思，它是没有东西可抓的，它是空性的。"

D师兄："像'何期自性，本自清净。何期自性，本无生灭'下面还有'本无动摇'，'本自具足'，'能生万法'，这五个'何期'的话，也是另外的一个对自性的体和用的最终的诠释，对吗？"

五祖讲到"应无所住，而生其心"的时候，六祖开悟了，开悟之后，他就讲了"五个何期"。

戈师："这里讲了五个'何期'，其实在密宗里面对自性的圆满讲得更多，这就是大圆满的内容。真正地回到你的自性，了悟了自性，它就具有这些特质，一切就包括在里面，体、相、用都在里面。首先它是本来清净的，不需要任何对治，它是本来面目，不是你要通过某种方法去造作的。那个时候，就是一切现成的，是本来清净的。本无生灭、本无动摇与本自清净，这都是讲自性'空'的一面、体的一面；但在这个清净体当中，它不掉入到空无的那一边去，好像是否定性的、死板的，它同时能够有无穷无尽的妙用，一切法都在里面生起、显现。本自具足、能生万法，就是讲自性'不空'的一面、用的一面。"

我问道："就是空、有两边都不执？"

戈师："对，也就是自性空而能生万法。"

D师兄："就是体与用之间的关系？"

戈师："对，也就是刚才讲的法报化三身。它的法身是本来清静的，那么它同时能够显现，这就是化身，显现又不执着于这个显现，它有它的光明，像密宗讲，它是有明的一面。"

D师兄感叹："要圆融的话，是真不容易！"

戈师："无住是一种方法，通过无住了悟你心性的本来面目、心体，然后确实开智慧，这个智慧就能够显现，空有两边都是无住的、统一的，是真空妙有的统一。"

我联想，这就是道的显现，显现无限的妙用，无限的可能性。

戈师："它超越了一切的造作，这是它本自清净的一方面，没有动摇，没有什么来去，什么都没有。不需要去怎么做，因为它就是原来的样子、如如的样子，这就是完全证悟空性的一面。而能生万法的一面，就是它这个东西不是死寂的，一切东西都是它的显现，显现也是空的，你不需要去排斥什么。"

D 师兄："像元音老人所讲的'能生万法'？"

戈师："在你这个自性当中，它本身就有显现万法的能力。就像天空当中，一切事情都在天空中发生，但天空本身是清静的、不动的。所以这个虚空，是自性的一个隐喻。不管是密宗还是道教，对心性最常用的比喻就是虚空，包括我们讲的空性，从这个虚空也可以去领悟它的意义。所有的事情都在虚空当中发生，但虚空你找不着它是什么东西，虚空本身没有障碍，没有来去，没有动摇，但一切都在虚空当中发生。你的心性也是这样，所以《六祖坛经》一开始就讲，般若智广大像虚空一样。"

我欢喜地问："就是体会到人的心本来无限广大，具有无限的包容性？"

戈师："只要体会到你的心性本来像天空一样广大无边，是我们自己把它限制了，反而变成现在肉体这么大。限制在某一件事情上，这就是我执、法执的问题了，所以要领悟这个心性本来广大，本来清静，本无动摇，本来就有觉悟的能力，本来就有显现万法的能力，要悟到这个东西。

"悟到这个东西，不是造出这个东西，这个东西是本自具足。如果你本自不具足的话，如果是造出来一个东西，那就麻烦了。造出来的东西，就有生有灭，那就不究竟了。所以成佛只是显现，不是造出来的，就是原来把这个东西遮住了，现在把它显现出来。太阳一直在，云把它遮住了，要把它显出来，显出智慧的光明。"

我喜悦地问："对生命当中的一切的发生，都能看到它的无定性与空性，从而不执着于它，心一直在那个天空？"

戈师微笑："这就有两个过程了。一个就是破除障碍，显现自己的本性，这是一个过程。你修很多法，其实都是除障碍的过程，去除周边的云彩遮蔽，让你无住、不执着。你破除执着，修止修观，修这些方法都是为了去除内在的障碍。障碍破除，自性的天空显现出来——这个天空是本自具足的。有的时候，必须反复破除，最后才能显现出这个天空。天空既然一直都在，那么那些障碍其实也都是假的，是空的，这样当下就可以显现天空，显现天空以后呢，反过来，就可以继续破障碍了。这就是从渐修到顿悟，顿悟后再渐修。先悟，悟到体以后，还要再修。

"这两个过程其实是相辅相成的。一开始你肯定不知道天空是什么，从障碍开始修，修到一定的时候显现出天空，这个时候你破障碍的能力就更厉害了。这个障碍破尽了，天空已经完全显现了，就成佛了！然后就用你的智慧光芒，去普度众生去了。

"这就是整个修法的过程。"

D 师兄："净空法师说'以金作器，器器皆金'。该怎么理解？"

戈师："空性，它就在万法之中，不是万法之外有个空性；证悟了空性，那就是所有的东西都是空性。就好像你到了一个珍宝岛上，那岛上所有的东西都是珍宝，没有别的东西。所谓的障碍，是在无明的状态之下才有的。"

我插话说："所以空性不能简单地理解为有或无，它是超越有无的。"

戈师："对。彻底的空性，它是没有什么有、无的，它都已经不可思议，不可言说了。"

D师兄："超越了对待，超越了二元。"

我的身体里开始有气机发动，丝丝缕缕地运行着。虽然我知道这是心静的产物，此气非先天一气，但是我并不能奈何它的自然运行，而唯有观照。语于师："我现在的身体状态很奇妙。"

戈师："这就是妙用，你就让它妙用！"

我默默点头。

戈师："真正空了以后，你的身体都会有变化，变化而不执着，都是好事情。执着了，被它带走了，又不行了。但你不能说应该不变化，那就变成死水一潭了。"

D师兄："身体没变化也不对？"

戈师："这就看出一个人的见地透彻不透彻。不执着不等于没有。乐、明、无念，这些修行的体验都应该有，但这三种体验，任何一种体验你执着了，都有问题。执着于乐，就停留在欲界；执着于明，就在色界；执着于无念，就在无色界。那你能够超越，就不在三界之中；但不在三界中，不等于没有这些东西，是应该有而不执着。"

云儿放学回来了。他今年十三岁了，是观虚斋里年龄最小的师兄。D师兄询问着云儿的学习情况，他提到云儿和他的孩子差不多一般大，意态甚为亲切。云儿很懂事，在戈师的熏陶下，已读过一些灵性的书，有自己的体会。我看着他，惊讶于他的成长！

不知不觉，已经到了晚饭的时间。D师兄言他晚餐辟谷，于是起身告辞。

我开始清洗茶具，准备晚餐，同时收拾身心，自做主宰！

这次来访就这样圆满结束了，我们又饱餐了一顿精神的盛宴！

戈师对云儿的教导

一、人生的大方向

晚上，我和戈师在书房读书。室内弥漫着静谧的气息，"悄然凝思，思接千载"，我们都浸润在读书之乐中。

云儿走过来倒茶。戈师抬起头，对云儿说："云儿，你十三岁了，我给你讲一下人生的方向。"

云儿走到我身边，坐下来，笑着聆听。

云儿小菩萨全名戈耀云，自幼喜欢读书，悟性颇高，慧根深厚。对自然科学和人文科学的书都多有涉猎，最多时曾一个月读书25本。像《米拉日巴传》《大师在喜马拉雅山》等灵性书籍也都读过。十岁随戈师去香港度假时曾作一首《游荔枝角公园》："亭台楼阁映湖水，三孔桥梁水面飞。公园夜色真迷人，人间仙境不欲归。"有一次，我们出游郊区，路上颇堵，云儿感叹："城里的人想挤出来；城外的人想挤进去。"我和戈师爆笑。

曾有师兄问戈师："先生之子取名耀云，何意？"

戈师答："取名'耀云'，意为智慧之光耀，穿透思想念头之云彩，而显现真我之大日。又，'云'为流动不居之象，象征般若无住之意。"

《易》曰"云从龙"，我猜想这或许是取名戈耀云的另一层意思，寓云儿有乃父之风也。

戈师在书椅上正襟安坐，慈爱地说："作为一个人，活在这个世界上，他有两个方向。一个就是人自然而然地顺着原来的惯性的那种方向，就是人作为一个自然的生命、自然的生物，自然存在，他有自己的身体，有自己天然的一些欲望。对吧？"

云儿点点头。

戈师："想吃好吃的，想穿漂亮的……想得到这个，得到那个，找快乐，找享受，每个人都有这种东西，动物也有，对吗？喜欢快乐，害怕痛苦，这就是人的一个天然的方向，我们把它叫做'习性'或'业力'的方向。但是大多数人在这个人生的过程当中，他虽然也想快乐，想享受，但他在追求这个快乐、享受的过程当中，慢慢地心就会被欲望给控制了，他就不能支配自己，也就被外面的东西给吸引住了；为了满足自己的这种快乐，这种欲望，他就不能够有效地控制自己，结果反而在这个人生过程当中造业了，做了很多对自己的生命不负责任的事情，最后人生反而是不快乐，经历很大的痛苦！知道吗？"

云儿凝神静听。

戈师："就是人顺着这个习性顺下去，他就不能够有效地做自己的主人，他的人生反而会乱，会迷掉。

"我举几个浅显的例子。比如赌博，这是极端的例子。人为什么会喜欢赌博呢？刚开始赌博是为了刺激，是为了赚别人的钱。有这个钱，我好买好吃的，买好穿的，尽自己的兴。在赌博的过程中，他就享受这种刺激性，要不然人都不是傻子，谁会去赌博呢？他去赌博，肯定有他的原因。他想赚钱，然后在里面寻求刺激，上瘾了！但是你知道，赌博的人最终都是要亏本的。十个赌，十个输！因为他赌博都不是正常赚钱的渠道，他迷进去了以后，就没有智慧了。最后呢，很多赌博的人就出问题了！因为赌博输了钱了，为了还债，然后就去抢劫、杀人、放火，最后就进了监狱，这不是他一开始就想要的啊！他一开始也是想快乐，但是因为他被这个欲望抓住了以后，心就不清楚了，就走向歪路了。包括吸毒等也是这样，很多走上犯罪道路的人，最开始也是为了追求人生快乐啊！但是他就被这个迷掉了，没有方向了。

"对你来说，目前被看小说迷住了！看小说肯定是被它的故事情节所带动，你被它迷进去了，你也是为了寻求快乐。这颗心不愿意寂寞，不愿意待下来，就去找刺激，看那个故事情节觉得很有意思；但是呢，你年纪轻，小孩子没有足够的控制力，驾驭不了自己，那么长期这样看小说，眼睛就受伤害了，心智也被迷住了，对吧？这是最根本的伤害。其次，你把时间大量投入小说中，就没有时间去学更多更好的东西，去全面发展自己。

"这里举了两个例子，一个是你自己的例子，一个是社会上的一些现象。这就说明人生有很多事如果你沿着习性顺其自然走，没有智慧，就容易出问题。人不同于一般的动物的地方，是我们有更高的智慧，人能够反省、总结、提炼自己的生命，然后他就可以开发出一个更好的人生轨道，这就是智慧、自觉！就是一个越自觉的人，越有智慧；越智慧的人，就越有自觉性。那么他自觉呢，就是发现人生最好的方向，去研究生命的奥秘，去显现生命的实相。这个方向，这条轨道，我们把它叫做'本性'或'智慧'的方向。习性是自然的欲望冲动，本性是生命的觉醒，回归人本来的样子。"

我放下书，饶有兴趣地静听。

戈师："我们在'宗教智慧'的课程中讲了生命的四层结构，以前我也和你讲过生命的本能中心、理智中心、情感中心等，研究这个生命的结构，发现生命的奥秘在什么地方，可以帮助你解决生命的问题。

"有意识地选择生命的道路、发展的方向，这就是修行。修行，就是自觉地去改变自己，规划自己，让自己的人生在掌控之中，走在一个正确的轨道上。我们人被外在东西——环境也好，欲望也好，被带走了，被它控制了，这就走上了一条昏昧的道路。那么自觉呢，就是非常清醒地反过来看自己，知道什么是更有意义的事情。清醒呢，就是改变自己，转变自己，就不被这个外面的刺激、欲望带着走，自己做自己的主人。

"这个时候你就会安排好时间来锻炼身体，安排好时间来主动学习，不是老师教我什么，我就学什么。而是主动地学习，按照一定的计划来学习，这样你的知识就更全面、更系统。然后你身心会得到全面发展，这是一个大概，讲生命发展的两个方向。

"如果再细致点来讲，就是要探究生命最终的意义是什么。如果按照前面那个习性的方向呢，人生就是吃喝玩乐，没有更高的意义；按照后面的这个本性的方向，人生就有更高的意义了，就是我们的生命有很大的潜能，有发展成为更高的生命存在的可能性。最大的潜能是什么，你知道吗？"

云儿忽闪着大眼睛，思考着。

我微笑着，看着云儿。

戈师神秘地说："就是有佛性！这个佛性呢，也是你的本性，它是跟天地可以相通的，觉醒它就能找到你的真我了！前面那个方向就是假我，他就稀里糊涂跟着外面跑，不知道人生的真正意义在哪里。前面那个人呢，他的思想是杂七杂八地乱跳；你找到真我，就找到了真正的自己，他就能归于中心，把心收回来，能做自己头脑的主人。知道吗？一般人就是头脑做主人，那有智慧的人，是做头脑的主人。注意这两个关键词：一个是'头脑做主人'，就是我们这个脑子想干什么，就顺着它走了，对不对？我想看小说，我想干什么什么……就顺着这个就走了。但脑子不是我们生命的最高的那一层，那么更高的就是'做头脑的主人'，就是这个头脑是我的工具，就像我在操作这个头脑，那么操作头脑的是什么呢？就是真我了。你小时候还找到过一次真我，你现在又忘掉了。头脑就是想这想那，念头跳来跳去，对吧？能够知道这个小我跳来跳去的那个东西，就是真我，所以你现在把这个念头平静下来，什么也不想。"

云儿盘坐，开始闭上眼睛体会。

戈师："什么也不想，但是后面还有一个清清楚楚的觉性。能够知道一切的，就是你的真我！小我呢，就像那个泡沫那样，这里跳那里跳，像水泡一样；大我呢，就像整个大海一样。这个水泡跳来跳去，都在大海里面。世界上绝大多数人就是我说的前面的那种人，都是活在头脑之中，就像一个泡沫一样，一天到晚跳来跳去，要么就胡思乱想，要么就昏昏欲睡。修行的人呢，他就看着这个泡沫，找到那个真我，像大海一样广阔无边，那你就拥有整个世界了，那你活的境界就不一样了，是不是？"

云儿静坐有些进入状态，小孩子天生就是个佛，纯净得像一张白纸。

戈师："另外打个比方。你这个小我跳来跳去，就像天上的云一样，一朵一朵云飘来飘去，那真我是什么呢？真我就是整个天空，它整个天空都是你的。我们学校教的呢，它只教具体的知识，它没教真我的智慧。从现在开始呢，你就跟我学这个，学真正的智慧，去找到真我，找到那个天空，做头脑的主人，然后有计划、有自觉性地去活——每个瞬间、每个片刻，你都知道怎么样安住在真我里面去活。"

智慧之道无边界，戈师虽是讲给云儿听，但对我同样有加持力！

戈师又说："今天我们讲了人生的两个方向，两条道路，做头脑的主人还是由头脑做主人。那么我们现在做实验来找真我，光讲道理不行，要实践。"

戈师伸出一个手指，对云儿说："看着我这个手指头，别跑！当你跑了的时候，就是一个小我。你看着我的手指头，一个念头都没有的时候，感觉你那个存在，是不是不一样？你想这个，想那个，跑掉了，就回到这个手指头上来。等到你一个念头都没有，只有这个手指头的时候，你那个真我就快出来了。"

我俩凝神，盯着手指……

戈师："好，现在你们俩讲讲体会。云儿有什么体会？"

云儿神情兴奋："没有念头的时候，心有一种不一样的清静的感觉。"

戈师："你今天找到一次还不行，要经常找，把心跳回来。现在我给你演示一下，回到真我的感觉！"

戈师端坐，消融于寂照状态。

出定，又对云儿说："是不是不一样？它这颗心是清清楚楚的，没有念头。"

云儿："眼睛是闭着，还是睁着？"

戈师："眼睛闭着睁着都无所谓，就是你的心的状态不一样。好，第二部分讲完了，现在是第三部分，让你们复述今天的教导！你们两个都说。"

…………

云儿："做大脑的主人，不被大脑所转，找到真我。"

我鼓掌鼓励云儿。

戈师："刚开始讲的呢？"

云儿："……"

我低声启示着。

戈师："人生的方向。智慧的方向是做头脑的主人，业力的方向呢，是头脑做主人。就这几句话，精练地概括了，你们把它背下来！"

两个学生认真地跟着背诵着……

二、从"孔颜乐处"讲起

上次给云儿上完课后，又一个周末的晚上，戈师再次对云儿进行了独特的教导。

戈师："今天我们继续对云儿进行家庭教育。

"今天我要讲的主题，就从今天下午云儿谈的《论语》里面的那段话讲起。你说：'古代的那些话对现代人不一定适用，人要有基本的生活条件，才能谈得上更高的追求。'这个道理是不错的。但我讲的意思是，《论语》中的那段话，'居陋巷，一箪食，一瓢饮，回也不改其乐'，跟你本身所讲的道理是两码事，它们不冲突。就是说，那段话不是让你像颜回那样去过穷日子，而是孔子赞扬颜回在这样艰苦的条件下，还没有忘记他心中学到的东西。那个东西是什么呢？就是'智慧之道'！就是说，在任何困难的条件下，道都没有离开他！这就叫'道不可须臾离也，可离非道也'。一刻都不能离，能够离的，就不是真正的人生之道。也就是说，人生找到一个最根本的安身立命之本！知道吧？就是人有了这个东西，哪怕是像颜回那样过困难的生活，穷困潦倒，还能够保持内心的安宁，还能够享受内心的喜悦，这是一种极高的人生境界。颜回所乐的不是贫穷，而是在贫穷中还能保持道的快乐。知道吧？那这就是人生的一个大问题了。

"孔子是春秋战国时候的人，是属于先秦诸子的范围；那到了宋明理学的时候呢，理学家就提出一个课题，就是研究'孔颜乐处'。就是孔子、颜回他们当年能够地任何条件下保持快乐的奥秘是什么？就追问这个问题。后来宋明时期儒家的思想家就研究颜回为什么乐呢？通过研究发现，他们绝对不是因为贫穷快乐，不是赞扬贫穷，别搞错了！现在穷人那么多，他为什么不快乐呢？如果贫穷是快乐的原因，那就麻烦了。所以那段话的重心不是叫你去追求贫穷。'孔颜乐处'，乐是乐什么？乐是乐'道'。就是领悟到宇宙人生的真理！所以《论语》里面说'朝闻道，夕死可也'，这句话是什么意思？"

戈师问云儿。

云儿不好意思地摇摇头："不知道。"

戈师："就是说你早晨听到我给你讲道，你懂了，哪怕今天晚上就死了，那也值得了。否则的话呢，没得到这个道呢，那生命是空的，人生就是一场空。知道吗？所以宋明理学就把这个'道'挖掘出来，什么是宇宙人生之'道'？

"你讲的，也是一个道理。人生要有基本的物质基础，这也很重要。接着你的话题来讲，则人生有两个大的部分，一个就是我们的现实生活，每个人都要衣食住行，对吧？要有物质条件，要解决它的生存问题，肉体要生活，对吧？所以你要考大学，要找工作，要解决这个东西，这也很重要。

"但是人生不能光是这样，这些只是一个基础，人生更重要的是要有精神的寄托，要享受内心的那种智慧和快乐，这就是人生第二个大的层面。

"因此人生的第一部分是要解决自己的生存问题，有一个正当的工作；第二部分要有精神的寄托，要找到人生的智慧。智慧是什么呢？智慧就是颜回在困难的条件下，还能够幸福快乐的那个根本的原因，这就是智慧的力量。也就是领悟了人生的大道和真理，包括我讲的宗教智慧。我学到的这些东西，都是大道智慧，都是让你人生怎么能够真正快乐的，知道吧？包括我上次那堂课讲的，很多都是开启智慧的。

"那么现在呢，我们就来深入一下，这个使颜回能够保持快乐的原因的'道'到底是什么？自己深入想想？"

戈师凝神看向云儿。

云儿可爱地说："他的心态呗！"

戈师："心态是什么呀？"

云儿："在任何环境下都能够乐观地生活。"

戈师："这只是说出了一个现象。但是他为什么能够保持这种心态？这种心态的背后的本质是什么？"

云儿笑答："心中有乐，自得其乐。"

戈师进一步追问："心中有乐，心中的乐是在哪里呢？为什么你一定要看手机，才能找到快乐呢？你不看手机能不能找到快乐？"

云儿："能啊。"

戈师微笑："那你能不能摆脱看手机呢？"

云儿："不过，看手机更容易找到一点儿。"

戈师循循善诱："就是还是对外在有依赖。我跟你讲，每个人都可以往内心去找快乐，内心的源头就跟打井似的，你知道吧？你往下面挖，挖到很深的地方，他那个井水就来了，源源不断。人的内心也是这样，你要往里面去挖掘，它里面有无穷无尽的能量，有无穷无尽的奥秘，要去挖掘自己的内心，找到那个源头活水，他就永远快乐！他就不需要依靠外在的东西了——外在的功名利禄，好吃的，好穿的，对他来说都关系不大。你相不相信，内心里面有这样一个智慧的源头？"

云儿："我相信这个。"

戈师："相信就好，但相信只是一个起步，下面怎么去开发？"

云儿疑惑道："我现在基本差不多是这样了嘛！"

我和戈师爆笑。

戈师："你还没有往内走呢！你看，我们刚才讲内心里面有快乐的源泉、智慧的源泉，那现在怎么去挖掘？

"你看你的眼睛。眼睛一般是向外看，我们戴个眼镜是吧？眼睛一般都是向外看的，那么向外看，能不能挖掘到内心的源泉？这是背道而驰的。我刚才讲内心里有那个源泉，快乐的源泉、智慧的源泉，那你向外找，肯定是找不到，对不对？"

云儿："我闭上眼睛。"

戈师："闭上眼，只是不看外表而已。闭上眼还要怎么办呢？还要你的心往回找，往内心去观照，去看你的内心。平常人的内心呢，就是漆黑一片，不知道内心里是什么，乱七八糟，他只是跟着外面跑。现在你闭上眼睛看自己的心，找找你心里面有什么？"

云儿闭上眼，向内去找。

时间在一分一秒地划过。

戈师："找到那个源头没有？当你往内心去找的时候，你一开始也是漆黑一片，看不见什么；然后就看见你的念头起起伏伏，念头一个一个接着来，对吧？那么这个念头又像水上的泡沫一样，起来一个又没了。那你断续找，发现念头这个泡都是空的，都是不停留的，这个在《金刚经》里面叫'无住生心'，它本身就是停不下来。一旦你发现你的念头只是一个泡沫以后，你就解决一半的问题了。哪一半的问题啊？所有的烦恼、操心、牵挂是不是都是一个念头！那你发现这个念头只是一个泡沫以后，你就不用为它操心了。什么烦恼！没有了。啪！爆炸了。那个泡沫也没了。好，你烦恼没有了，再看，看内心，再找！然后你就发现你的内心空荡荡的，像天空一样，什么也没有！像虚空一样广大无边。这个什么也没有的内心的空，就是你的宝藏！这叫真空妙有。平常我们认为空，就是消极的，那你内心的那个空呢，恰恰是无穷无尽的源泉，里面有智慧，有光明，有能量。"

云儿仍在静坐。

戈师："往里找！当你发现你的念头一个个起来以后，你发现内心的广大的空间以后，你就安住在那个空间里面，就停留在那个空间里面。这样你的心是不是清静下来了，而且你的心没有挂碍，没有烦恼，没有杂念，充满了一种安祥和智慧。

"这就是颜回为什么快乐的原因了！因为他找到内心这个源泉以后，管他过什么日子呢，你就只要回到内心里的空，回到内在的这个无限的本原、本性，人生就能够踏踏实实地安定下来。

"所以人心就是两个方面。一个是烦恼杂念，对不对？烦恼杂念怎么办呢？看着它，不认同它，就是那个烦恼杂念本身就是飘过的云彩，一会儿就飘过去了，没有真正的东西，不为它所动。第二呢，发现你内心的源泉的空，智慧的空性，然后你就快乐、安定、优雅，心就会越来越有智慧。

"当你找到这种内心的源头以后呢，你应对社会生活，还是照样去应对，照样去做你的工作，解决你的第一个层面的生活问题。但是你内心里的空呢，是永远跟着你走的。就是不管是顺也好，逆也好；成功也罢，失败也罢，你内心能够保持一种超然、超越。这就是颜回为什么'居陋巷，一箪食，一瓢饮，回也不改其乐'的根本原因。

"好，今天这堂课就讲到这里，回去悟一悟。"

我俩欢喜地走开。

观虚斋有一种宁静祥和的气场。我们对云儿，除了读书、交流，很少大声说话，在爱与尊重中去潜移默化地影响他。

共修的魅力

"宗教智慧与大道养生"课程到目前为止一共开了七期，我参加了六期，每次都是一次灵魂的洗礼，每次都有不同的收获。

知识可以是重复的，但智慧总是新鲜的。不管讲什么，戈师总是展现他当下的存在，这是永不枯竭的智慧源泉，所以我总是听不够，从来不觉得重复。

虽从终极意义上讲，一切本自具足，本无所得；但这些人生旅程中的"自得"，又是当下真切的受益，我觉察存在的妙现，心无住无执而乐在道中。

庆祝第七期"宗教智慧与大道养生"课程圆满结束！我深深感叹共修的魅力！

在这次课上，有师兄站桩开悟，领略甚深禅悦；有师兄痛哭流涕，情绪排空，心里空空如也；有人在见地上得到全面系统的梳理；有人说从此找到了"回家"的路；而我体会了时间的相对性，站桩三小时仿佛十几分钟一般，"禅悦"的感觉真的是"一瞬间"……

共修的能量场是巨大的。每个人的频道都调向那个无限的"道"，都进入生命的最优化的存在状态。氛围喜悦而祥和，静谧而空蒙。若有若无间，随着导师的指引，生命切入宇宙无限的能量场；勿忘勿助间，定慧增长，生命得到全面的滋养。真是同心熏修，其共修之力诚不可思议！

觉性做主的人生，才是真实的存在！我们放下了过去，我们不期待未来，全然地活在这一刻。原来天地人真的可以一体，原来人和人之间真的可以零距离。我们微笑，温暖的情感流动；我们唱诵，与戈师同声相和，心灵无限地打开；我们聆听，心开意解；我们静坐，唯有天籁之音。那一声声的棒喝，当下斩断贪瞋痴慢疑的念头之流；那一句句的悲语，惊醒我们这些世间名利客。无明尚存的我们，在戈师智慧之光的照耀下，正一点点地醒来。每一刻的我们，都是全新的，都正在发生着蜕变。

戈师说："我很惊讶，每一期宗教智慧课程都是新的——新的面孔，新的气氛，新的展示，新的灵感……进入宁静与浩瀚的存在，展现智慧的深度和广度，这是一个无穷无尽的旅程！"

其实，每一期，戈师也是全新的！

法会的加持力巨大！师兄们依依不舍，皆欢喜而归。我更加明白了如何才能有智慧，如何养生。有智慧，才能应物无伤，才能真正地养生。只有选择一个法门，坚持修，才能身心合一，生命方有无限的空性的大智慧，也方有心能转境的光明妙用，否则只是小聪明罢了。当我心净、心诚地沐浴戈师的智慧灌顶，真正懂了"家有财富千千万，不如禅悦一瞬间"，回归道才是真正的富有，也更加清醒生命智慧的存在方式。

我清晰地看到，我有两个"我"，一个是"大我""真我"，一个是"小我""假我"，它们是此隐彼显的关系。我知道，它们正在"交战"之中，我能感觉到那个"大我"越来越占主导了。愿我坚定菩提心，以佛的智慧、音声、容相与心意，供养十法界无量众生！与戈师一起，将正法利益久远！

浴慧灌顶，感通法界；结增上缘，归觉性海。十月下旬，在江村市隐[①]，观虚书院将有"宗教智慧—实修进阶"的首期共修法会，你的神性已经发出了邀请，静待有缘……

---

① 这是一处毗邻太湖大学堂的养生基地。

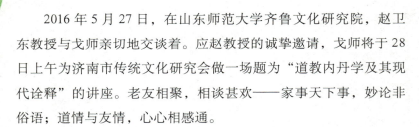

济南之行：
听戈师讲"道教内丹学及其现代诠释"

2016 年 5 月 27 日，在山东师范大学齐鲁文化研究院，赵卫东教授与戈师亲切地交谈着。应赵教授的诚挚邀请，戈师将于 28 日上午为济南市传统文化研究会做一场题为"道教内丹学及其现代诠释"的讲座。老友相聚，相谈甚欢——家事天下事，妙论非俗语；道情与友情，心心相感通。

28 日清晨，我和戈师于师范大学校园中漫步，空气清新，林木茂密的小径宁静而幽深，平和、喜乐、自在的氛围萦绕在我们周围。我看到松林自在，小草在阳光的照耀下熠熠生辉，花朵在微风中舞蹈，整个大自然在和谐的旋律中流动。有学生在凉亭诵读，有人在广场打太极拳，有应届毕业生于路边摆摊，有人驻足挑选着货物……三三两两的人流，寂静的校园充溢着生机和流动的能量。我们踏歌而行，沉浸于心灵的自由与安宁，生命自在而欢愉，无待而逍遥。

在享受了一顿丰盛的早餐之后，我们来到课堂，赵卫东教授的几位研究生早已经迎候在楼外。

身心合一而复性命之真，此为丹道之现实贡献。戈师讲解了内丹学的概说、理论体系和现代意义，在理论体系部分主要讲了内丹学的三个大问题：返本还原论、性命双修论和阴阳交媾论。虽然讲座只有两小时，但内容系统完整。既有深厚的理论分析，又展现了他扎实的文献功底，思路清晰，思如泉涌。更为难得的是，戈师的演讲全从实修的体验出发，又回归于实修的指导，并对内丹学理论进行了深入的现代诠释。

透过戈师对内丹学真谛的阐释，我领悟到内丹学的一个根本的归趣，就是通过阴阳交媾，达至性命合一，提升我们的生命智慧，开发出生命的无限潜能，由后天返先天，回归我们与道合真的存在状态，或者说与道合一的生命状态。我们的后天生命顺向流溢，心气不交，阴阳不平衡；要从后天之假返先天性命之真，精气神的逆向修炼是返本还原的必由之路。

聆听戈师唱道讲法，于我是一种享受，是生命莫大的幸福。开课时，戈师一句"存在于此时此地"的导引，便将我带入了全然而真实的当下，连接上了浩瀚无际的能量之海，我颇有"一灵独耀"之感。本觉就在那里，一觉便是，不需找寻，不费力，我对它已经越来越熟悉了，它就是我和真正的自己在一起，由后天的分裂的"人格我"回归先天的廓而大公的我，不增不减，无得无失，生命完整而富足。

在宁静中心灵自动跟随戈师的法语，我被带入了真理的国度，智慧得到开启。戈师的声音不大，但掷地有声，温和中有巨大的加持力，那是觉醒的、和缓的声调，如流水一般洗去心灵的尘埃。

戈师在讲座中引用了内丹学的一些经典文献：

"道之委也，虚化神，神化气，气化形，形生而万物所以塞也。道之用也，形化气，气化神，神化虚，虚明而万物所以通也。是以古圣人穷通塞之端，得造化之源，忘形以养气，忘气以养神，忘神以养虚。虚实相通，是谓大同。"（谭峭《化书》卷一）

"高上之士，性命兼达，先持戒、定、慧而虚其心，后炼精、气、神而保其身。身安泰则命基永固，心虚澄则性本圆明。性圆明则无来无去，命永固则无死无生。至于混成圆顿，直入无为，性命双全，形神俱妙也。"（李道纯《中和集·性命论》）

"龙虎一交相眷恋，坎离才媾便成胎。"（薛道光《还丹复命篇·七言十三首·其三》）

"若要成全真大道，无非性命合一，欲得性命合一，直须心清意静，心意清静则万法自然归其根也。"（［元］玄全子《诸真内丹集要》卷中《金丹火候秘诀十二句》）

戈师对这些经文做了生动且深入的阐释。听着戈师的讲解，渐觉智慧印心，义理明了，许多的洞见都一时融会贯通！

所有的烦恼，都是我执着于波浪，而遗忘了海洋。我想起戈师说过的话："爱、喜悦、自由和美，这些都是远比金钱、成功等更重要的东西，但人们所追求的方向恰好与此背道而驰。"修行以前的我，搞错了方向，聚集于物欲，而遗忘了生命本身。当我由后天的粗糙的生命状态不断地回归越来越精微的生命状态，体味到一点点享受生命本身的喜悦与自由，体味了无上的禅悦法喜，这是怎样的幸福！我曾经多么想解决生活中出现的各种各样的问题，但现在我明白只有静下来，回归宁静的心灵，先把自己调和谐了，问题才能真正得到解决。而实际上，当我把自己调和谐了，也没有问题了；因为我发现那些所谓的问题，都是自我造作出来的。

生命应活出智慧的存在维度。以前的我也觉得生活很幸福，有一份很好的工作，有一位理想的爱人，衣食无忧，家庭和乐。后来我真正实修后，发现生命的风光别有洞天。我原来所谓的幸福还是有依凭的，而那个永恒的、幸福的、快乐的源泉我还没有连通上。在戈师的引导下，我逐步将眼光收回自身，去体悟大道，开启智慧的光明，我对"餐风饮露"有了自己的体悟，快乐变得越来越简单，我找到了"宇宙的知音"，生命散发出本有之淡淡芬芳，生命趋向和谐，我逐步踏上智慧与慈悲的生命轨道。

有多少人明了性命和幸福的真谛而回归本源，活在清醒、有意识的觉性中，而活出真我的生命存在状态？有真人始有真智，有真人方有真爱！有些苦，是我们真正应该受的吗？我们透过谁的眼睛，以什么样的镜头来看？是真我，还是自我，这直接决定了我们的生活。我们的世界实乃一心之创造，我们应该有智慧活出生命存在的品质与精彩。

我们呼唤爱与自由，然而我们却在做着伤害爱的事情，内心充满了抱怨与指责，活在关系的撕扯中。我们从来没有真爱过，没有全然接受过真实的对方，如实地知善知恶，而心无善无恶。如果我们只以执着之自我，去要求对方全然接纳自己，却不能接纳对方，这样两个自我之间就充满了战争，爱恨交织地活在关系的撕扯中。唯有连通了爱的源泉，有限的生命回归无限的道体，让我们的本性呈现，我们以本性真真实实、本本然然地去生存，超越关系，超越自我，真正的爱与自由才会发生。

戈师所讲，皆自然流露，言简意赅，玄心独悟。正如戈师在《道教内丹学探微》中所言："三千世界，无非心源；随口讲说，皆成诗篇！"聆听真理，增长智慧；直指性命，意犹未尽。

赵卫东教授从学术界的角度对戈师作了精准的评价，并对戈师的演讲作了高度的概括性总结。他说，在我们研究道教的国内外的学术界，对丹道领域的研究，在理论上和实践上都有成就的、影响比较大的有两个人。一位是中国社会科学院哲学所的胡孚琛先生，胡先生现在退休了，已经七十多岁了；另一位就是戈教授了。社会上的一些老师讲的都是术，而戈教授讲的是大道，不是小术。百川归海，那些术最后都要归道。我们学术的目的，最后就是要达到这个道，这才是内丹学的真谛所在……赵老师的总结精准，我心中也暗暗赞叹，赵老师真乃道教界的专家。

在几个道友的陪同下，我们游了济南的千佛山、趵突泉和大明湖。在餐桌上，在旅途中，戈师随机设教，就道友的困惑，给予了精准的解答。

在千佛山脚下，戈师说想找个地方喝茶。正好看见一处像是茶馆的地方，戈师就进去了。一问，不是茶馆，而是私人的会馆，里面正好有几位女士在喝茶。我心想，不是茶馆就赶紧走吧！没想到戈师却大大方方地和里面的人打招呼，问可以喝茶吗？一交谈，才发现原来也是一帮有缘的道友，于是我们不但喝了茶，还结缘了新的道友，也是一大乐事！戈师到处是道场，处处结善缘，显现了道人自在随缘的风骨！

在大明湖小坐茶歇，济南的于先生读过戈师的书，很认同观虚斋教学，想在山东弘扬观虚斋教学，他问戈师如何是净土境界？戈师笑语："你感受到这微风了吗？此时此刻，这千年古树，这堪比西湖之真气氤氲的大明湖，当下你全然地觉知到，心不染尘，便在佛境！"经师一点拨，大家竟都有了体会，而豁然开朗！众皆心悦，一行人照而默默，融入了心齐天地之境。

在济南的两天里，我们一直与道友们在一起，即便吃饭时也在交谈。我私下问戈师累不累？师说："不累，只要是谈道，就不累。"戈师觉照常在，我却洞悉到弘道之不易。它需要的是契无为之本体，全然地活在当下，有觉性地说，有觉性地做……要日理万机而无为，否则极易心随境转，被众生度了。

我自己的方向越加清晰了。如师所言："人生当直奔主题，勿生歧路。"我当下应做的，就是熟悉觉性，做"严密之觉照功夫"！虽然我体验到了真我的大境界，体验到生命的完整与丰美，智慧有所增长，慈悲心有所增强，但中心不稳，有时仍会心随境转，阴阳不交而神驰气散，也因此自我还会跑出来，而表现出我执、法执。戈师说："以有为功夫契证无为之本体，悟无为之本体即是性命合一的功夫。然理则顿悟，事须渐修，此后天之渣滓习气则非经严密之觉照功夫不能化也，以先天化后天，终至先天后天浑然合一，此仍需长久之护持功夫也。"我当在元神的观照作用下，一念不散，一意不忘，守一不离，达至戈师说的那种超越的圆满的先天境界，开启出生命本具的大智慧，活出真理的精神，挖掘出生命无限的潜能。

我不禁写下自勉之句:"萌芽脆嫩需含蓄,根识如如不动迁。万缘放下归真我,诸般皆幻为不为。"宇宙内事皆吾份内之事,我愿以宁静之心随师去欢喜地奔忙。

夕阳金色的余辉映在回程的列车上,我回想这几日的行程,不禁感叹"你创造了你的世界"!感恩一切因缘,感恩戈师法布施!过去的一刻已过去,将来的还没有来,唯有此时此地的觉悟。人在这里,心在这里,在心灵不断地进入当下的宁静中,不断体会生命的新的面向,与道合真。凝神窗外,我写下了如下的诗句:

当心灯点亮,

你不会再迷茫;

当看清了航向

你就不会再浪费时光。

黑暗中摸索的人啊,

如果你没有慧眼,

即使明师就在你面前,

你也会不断在别处访求!

得诀归来好用功,

你是否——

已踏上虚淡精专之旅?

云南之旅

一、优雅闲适的旅行

戈师暑期计划去云南考察旅行，我和云儿欢喜同游！

整装待发，我十年前去过一次云南，印象中天空特别蓝。今复去，欢喜神往。装好云儿和我们的行李，戈师说："弦急则断，心缓则明；从容不迫，镇定优雅。"

戈师为云南之旅定下了基调——

云南之旅，

希望是一次优雅闲适的旅行。

不求走遍名胜古迹，

只想安然于每一个当下。

若是两情相悦之地，

我们可以静静相守——

闲唱昆曲，

悦读诗书，

任岁月静静地流淌……

我欢喜赞同。就这样，我们开始了优雅之旅。

戈师是清醒觉知的！意识全然于当下的生活，而谋划未来。在未出发前，戈师就已经对整个行程与目标有了比较清晰的规划。平日里，按我的观察，戈师应物也是如此。说什么？怎么说？要达到一个什么样的目的，心了了分明，智慧圆明。做什么？怎么做？一点不糊涂！定慧相融，他对当下的生活有清醒的觉解与谋划，并享受生命本身的丰美。

这就是生命的素质！他时时在教我，真可谓言传身教。正在读书的我，一下子彻悟修行不在尘世之外的道理，它就是我于当下的生活中的清醒、觉知，全然地有意识。我想起了"佛法在世间，不离世间觉，离世觅菩提，恰如求兔角"之句……

旅游的意义在于修心而蓄德。人生本就是一场旅行，只不过看"住"在哪里多一些罢了。我们每天的应物皆为人生之旅所遇见的风景，包括大自然环境，面对什么人，相遇什么事等。戈师说"你携带着你的天堂"，心净国土净，净土在心，不在外境。

当换个时空，见不同的人，经历不同的事，你在采集新印象而获得滋养时，是否有执、有住？觉性是否一直在？除非我已证得圆觉，否则我都在或多或少被业力和习惯所驱使。我既无法意识到这些习惯，也无法在业力种子现行时，真正做它们的主人。我在受到外境刺激时，就在不断地重复自己的业习。无执、无住则境遇成为滋养；有执、有住则成为伤害与耗损。于一切好坏境遇，是心随境转，还是心能转境？旅游，是自己检验自己的修行的过程；是自觉，同时亦是随缘觉他的过程。

因缘现相，能生万法，却湛然常寂。真常圆照，随波逐浪；

净土在心，一切无染而滋养身心。处静处喧，其志若一；有事无事，允执厥中。一切境遇，不起一切心，不依一法，慧照常明，现而常寂。

如此旅游，最为殊胜！

二、一念无生，心印长空

窈兮冥兮，几乎一夜未眠，我不断地进入"念住、息停"的状态。在一个短暂的胎息后，我好似没了呼吸，完全消融于存在！出定后，宁静的夜里，神清气爽，身心通泰，仿佛得到一次全面的大修复，毫无睡意。于是，我又观照，如此反复。晨醒，身体柔软温暖，每一个细胞都鲜活，虽几乎一夜未眠，身心状态却比平日睡眠更好。

昆明，凉爽舒适。八月的云南，时雨时晴，气温相当于北京的秋天。崎岖的山路上，接待我们的T社长介绍着昆明城的历史及文化。T社长为观虚斋弟子T师兄的父亲，他是一家杂志社的社长，对昆明的旅游景点曾深入地研究过。"昆明城四面环山，盆地地势，丛林环抱，当地人称作'坝子'，一年四季如春，适合生活……"他对戈师说："孩子跟您学，我放心。他现在生存已经没有压力，就是如何存在得更好！"多么睿智而开明的父亲！

下午T师兄带我们游了西南联大旧址等人文景观。我们漫步于云南师范大学等地，在翠湖公园品茶话人生，品尝了地道的云南过桥米线……时光欢愉着从茶杯、从指尖静静地流淌！除了美食外，云儿对人文景观不太感兴趣，表现出不快，于是我们决定将后面的行程改为多游一些自然景观。

T社长颇有能力，心也很细，对T师兄要求很高。长期以来，两个人之间总有一种对抗，关系有些紧张。晚餐后，他征求了T师兄的意见，希望戈师能帮他们疏通一下，缓和一下关系。

戈师在了解了前因后果之后，有针对性地做了思想工作，其中一个主要的观点，我称之为"九一定律"。就是一个孩子，假如90%是优点，10%是问题，但若父亲要求太高了呢，他就盯着那10%了，所以老觉得这个孩子有这个问题、有那个问题。他把那90%看成好像是理所当然的——"他的优点，我知道"，但是他就不强调优点这一部分！老提那10%。孩子就觉得"我在你心中，总是这样一个坏人"，压力很大！

戈师对T社长说："你的孩子比较优秀。"社长说："是比较优秀，但是……"他又开始来那10%了。

戈师就此做了一段开导："你要是长期看他的问题，那么即使没有问题，都被你看出来了。到时候，问题会越来越严重！你要看到他90%的优秀的话，慢慢地那10%也会越来越少。你长期看这10%的问题，这个问题会慢慢地把那个好处给淹没了！孩子在你心目中，他就没法成长。你要给他一个正向的引导，你老去抓孩子的毛病，这样很麻烦。有的时候，万法由心而生，如果你们父子之间，你认为他那个方面老是有什么问题，而其实他没有问题，但你这样长期认为他有问题，他就真出问题了，因为这是你要求的嘛！你老说他有问题，他没有问题，怎么对得起你呀？

"就好比出门，你不能一开始就说，'哎呀，我好担心啊，路上别出车祸！'不能出这种念头，永远都不要用这种方式思考。

他一出门，你可以给他正向的祝福！你可以说：'注意安全，祝你一路平安！'你心里想，吉人天相，肯定没什么问题的。这样的信息传递给他了，实际上即使有问题，他可能都'遇难呈祥'了。

"你只能从积极方面去发愿，往好的方面想，因为意念是有能量的！有的东西，是你所不能控制的。不可控的那个部分，不是你要解决的，你要解决的就是我能控的那一部分。这个能控的那一部分，就是你的心态、你的心愿，决定了这个事情的发展！一个事件的真相有 10% 是事实的那一部分，这个谁也改变不了的；而有另外的 90% 是我们对这个事情的解释，我们对这个事情的愿力，我们对这个事情的'认为'，决定了这个事情的发展方向。

"比如夫妻之间相处，有 10% 的问题属于事实的方面，可能谁都改变不了谁；但剩下的矛盾就是另外的 90%，它取决于你怎么解读这个事实，怎么判断它。同样一件事，你可以从优点去看它，觉得这个人非常包容，非常安定，全是优点！但是你要换一个角度，就觉得这个人木讷，不会说话，给你看成缺点了。对这个事情的本身的解释，非常重要！这就是万法唯心的道理。

"一切都是，一切都好！你不去改变，不去控制什么，当下圆满！"

听了戈师的开导，大家若有所思，T 社长一家都很欢喜。

第二天，T 社长做向导，亲自开车带我们去游抚仙湖。一路上，T 社长就有了改变，他不断地赞誉着 T 师兄，没有批评和指责。我看向 T 师兄，T 师兄偷偷地乐。我的脑海浮现一句话："孩子是夸大的！"我们的一念遍法界，每一句话都在造业，用善意则造善业，用恶意则造恶业。一念给自己的身心及这个世界带来正面的影响力，善莫大焉！

抚仙湖真的很美！它的美在于它的清，在于它的阔，在于它的云雾缭绕，这一切如仙境般迷人。据社长介绍，抚仙湖的水质达到一级饮用水标准，水深达一百六十多米！戈师善泳，不愿错过在这仙湖游泳的好机会！社长和 T 师兄也都会游泳，几个人进行百米畅泳比赛。我们孤岛观景，驾船游湖，笑声随湖波荡漾……

一段时间，戈师他们到深水区游泳，我一个人在浅水区慢游。我精神内守而放松，尽力做到每一个动作优雅而有意识，我和水融为一体，和宇宙融为一体，鸟鸣阵阵，花草树木真气弥漫，世界消融了，游人同体了，一切都变成了"一"，我真切地感受到生活的美。

我对老子《道德经》中说的"天下莫柔弱于水"有了深入的体会。我感悟到水性中的弱中之强、柔中之刚。水无欲无求，它只是做它自己，故伸于万物之上。它法尔如是，无以易之！不管有多少游人，水都全然悦纳，无择无别；不管承受了何等屈辱，比如说，人为的污染，也不能改变它的本心，不增不减。奔涌前行，有缘则住，无缘则过。随缘起浪，却不会心随境转。戈师以前常说"我们的本性如大海"，生命应是如水一样任运流动的、鲜活的存在状态。纳万物而无碍，滋养万物而无心。心无冀疑，有无不染，常寂常新。于生命大化之流中，不再陷入生死和痛苦的轮回！

依稀中，似有一对仙人卧于湖畔，但我们并没有寻觅到抚仙湖的仙踪，倒是我们自身仿佛成了仙人。戈师说："仙湖畅泳，无觅仙踪；一念无生，心印长空！"

三、与天地精神相往来

衣服还是带得单薄了，云南这个季节，天气多雨，似乎刮一阵风，就会下雨；雨说来就来，说走就走。这真是天然空调，格外凉爽！我有点不适应，头晕晕的，有些感冒的先兆。去佛城（即弥勒市）的路上，我一路观自在，开启生命自我疗愈能力，感冒症状竟不知不觉地消失了。

游弥勒是欢愉的。天空蔚蓝，风景似乎都亮了几分。一路上，观虚斋弟子 Z 师兄一家和道友 C 师兄一家诚挚而温暖地相伴，那葡萄的甘甜，那美酒的芬芳，那"勿忘我"的花海，那"阿细跳月"的演出，那迂回的山道上阿族老婆婆用一片树叶的演奏及歌唱，那古朴清幽的阿族村寨，那高山上的温泉，及我们在泉上忘我的太极舞，那骑车夜游的浪漫……一切的体验，都是那么地有趣和快乐！

在可邑小镇的凉亭中，戈师以一首昆曲和阿族老婆婆的歌声相和，更显典雅优美。苗寨午饭之后，我体味到戈师的午后小憩原来是回归无边大乐而刹那间焕然一新，只见戈师闭目养神只几分钟，便一扫疲惫之态而精神焕发！

敦厚简默的 Z 师兄其间常问道于师，师则即兴开示。我与 C 师兄神交已久，我争分夺秒地向她学习太极拳，找到了太极拳的登撑劲和松沉劲；同时也与她谈我的修行心得，真是互相学习！

晚上，Z 师兄抽空安排本地道友与师见面座谈。宁静的餐厅中，一间茶室，七八个人围几夜话，从打坐静不下来开始谈起——

道友 A："戈老师，我这个人妄想特别多，我觉得挺难克服的，哪怕是座上持咒，它还是这样。"

戈师从容警醒，娓娓道来：

"一般的人都以为自己静不下来，其实这种情形是正常的，这个时候见地要清楚。一般的人一上座或一站桩，肯定是觉得念头更多了，自己要清楚这也可能是进步的一个标志。为什么呢？其实你平常念头也很多，只不过你乱惯了，习以为常了。当你一静坐下来的时候，你第一次觉察到自己念头这么多！这就是进步，你发现自己念头很多！

"一开始并不是说要把念头定下来，想要把念头定下来，这个方式就不对。就是我们在见地上不能追求马上定下来的效果。静下来是一个自然而然的事情，不是我们一开始要追求的目标。一开始念头来了，你知道它来了，你可以欢迎它来，也欢迎它走。你会发现每个念头都是留不住的，你想留也留不住，它这个念头是当生即灭的。你现在就可以观你的念头，它就像空中写字一样，写完就没了。所以你找你的心，念头在哪里？你观照它！这个时候，你不需要静下来，你只要去观照它，它慢慢地自己就沉淀下来了。

"（戈师指向茶杯）把一碗水放在这，它自己就会沉淀。所以你只要在那静静地坐着，保持一个有意识的状态。就是我知道我在静坐，开始练功了。那么念头来了，念头走了，看着它，好像客人一样来来去去，只要主人在家就行。这样慢慢地自然就定下来了。"

道友 A 笑说："有的时候，我都自己问自己，'你静不下来，还坐在这里干嘛？起来吧！起来好好地去想吧！'"

戈师："像这样的情况，你可以参话头。参'静不下来的到底是谁？'或'是谁在躁动？'这样追问，不是自己跟自己着急。你就反观，躁动的到底是谁？那个人在哪里？因为最后我们修行应该回到本觉，本觉是超越大脑之外的，念头是在大脑这个层面的波动，它的波动是一个表层的现象，要找后面能够发生这一切的主人。这样，你回到觉知的中心点的时候，自然就静下来了，不需要费劲。最好的方法就是不费力的方法，太费力的方法本身就是自己跟自己做斗争。"

道友 B："请戈老师开示一下《道德经》里讲的'玄牝'之义。"

戈师："很多学者对玄牝的解释不一样，内丹学上有一个'玄关一窍'，也跟这个'玄牝'有关。可以分好多层次来讲。

"最表层的就是我们的呼吸。绵绵若存，你的呼吸源源不断，这个鼻子的呼吸就是一个玄牝。就是说，从这里开始呼吸，回到绵绵若存的婴儿状态下的呼吸、进一步回到胎息状态。从呼吸上来讲，这个呼吸本身就是沟通我们身心的一个桥梁。我们外层是肉体，里面是精神，精神和肉体之间通过什么沟通？通过'气'沟通。呼吸之气和身体的内气，都属于气，那么这个呼吸之气是调动内在能量之炁的一个门户，即呼吸也是一个门户，是沟通我们身心的门户，也是先天、后天之间的一个门户。这就是一个玄牝。

"如果再讲深一点儿的、高一点儿的，就是它不光是形体和气的问题，也是神的问题了。神在先天和后天之间有一个状态，这个状态就是说，你打开以后，它先天、后天就能够混为一体，相互融化。先天、后天之间的融化也是人和宇宙之间的沟通，就是你进入大自然的与道的连接。这种意义上的玄牝，就是你进入某种状态以后，好像打开了一个机关，可以跟这个天地的精神相往来，是可以沟通天地的门户。"

道友 B："那要进入什么样的状况，来进行和这个天地的沟通？"

戈师："初步来讲，就是一念不生，回到那个精神的虚无、空灵的状态时，它那个门就打开了。当然，实际上门本身就是开的，只是你后天的种种妄想、杂念把它封闭住了，所以要把它空掉！"

道友 B："那不是一天两天的功夫啊！"

戈师："对，随时要做功夫才行。"

Z 师兄："戈师，我想问一下，您早期站桩的'精不外泄，神不外驰，身心一体，天人合一'这个口诀，是怎么一个诱导语，还是怎么一个状态？"

戈师："这是我在大学站桩的时候，自己总结的一个'十六字心法'，当时非常管用。后来研究内丹学的时候，我发现这个跟内丹学的原理是非常吻合的。这十六个字里面既是一种见地，也是一种诱导，同时也是一种功夫、一种境界，它这些都有。到一定的时候，你就会进入那种状态，也会有感觉。一开始还是要记得这个口诀，到一定的时候这个口诀也可以扔掉！身心合一了，就把前面的忘掉了。最后天人合一了，把身心合一也忘掉了。然后就定在那个地方，这是由浅入深的一个过程。

"'精不外泄'，'精'代表的是能量，就是我们平常生命能量都是向下流。'神不外驰'，我们的神向外追，向外奔驰，就是你关注外在的任何事情，任何的起心动念，你的精神都向外发散了。分别这个，分别那个；关注这个，操心那个。所有这一切烦恼、一切妄想都是神向外驰了。那么把精神收回来，不外驰；把能量不向下发泄而向上升华，这样神与炁两者合一。

"一开始这是一个想象，是一个诱导，但是万法唯心，最后也是真实的体验。就是身心你这样一诱导的时候，它确实是在收回来，身心走向统一。

"精不外泄，神不外驰，这两个它一诱导以后，身心要相交，就是生命里面的阴阳两个方面——神和气两个方面，它在身体的中间或称为丹田的地方会聚，不管叫什么名字，就是会归于你生命的中心点。这两者结合以后，就是内丹学讲的'水火相交'。

"这种修炼有一个好处，就是能使心安定下来。心为什么定不下来？我前面讲的是如何从心法上去了解，怎么样把心安定下来。那么现在讲的这个身心结合的方法，是另外一种方便。平常我们的心是向外的，就像火一样向上走的，能量则像水一样往下流，这两个是分开的——一个箭头往上，一个箭头往下——那么当你精不外泄，神不外驰，神在下面，就是火在下，而水在上，水火一相交，你这个精神就自然而然地安定下来。

"到一定的时候，你这个念头自然就定下来了，这属于道家的方法，前面我给你们讲的是佛家的概念，就是怎么观照它。现在道家的方法就是怎么把念头用气给伏住了。你心为什么乱？就是因为气乱。气为什么乱呢？是因为心乱。神和气之间是相关联的，身心一交媾，一合一，就定下来了。"

道友 C："那这样说来，用中医的话说，就是心肾不相交？"

戈师点头："有时候失眠就是因为这个，身心不相交！它的神经就衰弱，不是你在胡思乱想，它是自动地胡思乱想。"

道友 C："站桩相对来讲比打坐更有它的方便性吗？"

戈师："站桩，其实它的姿势很简单，关键是用站桩的姿势入静。你在静的过程当中，生命的潜能得到最佳的发挥！你身体之间阴阳平衡了，身心平衡了，里面的气血充沛了，精气神充沛了，全身通畅了，它的养生效果是非常大的！很多病，其实你一站桩，都能站好，这个方法治病可以说是一个绝招。站桩一个是姿势，一个是心法。从养生来讲，站桩的效果非常大，时间可以从半小时开始起步，然后站四十五分钟……以修心为主的站桩就是自然桩，如果你要练力量，就像大成拳一样，它有很多的姿势，练武功马步桩最好。

"从武术的角度来说，站桩也是最重要的。整个大成拳的功夫，90% 都是站桩，通过站桩练出内劲以后，第二步才是试你的力，把这个力怎么运用，最后才是实战搭手。主要是内力练成了以后，他能化解别人的力量，而自己则可以随时发力。因为他内力不需要动作，全方位的，靠在你的手上一搭，随时化解你了，然后他就把你甩出去了。

"站桩从武术和养生的角度来讲都是非常好的，而且从修道的角度来讲，站桩也是修道最好的一个方便法门。因为盘腿有人盘不上，但是站桩是每个人都可以站的。"

道友 B："戈老师，我有时候站桩，身体会自然地晃动。"

戈师："你这个是一个神经性的自动的反应，跟你的身体状态有关，这个跟静极而动的动，还不是一回事。静极了，它里面就有动。你越静，它里面的动就越大，这是气机在动，气脉在动，里面的能量在动。就是你真正静下来以后，实际上是大动，生命它其实是没有真正的静的。我们讲的是外形的静和心灵的那种安静，那么动是讲的它的那个内气的、气血的运动，它是很激烈的。"

道友 B："这样的，戈老师，我以前经常意守下丹田，经常有意无意地意守。到一定的点，身子就会动。然后会阴穴就会跳一下，然后大吼三四声。后来随着气的散开，慢慢也就不当一回事了。"

戈师："你这个动带有你个人的色彩，不是每个人都这样，那可能是你身体的原因，在自我调整！不是好事，也不是坏事，你只要顺其自然就行了。"

道友 B 笑："有时候，身体动几下，身体的疲劳感就消失了。"

戈师："对。身体有它自己的智慧，它会自动调节自己。有一些不自觉的、自发的动作啊，都是正常的，但是关键是你的心要能做主，不被它带走，不产生更多的判断、分别心。

"不要觉得很好，觉得自己了不起；也不要觉得很可怕，我要压抑它。不要有这种分别心！完全地顺其自然就可以了。"

Z 师兄："我在站桩过程中，有的时候会自发地动。突然身体内自发地动了一下，站的时间越长，越容易这样。"

戈师："有很多自发功，就是这么来的。那是真正地自发的，然后形成一种动作，这个动作对你的身体来说，是最有帮助的。像那些'五禽戏'等，有的是模仿动物的动作，有的就是练功练到一定的时候，自动地发起的。所以有自发功呢，也不是坏事，但是也不要执着于它。因为你执着，你会诱导它，你认为那是好事，这就不是真正的自发功了。总的来说，完全自然就可以了。"

Z 师兄："道经里面有一句话'息有一毫之未定，命非已有'，这句话怎么理解？气定住了，你才可以知道真正的生命？"

戈师："从道家功夫的高极境界来说，性功的标准，就是这个念头你能够完全做主。如果一个念头不是你能够做主的，是妄想，是不自觉地发出来的，你这个性功就没有完全到家，你不能完全做主。而命功的极致，就是你这个生命要能完全自控的话，呼吸是完全能够停下来的，能够进入先天的呼吸、胎息，没有凡息，这样你后天的生命才能得到真正地转化。"

师笑："目标比较高！修炼有很多不同层次的目标。从最高级的目标来说，它是身心完全能够自主自控的，完全自觉，完全解脱。从初步来讲，这颗心能够安定下来，把自己的烦恼、妄想、杂念这部分能够解决掉，这颗心能够做到清明自在，自觉自主，这样初步的目标就达到了。

"目标太高了，不太现实，然后你又达不到，何苦呢！不必想那些太遥远的事情，就是从身边的事情做起。"

道友 B："Z 师兄也是修大道的，总之要逍遥出尘。"

众笑。

戈师："志向要高！愿力要大！但是做事要从基础开始做起。

就是发的愿要大，你发的愿越大，你可能有的成就也越大。如果一开始的目标就很小的话，那你不可能有大的成就。"

…………

戈师的答疑解惑，精透而幽默，俨兮敦兮，涣兮旷兮，动静一如，展现出一个大智者的风采！

佛城，与佛有缘，戈师在旅行中也随时在利益众生，我深深体味到培德不孤，道岂远哉！

四、不似人间境

从弥勒经昆明到大理，坐了一天的车，这亦是旅游的一部分。由于Z师兄送行的车临时有事，我们在昆明决定包车前往大理。包车司机在收了我们一半的费用后，将我们"转卖"给了一个真正去大理的4S店送车的员工，他们形成了一种业务链条，司机寻觅到客户后再转给顺风车带去大理，他从中赚取一笔不菲的中介费。送车司机到大理后，又将我们转托给出租车，才将我们送达指定地点。我们第一次见识了这样的做生意的方法，也算有趣。

人心惟危，道心惟微；心能转境，随缘自在！抱朴守真，安之若素；正念常存，一切无碍！活在当下的庆祝之中，我不禁在车上唱起了歌……以纯朴之心去面对不同的人和事，则美好相随，与人方便，自己方便。

在大理，我们入住了山水晏居，这是戈师在北京开会时认识的一位朋友的养生会所。背靠苍山，面朝洱海，景色怡人，空气养心。我们住在三楼，位置极佳，视野开阔。戈师特别喜欢这里的露天大阳台，有四面大玻璃的落地窗，在阳台站桩，有身居室外接通广阔宇宙之感，而风又吹不着。戈师说，将来我们书院的道场可以借鉴这种阳台的设计。

在这里，我遇到了太极拳卢志友老师，并聆听了一场戈师与资深的密宗行者张世宗老师（我私下里管张老师叫"老密"）两大高人棋逢对手的谈话。

山水晏居常有养生类的学习交流活动，卢师父在此教太极拳已一个月，第二天即将动身去丽江。我们来大理之前已有四天奔波，一则身体有些累了，二则我想借此机会向卢师父讨教太极拳，于是我们决定在大理先休整一天。我向卢师父学习太极拳，云儿和戈师宁静地读读书。

由于时间短，卢师父主要对我纠偏，指导要点如是：

1. 太极拳不能"双重"，讲究对拉力。这是大多数拳友易犯的一个毛病。比如手前推，身子也前倾，这是错的，应是身力向后。

2. 太极拳讲究打六虚，即无处不太极。

3. 姿势与运劲。尾骨微微后翘，微微提肛，后坐调重心，命门向后鼓起（命门位于丹田的正后方）。气沉丹田，气由内发，是一个整劲，胯带腰，腰带肘，沉肩则肘起，肘起则手起，而气贯其中。这也使我想到戈师谈到的大成拳，桩功是关键！无内气生发，何来绵绵之力，只是使笨力而已，为"太极操"耳。身法圆润中正，手不能打直线，要走一个弧度。

4. 对治膝盖痛：脚别直着迈出去，落地时脚尖内扣一点点儿，膝盖也内扣一点儿，膝盖与脚尖始终同一方向，别外撇，就不会伤膝盖。

与卢师父的学习，加上戈师和山水晏居的主人朱晏姐在旁指导，我体味到戈师讲的"空气中游泳"之感，这令我超越了太极拳的动作！我真切感悟到动作是次要的，主要是先天一气如何发动，达至无处不太极。有为法乃是以"系缘"为方便，目的是为了让我们回归本真的自己；当真我被认识，一旦原理贯通，则可依理创造不同的"系缘"！如戈师所说，"大动不如小动，小动不如不动"，这就由有为而无为，觉性如如，不动而动！

我学太极，不为武术而武术，是享受太极拳如游龙般舞动的能量状态与和谐之美，乐在它的"道"中。

接下来的两天，我们悦游大理古城，自驾游洱海和苍山。

于洱海边，戈师写道：

不是从美景中

寻找旅行的意义

而是在内心的明觉中

赋予一切外景以意义

以明觉而观之

无处非美景

所见皆净土

在洱海边的咖啡馆，我们闲坐品茶。大玻璃窗外，洱海如镜，天高云淡。我们三人悠闲临窗休息，情歌缠绵中，一碗自制老酸奶、一杯咖啡和一杯柠檬汁，时间静止了，只有宁静、祥和与温暖……

彩霞为洱海戴上了花环，风景如画。人在画中，画在心中。

在观音亭小坐，我们载歌载舞，戈师清唱昆曲牡丹亭，声音激越，韵味悠长！唯有当下，供养洱海！

我们坐索道直达苍山国家地质公园半山腰的玉带路，戈师已提前查好旅游攻略，所以虽然是游山，我们依然很闲适，登得大汗淋漓并不是我们的目的，我们只需要苍山的滋养。

我们悠闲地在半山腰漫步，打太极拳，一任山林的清新空气与幽静滋养身心。

戈师在山上行走时，随兴而吟：

苍山系玉带，
观虚漫行禅。
不似人间境，
疑是云中仙。

我也高兴地陪赋一首：

苍山望人间，
飘渺云海边。
朦胧若仙境，

谁知吾心闲！

由于计划明日九点去沙溪古镇，我们早早地下山，回到宾馆，静读诗书，养精蓄锐。

晚上又到了两位道友，一位是终南书院院长朱文革先生，他和戈师同是丹道养生文化研究会的副会长，与朱晏姐一同相识于研究会成立的大会上；一位是朱先生的朋友，来自台湾的大修行人"老密"张世宗先生。张先生是密宗资深修炼者，从十六岁开始修道，与陈健民上师曾交善。

晚餐时分，戈师与我引荐这两位老师。戈师让我随他一起称朱先生为"朱兄"，两位老师看起来文质彬彬，尤其张先生，我看他的第一眼就觉得他欢喜自在，大有如如不动之感，我的第一反应是，这是位"行家里手"。果不其然，后面的谈话中，得知他已有三十年夜里坐禅不倒单的功夫，且见地很透彻。

饭后我们一起散步，并喝茶对谈，直至深夜。话题涉及灵性市场的形势、密宗大圆满、禅宗、超越宗派见等诸多领域，尤其是后面戈师与张先生所谈的一些高深的话题，我听得似懂非懂，所以也不能完全记录，仅择其重点，录之于后。

五、高手相逢，谈玄论道

朱先生："戈老师怎么看灵性市场的大趋势？"

戈师："我觉得所有的需要里面，物质需要是大的基础。当你吃饭都吃不饱的时候，你就没有时间，没有精力，或者没有能力去享受更高的事情。如果经济发展到一定程度以后，你会有更高的精神追求，你的生命自然会向这个方向靠拢。这就要有一个出口，找什么？怎么找一个精神寄托的东西？你再有钱，或者再大的房子，永远解决不了你精神的需要！气功热、禅修热、瑜伽热、太极热……这都是人们追求更好的身心健康、更高的精神状态的表现。其实精神也可以把它看作一个需求，那么也要给它提供产品。和物质产品一样，它也有受众，也有假冒伪劣现象……什么都有，这个可以看作一个大的市场。

我笑着插话："灵性市场！"

戈师："这个市场将来也可以跟物质市场并驾齐驱，市场非常大。当然，一开始的时候，就有传播什么产品的问题。因为市场很大，什么人都可以出来忽悠。很多半桶水的人都可以忽悠别人，自己也没搞明白；还有一些根本就是骗子，这些人就把市场给搞乱了。所以从市场的观点来看，也很有意思，它也有一个慢慢走向规范的过程，最后要有一个公平、公正的市场秩序来考验，灵性市场也要能建立一个淘汰制度。

朱先生："正本清源是很重要的。灵性市场，从市场这个角度来看，很新颖。但是它和物质市场不一样，物质市场有一个欲望碰撞的结合规律，大家共同追寻的规律；灵性不同，灵性要碰撞，有的角度就很糟糕，首先人们要知道正的东西是什么！"

戈师："是，它跟物质现象肯定不是同一个层次的，有不同的维度。灵性市场有很多特殊的地方，但是也可以大致地从市场的角度来考虑它的大的趋势变化。最终还是在市场上能够站得住的，能够吸引大家的产品，才会有影响力。这个不一定是最正的，但是它是一个基础的东西。你说我再好的东西，就是没人欣赏，没人喜欢，不能适应大众的需要，这个影响就扩大不开来。但最终还是一个人才的问题，你没有真正的觉醒的人的话，市场又这么大，鱼龙混杂的东西必然会很多。对于我们自己来说，我们只能尽力去做最好的东西，我们去起一个引导的作用。至于如何管理这个市场，这个不是我们现在能做的事情。"

朱先生："它的管理是个大问题，也是一个大系统，也许需要一些教训出现，大家才能真正正视，然后形成健康的市场机制。其实关于好的产品，它一定是有规则的，大家没有规则，就没有辨识力。这个辨识力，怎么给到大家？大家最好能分清邪正吧！因为这种心灵上的伤害，危害更大。"

戈师："所以我们'宗教智慧与大道养生'这门课，一个主要的重点就是建立一个很系统的正见，把这个修道是怎么回事，为什么要修，修到哪里去，根本的东西是什么，这些方向规范清楚了，有一个地图，然后你每个人就会有一种慧眼，能判断了！这个东西他一吹，你就知道他是怎么回事，不容易上当了。你把见地建立起来以后，就自己能够有择法的眼光，就是大方向要对。"

朱先生："现在有太多的人缺少择法的眼光！很聪明的人也没有择法的眼光，在别的领域能看清楚，他在别的领域有一定的成就，但在文化、精神领域，如果没有熏陶或者说根基，他就不清楚这方面。"

戈师："一般的人他首先是在业力系统范围之内，他判断问题、想事情就是用原来旧有的那一套规则、那一套系统，来看事情。比如说，他会问修行对我有什么好处？以一种欲望的眼光来看，怎么样更大地满足我的欲望，更大地增进我的享受？你是这么想的，那些邪教、歪道它就利用你这种想法。你贪，我就给你贪。你想贪什么，我就给你什么，承诺你什么。就是卖一个虚幻的东西给你，让你觉得很舒服，其实最后你还是在原有的旧的轨道上走。

"现在的问题是，我们真正要改换轨道！修道首先是要跟原来的贪瞋痴慢疑的方向相反，要走向戒定慧，要走向一个超越我执的方向。把这个全局要给他讲清楚，就是你要追求什么东西，世间法和出世间法的区别在哪里？大原则是不一样的。"

我插话："所以这系统的正见很重要！跟随戈师修道的这几年，我看到一些人都是盲目信仰、盲修瞎练。"

朱先生："正见也不是凭空得来的，它是一步步阶梯性地得到的。"

戈师："从持有正见去修，修完以后更好地、或者更高维度地理解原来的见。同样是一个'见'，在不同阶段你的理解程度也会不同。但是至少一开始，你可以对'见'在概念层面上做一个理解。比如说空性见、无我见，这些基本见地树立起来之后，大方向上就不会出太大问题。但是什么是空性？什么是无我？这些又跟你的证量有关。一开始这些对你来说就只是一个概念，但要将这些概念落实为一种真正的体验与领悟，就必须通过修来实现，所以我们一直在强调理论和实践的合一。纯理论是空洞的，纯实践是盲目的，理论加实践，两者一体，混在一块儿，你的见地才会是有力量的，你的实践才会是有方向的。

"见地上，我们现代人既要有次第，但是又不能是死的次第。

精神上的东西，它是一个'圆'的，就是次第当中它有无次第的地方，无次第当中有次第的地方，所以在整体见地之上，我们可以启动多元的方法。比如，整场二十个人，可能有五个人适合这个方法，有五个人适合那个方法，有五个人可以直接进入，另外五个人必须一步一步走。这个时候，你可以像太极一样，混然圆通，不是那么死的、绝对的。"

朱先生："对。一个大学教授面对好多学生，他知道你是幼儿园水平，就教幼儿园的内容；知道你已经到高中了，我再在高中基础上往大学里带，是吧？你读研究生，我照样可以指导你。"

戈师："面对个体的时候，你要因材施教。但是作为一个课程体系，我们现在还不知道学员的情况，就要做多元的预设！假设这些人可能各种各样的情况都有，让我这个课程能最大限度地满足所有的人。所以我这个课可以说是最基础的，反过来也可以说是最高深的。它是一个圆融的东西，这样就不会委屈那些有见地的或者有一定水平的人，他也会觉得很相契。但是没有什么根器的人，他也不会说，我听得一头雾水，啥也不懂，不存在这种情况。"

张世宗老师与陈健民上师缘分很深，曾请陈上师到台湾传法。戈师对陈师也很有兴趣，所以话题一下就打开了。

戈师："陈上师最后的见地是立足于密宗，所以他对道教的'判教'，不能够完全符合道教的要求。判教总是有一个问题，你总是要有一个基点。你站在佛教的立场，就有某种先入为主的预设；你若完全没有立场了，可能就用不着判教了！

"他的《中黄督脊辨》是一部很重要的文献。你可以不站在宗教立场去看这篇文章，仅从他文中所表述出来的见地，至少说明很大的问题，有重要的启示。至少可以让道教反省，你是不是在偏离了空性见的基础上去修？当然道教也可以有自己的答辩。其实它也可以说，道教不是在这个层次，那是另外一个意义上讲的。但至少它是能令人警醒的东西。"

朱先生："藏传密宗，就是关于中脉的位置，也有很多人搞不清的。"

张先生："一些人分辨不出佛教的密宗跟印度教的密宗的不同，所以很多菩萨学习、修密宗，对密咒的见地也不懂。"

戈师笑："对，最后还是一个'见'的问题。你'见'到了，其实你修哪个法都没问题了，修哪个法都可以打通。但是你即使修密宗，'见'没到，你也可以修成外道的东西，这都有可能。"

张先生："一般人还是以大乘的见地去修。比如说，修初灌，是用唯识宗的诸法唯心；那修二灌用中观的见地，修四灌用大手印的见地，禅宗可以透。第三灌最难透，叫做密咒见，莲师的密咒道也特别强调过这个。这几年我观察，台湾修密法和大陆修密法的人，这一点上要注意，好多人对密咒见都不透，所以我推荐一些人看莲师的《密咒道密咒广论》，是莲师亲自注解的。"

张老师还特别提到了莲师的《智慧光道次第论》一书，其中对整个密咒道讲得很详细。

朱先生："他这个系统，我自己个人体会，学禅，大印，大圆满，一般会偏于密宗里面的显教大圆满。密咒道这些见跟气脉、明点、报身修证有关系，但是一般比较偏重于法身这一层面，从我们的根性，比如说显教，还有它的教授，比较偏重于这个角度。但密咒道很殊胜的是，它的体性有特殊的方便。"

戈师："它跟内丹的性命双修比较相通，相类似，但是不是说它们一样！"

张先生："密宗的四步灌顶，第一步灌顶以唯识见，中观见可以，第二灌修中观见，修本尊的生起次第、圆满次第，修中脉的时候都需要中观。密咒见是最难透的，五毒不是要舍弃的，五智也不是要去升起的，它里面的道理'就是一个'，它是要真正地体悟到、见到了密咒见，那五毒就是道，五毒就是成道与得道的最重要的一个因缘。比如说，人瞋的时候，他的瞋所凝结的力量，它不是往外跑，是往内收，修格鲁巴的大威德……密法是即生^①成佛，禅宗也是即生成佛，但是禅宗它是偏重于法身，真正成佛是法身跟报身双融……乐空不二、明空不二及显空不二，这个一般学佛人很难透。"

戈师："关于显密的关系，我也有一个'见'。我认为从见的本质上来讲，显教和密教也是一样的，在天台宗的圆教的见地当中，已经包含了密宗所有的见地。那显密的区别在哪里呢？显教和密教的区别，一个是从证量上来讲，是果位上的证量；一个是因乘的理趣，这个是它们的区别。但是本质上见地没有两个见，比如说乐空不二、明空不二，其实在缘起性空这个见地当中，都可以推出来。那密宗它的特殊方便在于果位上如何证到这个见？从现量上起现，从果位上来入手。禅宗也是果位上入手，但它偏

---

① 作者注：这里讲的是"即生"，禅密所共；而"即生"中密字又强调"即身"，禅则只有"即生"，没有"即身"。

重于法身见，把报身、色身放在次要的地位，没有太管它，就顺其自然了；而密宗里面它是有一套实证实修报身的方法。这是显密的差别。"

张先生："你说的果位见还是指本来的'本觉'，它跟果位上的经过明空、乐空实证的密宗的果位见还是有区别，这是显教讲得再透，也没有办法实证的地方。"

戈师："对。从理论上来说，包括天台宗的圆教、《维摩诘经》等经典，在这个理论上已经透完了。不是说密宗里面还有更高的理论认识，区别就是一个是因乘理趣，一个是果位证量，它们的传授方法不一样，然后它的效果就不一样。因为宇宙间的真理就是一个，不会说显教它发现半个真理，密宗它发现了另外半个真理。这个真理就是一个，差别就是证量上的差别。包括入、出、用、了四层证境，本体上都是一个东西，但证量上有浅深之别，那个智慧的实相本身没有区别。同一实相，但是你的体证是有区别的。空本身没有差别，但对空的体证是有差别的。空本身没有两个空。"

张先生："你是用什么心去证悟空性，或者你用什么身去证悟空性，这是不同的。用更细的身去证悟空性，或者从本觉中去证悟空性，这都有区别。空性是'所证'，'能证'的那个心用的不同，所以它在因位是见地，在道位上、果位上因为他月的心不同，能证的心量不同，所以他的证量就不同。空性是一味的空。"

戈师："也可以说，你对空性的体证本身它还是有熟悉、不熟悉等浅深之差别。就是同样的空性，刹那之间的体证与连续的体证是不一样的，而体证的本身又是无时间性的。就是在能证上有一个微细的差别，但是那个所证的空性是一样的。入、出、用、了，你到了哪一层，这是你的功夫程度的差别。"

张先生："能证的心的量不同，所以他的般若智有别。甚至声闻、缘觉、菩萨跟佛，同样是证得空性，所证空性无异，那能证的心不同，那时量（时间量）也不同。"

看来，戈师关于显密的这个'见'，与张老师没有本质的不同，他们用不同的语言，都讲到所证的空性是一个，但能证的境界有区别。戈师接下来又换了一个话题。

戈师："我刚才讲了一个'见'，别外一个'见'就是，我认为所有的'宗派见'都是有问题的。没有任何宗派是绝对要去执着的。宗派见的最后一定要把它本身的执着化掉，因为所有的东西到真理的大海里面，是没有宗派之分的。没有说'大圆满'是最高的，或者那个什么什么宗派是最高的，其实所有的宗派都是一个入道的门。如果最后一个证道的人，还在某一个宗派见当中，那就是不彻底的。最起码你的空性见就不圆满，非要是禅宗最好，非要是什么宗派才最好，这个是说不通的。"

张先生："你讲得非常好，真是融会贯通。《七宝藏》所有见中，最后的见不是空性见，是超越所有的见的，那是最究竟的。既然达究竟，一切法都平等，那种见是无见之见。"

戈师："而且这个无宗派见最后要扩展开来，不是说光佛教里面无宗派见，就佛教本身的见，跟道教、跟其他所有宗教的见也得破掉。就是说，没有什么独一无二的佛教见，别的宗教就是外道见。其实我认为真正的佛菩萨的化现是无量的，形式也是多样的。你不能说基督教里面就一定没有佛菩萨，也不能说道教里面就没有佛菩萨。一切法都是佛法，因为真理的体证，它有各种形式。而真正的悟道的人，它可以不是佛教徒，为什么一定要是佛教的徒弟！（师笑）它可以是别的什么徒，也可以不是任何徒。既可以在家，也可以出家，也可以以各种形式现相，如观音菩萨，随众生机缘而应化显相。但是现在，因为我接触的佛教徒很多，大多数佛教徒是有一个'佛教见'，他就认为你是不是加入我们这一派了，是不是修佛教的，不是佛教，就是外道。我说外不外道，不是加不加入佛教，还是看你的见！你在佛教里面未具正见，你也是外道。上次我在台湾见慧律法师，跟他交流的时候也谈到这一点，他还是比较认同我的，他说可以了，对了！这才显示出佛教的伟大，它对自身的执着也破除了。"

后来大家讨论到密宗的最高证量，张老师说化成虹光身，也还不是佛果的究竟。密集金刚讲到的"无死金刚身"，才是最高的证量。

戈师："化光，我觉得它是偏于一个技术层面的成就，就是说你只要功夫到一定的时候，你让身体可以发生一种反应，就可以把它化掉，这是一种功夫。但是你最后的见地，或者你最后的智慧到什么程度，这个从化光来看是不一定的。我一直认为，成就虹光身不一定是成佛，他里面的阿赖耶识的种子净化到什么程度，这个是不一定的。从菩萨道来讲，你要把所有的烦恼的种子、阿赖耶识所有的种子都净化之后，真正人无我，法无我之后，这才是佛。而虹光成就就相当于我们有一种技术，有一种方法，我们可以把自己的身体让他自燃而已，变成光。罗汉很多也是化成光飞走的。"

张先生："你的见地很透，也很融通。大圆满的见，一般还是法身见，它还不是报身见，报身是密咒见。但是它达到的真正佛果，究竟佛身的光明是妥噶的光明，它要跟法身的智慧（即我们讲的佛性，佛性是指空性）相结合，究竟的佛性不是声闻缘觉的境界，它们所证的空性虽是一样的，但是妥噶是用那个净光，净光跟空性合为不二，成为佛的本来俱生见。就是还是比较强调法身上的修证，法身上的光明修证，妥噶修成才是报身佛。那妥噶就是需要刚才说的无上瑜伽的密咒见转到无学位，这个地方讨论得比较少，能谈论的对象不多，因为你的见地很深厚，我才跟你谈。关于果位证量，我可能要跟你讨教一下'阳神'，还有'形神俱妙'。"

戈师："其实道教的最高境界，那个'聚则成形，化则成气'，它应该比虹光身更高。它是可以空，可以有，是真空妙有的。其实一般讲的虹身成就，他化了光是不能有的，不能再恢复有形的状态，可以现在你面前还是这样。我现在没了，可以化光没了，这是完全化光、化气了。如果化气之后，还能聚则成形，从理论上讲这是最高的，但是我估计是没有人练成这东西。"

朱先生："聚则成形，散则成气，或许有，只是我们不知道而已。记载上有！"

戈师："记载有，但是我们无法断定其真实性。为什么我认为虹光身不一定成佛呢？因为在藏地，有很多人他也没什么文化，他的师父传他一个法，他就修，修到一定的时候他也化光了。那么这样的情况，我觉得他更多地是一个功夫成就，要说他的智慧达到圆满的佛的境界，我觉得不太可能。所以这里面的最高成就应该是能够自控的，能够自觉地做主的。就是说，我可以变成光，然后还能再变回来，还要配合智慧的圆满，这才是最高的。"

张先生："大圆满要修法身光，他就必须修得阿赖耶识的种子全部转化了，他一定要先辨明阿赖耶识跟本觉智有什么微细差别，能辨别出来。第二种是空性，空性跟阿赖耶，你要能辨别。这两个辨别之后，你才能修妥噶，已经现量的显现，才能修妥噶。但现量是很笼统的，而且只是概念上去了解大圆满，传的老师也没有现量。你看莲师教授，他一直强调到一个明觉，明觉就是我们讲的觉空不二。觉空不二呢，那个上师本身有证量，就让你也得证量。这就是现量，就是当下就这样，那才算是密法的大圆满的灌顶。这个用密法所说，叫作入门。现量，可不是修来的，就老师的证量来说，也不是见地，就是真正的证量的现前。这就是大圆满的灌顶，也是金刚萨埵的入手。到最后是不经过死，是无死的教授。我们刚才讲出阳神，乃神形俱妙的，包括你说的最高层次的那个，证悟了大道的，跟西藏讲的幻身跟净光双运，这两个是相通的。这个对学密的是一个很好的导引。"

戈师："对，明觉现前，也就是明觉的自证，这是最基本的。从教化的角度来说，还是明觉最重要。就是你后面的东西能不能证，那是锦上添花的事，但是明觉是根本。如果你追求后面的东西，而明觉都没有了，那就不是锦上添花，那是对不对的问题了。因为那个最高的证量，基本上从理论上来讲是可以有，但是对绝大多数人包括陈上师都是没有达到的。这个东西我们可以去探讨它，但是一定要扎根在明觉的基础上。佛者，觉也。如果我这个明觉做主，转化所有的习气、思维的种子，哪怕我没有化光，没有怎么样，这已经可以了。禅宗它为什么强调法身之见，强调最高的一着，因为这个是根本。这个抓住了，那后面能成就那个，那当然更好了，没成就也不妨碍他成佛。觉就是佛！但是如果把这个树干的根给砍掉了，什么要化光，要弄个无死金刚身什么的，那最后就变成了一种颠倒了。"

张先生："我有两个朋友抬杠说，佛法要是把佛教导的般若给分开，他也跟所有宗教一样，他没有什么特别高明的地方，般若就是佛的智慧！佛智因为教化不同，那可能有声闻缘觉菩萨，三界教法不同；但是佛自证的智慧，他所开显的法身、报身和化身的教授，那是根本。"

戈师："报、化的教授已经是针对大菩萨来讲。对一般的人来讲，首先是前面的般若层面的教授，要让他'得本'。我们现在不一定讲声闻菩萨、缘觉菩萨，就是众生有不同的根器，但是最重要的，是你要让他回到觉醒的道路上来，从昏昏欲睡的、浑浑噩噩的人生当中，把这个觉性焕发出来。然后你觉性的妙用到什么程度，那是每个人的机缘不一样，造化不一样，但你要把这个根本抓住，这个盘子就稳住了。要不你学佛学了半天，不现实的东西太多了。"

张先生："对。但得本，不愁末。"

我问戈师，"聚则成形，散则成气"这句话可否这么理解：散则成气，就是我们深入大定的时候，忘我了，达至先天一气的状态；聚则成形，出定以后，依然有形之妙用。

戈师："你讲的是因位或者道位上的修行可以这么理解，但我们讲的是果位上的最高成就。它就是色心或心物完全不二，身心完全不二，整个世界完全是一个打通的，所以它可以现形现相，也可以把这个归空，空有完全不二。这是讲的证量，最高的证量。"

我："即有即无呀！"

戈师："因为本质上都是一个东西，也是可以化的，也可以回来，这在理论上是可以说得通的，但是这个确实是，能不能证到，是值得追问的！"

张先生："本觉见到了，然后安住。其他后面呢，至于化光啊，或者其他的果位的证量，也都蕴含中其中，这个本身就是佛果。它的果位见就是，我的本觉智慧现前。众生当下明觉的本质就是佛果，它不是说修来的。真具那种智慧的人不多，大都在理论上空谈。它就是平常心。平常心有凡夫的平常心，菩萨道位修证的现量，就是众生当下所生的心与佛无别的平常心，这个不是道理的，是现量现出来。这个是根本。"

戈师："其他的可以看作是它的一个圆满的实现，或者圆满打开，圆满呈现，但是这个'基'一定要建立清楚。从指示来说，禅宗有很多方法，很多手段，有的是直截了当给你指示，有的是用各种敲打，它的方法很多。"

张世宗老师又谈到大圆满与禅宗。

戈师："禅宗在后面，也大有事在！开悟之后，他的报、化的修，是隐密的，可能从那些语录里不一定能看出来，但是他在后面也是有修的。很多禅宗大师他也有神通，他的色身也是在转化的。其实你'本'得了以后，确实把它圆满了以后，它就包含了所有的东西。"

张先生："你能了解了大圆满跟禅，不得了，眼光是卓著的！"

戈师："禅宗是我们中土的，中国佛法里面的一颗明珠啊！我一直很感兴趣，也一直在参。开始对它的信心差一点儿，好像太高了，太玄了，基础不够踏实。但是读了大圆满之后，我就知道禅宗的妙处在哪里！它们是一个从这边说，一个从那边说，它们俩是珠联璧合！"

后面还有许多谈话，但有些我听不清，无法实录；有些涉及一些秘密，不宜公开。听高人论道，我不胜欢喜。两位导师谈得非常深入，真是因缘殊胜！我亦感叹，什么是真正有学问的人？不是光能谈理论，一定要有实修实证。真正有学问的人，就是能够解决自己的问题的人，是解脱的自在人。

六、心安何处不风光

大理之后，我们开始了真正独立的旅行，安静地享受着旅途中闲适的时光。

第一站是沙溪古镇。从大理驾车到沙溪古镇，行程两个多小时。

中午时分，我们到达沙溪古镇。一下车，我的心即有种安定之感！古镇古朴清幽，我和戈师说，将来有机会，可计划在此长住一段时间，修身养性。戈师和云儿亦有同感，来到这里，有一种久违了的故乡般的亲切感。

在古镇逛了一圈之后，我们在一家老树旁边的咖啡厅里静坐，

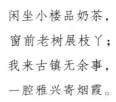

喝奶茶。戈师说："还得找时间静坐，忙忙碌碌地旅行，也不行；出来玩，还是玩个心境。想从什么东西中得到快乐，你得内心里先有快乐，再去看它才有感觉。"于是，我们一同静心了很久。

师喝着奶茶，凝视窗外的古树，即兴抒怀：

闲坐小楼品奶茶，

窗前老树展枝丫；

我来古镇无余事，

一腔雅兴寄烟霞。

我们住的一树客栈，古老的四合院式的建筑，清幽宁静，室外陈设格调雅致，院内天井的光线若明若暗，气场非常好。热情的老板娘，向我学太极，我尽心教授；临别时依依惜别，并以玫瑰蜜相赠。

第二站是丽江，也是这次云南行程的最后一站。

我们初到即逢绵绵细雨，于是在客栈二楼的回廊自己摆得桌椅，清风送爽，品茶静读。

戈师又来了诗兴，随口吟道：

雨中客居在丽江，

暂把他乡做故乡。

一书一椅一杯茶，

心安何处不风光。

好一个"心安何处不风光"！这不正是我们整个行程的写照吗？无论风雨交加还是阳光明媚，那心安的人，总是享受着美妙的当下风光。

我也凑个热闹，聊记心怀：

> 时雨时晴丽江天，
> 客舍静读心安闲。
> 手捧经卷渐入味，
> 重逢孔释在面前。

爱上一个人自身的完整，清醒、富足和全然地有意识；我同时也爱上真理，与圣贤为伍！每天都回归这种完整的状态，非常幸福！夫幸福快乐，在我而已，岂以外物而至哉！

黄昏，天终于晴了，我们一行人去游古城。丽江古城算是比较大的古城了，老街旧屋，店铺林立，游人如织。

戈师有感而记：

> 丽江古城不夜天，
> 商铺林立非从前。
> 不见宋元旧时景，
> 犹有思绪故址边。

刚下过雨，有丝丝寒意。我并不想买什么，进道愈深，欲望日淡，且网购方便，不必远求。于是精神内守，闹市练心。

我也有所感触：

> 漫游古城天真仙，
> 店铺林立心无贪。
> 感受风俗穿旧巷，
> 怡然自乐培真元。

第二日上午，我们依然闲适地在客栈静读。

天蓝水碧空气润，日出站桩打太极。聆听天籁无行者，摇椅悟真光阴舒。同住匆匆皆离去，赶往景点开心怀；我与戈师从容行，心安何处不自如。山里静养日日休，悠雅旅行醉光阴。

午后，我们去宋城旅游区观赏了"丽江千古情"。千古情的演出，充分利用声光电技术，惊、险、奇、特、艳，把丽江的历史文化以带点风花雪月、老百姓喜闻乐见的形式，演示给你，如甘甜的泉水，滋养你的身心。我所欣赏的是它对市场、文化的敬畏，戈师所讲的生命的"四层结构"，我在这一个小时的演出中能全方位感受到。身体有优美的舞蹈，情感表现为悲情的恋歌，思想部分融入当地历史文化，而道义贯穿整部剧中。这是黄巧玲的作品的生命力所在！纵千人千心，总有一点能满足你的需要。

师言，看完宋城千古情，再看丽江千古情，已经不再有震撼力了。师已超越，不再为外物所牵；但对我来说，看一次，有一次的沉思与启迪，这也是作品的魅力。

心晴无阴天，爱在不觉寒。并肩晨昏里，畅游丽江闲。

丽江之后，我们结束了云南之旅，返回温馨的观虚斋。游遍名山大川，安心地却依然在你的心里！

　　我们的智慧和无明共同创造了我们的命运，你想拥有哪种命运，这取决于你自己。

　　即将结束的时刻，戈师在朋友圈留下了他的感悟：

最美的风景

始终在你的心中

当繁华渐逝

归途将近

是谁

回眸那永恒的一瞬

超迈千古

　　我以一首打油诗总结此次旅行：

觉性常在喜洋洋，

此心不动安故乡。

正观如是等闲看，

自己做主韵味长。

你的觉性就像天空一样

六月的北京，阳光明媚，暖风吹拂，落英缤纷。大自然欢舞着，鸣唱着，一派生机！静室中，有禅悦的清凉，那"般若的花朵"，超言而绝象，于一树一花、一茶一语中显露真容。道在何处？道在作止语默间。

2016 年 6 月 4 日，C 师兄的来访使我心灵的荒漠沐浴了一场戈师法雨的甘露，听着戈师优雅地开示，我大部分时间都在一边打坐或站桩，听到会心处，刹那间豁然开朗，仿佛尘埃悄然洒落。

C 师兄在求学之余，追随古琴大师巫娜从事音乐教学，人如空灵琴乐，看上去质朴恬静，艺术气息浓厚，他也为我们带来了清新的梵唱。近期，他将有一场个人演奏与传统文化讲解的雅集，特来请戈师指导。

"我很担心会误人子弟"，C 师兄说，"其实我觉得，我们现在的情况，做的这些东西，虽然也收费，基本上还是用出世的心，来做入世的事情"。

戈师在夏日里经常到东郊公园的"天池"游泳和行禅，加上每天早中晚三座的专修，涵泳心源，温养圣胎，看起来越发仙风道骨。

戈师："看清！摆正！方向摆正了，你做的是什么！其他的都是为此服务的。至于收费，当代社会需要这些法则；你不收费，没办法做，往往做不下去。"

C点头："对。甚至你收费太低了，还没人来学。"

戈师淡淡道："不收费，没法生存。收费是要收，问题是我们做这个事情的初衷不是来为了赚钱的，但是又离不开钱。这个关系要摆正了。可以适当地商业化，可以用收费来发展事业，但是不能够把这个事情本身变成一个商业行为。什么道啊，最后都是为商业服务了，那这条路是歪的，最后自己驾驭不住，变成忽悠人去了。就像我们将来做的书院，也是这样。我们永远不会说，哪个事情赚钱，我们就干什么；不是我来迎合他的需要，是我要把他带到什么位置上去！如果我想赚钱，赚钱也是为了弘道！如果方向歪了，我就为赚钱去了，那就麻烦了。"

C谈到他在这个圈子里看到的一些伪善的现象。

我笑说："对于人性的自私自利，唯有'恕'——包容和再教育。你不要想着改变别人，唯有做最好的自己，去影响别人。"

C："我平时压力特别大，又要去学校上课，又要跑很远的路到巫娜老师的工作室去教课。"

戈师："不管多忙，你还要抽出时间来修行。每天基本的站桩、静坐，你得坚持。你说我弹琴时也在练功了，那还是不一样的，要有专门的时间来修。修完了，你的境界提升了，你弹琴的时候，效果也会有差别。如果没到那个层次，你说我什么都是练功了，那是口头禅。什么都是练功，这是我们的方向，在觉性当中做任何事情。但一开始你没有那个水平，还得抽出专门的时

间，找点时间来专门静修，回到你的觉性当中去，熟悉觉性！"

C 幸福洋溢脸上："我之前听您的'一切都好'，收获很大！"

戈师微笑："'一切都是，一切都好'，你本身的理解有不同的层次。低了变成了心理学的暗示，当然也可以调节你的心理状态，但这不是最高的。最高的就是大圆满的境界，你确实回到觉性的海洋里，没有什么问题，当下就安住了。它可以当作你的咒语，平时就可以念。念的时候，就提醒自己进入。法住法位，所有的法都安住在自己的位置上，没有任何问题，不需要去解决什么，当下这颗心就安顿在觉性之中！"

C 自惭道："我这两年忙事情，把修行放下了。"

戈师："不要走极端，一下子想成佛，要长期坚持！一个是忙的时候，不要放弃。人生就是这样，什么时候不忙？只有在忙的时候，你能坚持修炼，这才是你的境界。当你忙的时候坚持修炼，你的忙就变成不忙了。要处理好！一忙就乱了，说明你的修行没有进入状态。进入好的状态，你越忙的时候，心越镇定。处理好事情，不管多忙，你的修行是第一位的！如果说忙了，我没时间打坐了，那说明你见地就不够——你把修行排到第三、第四去了……"

听戈师此言，我开始站桩。C 师兄看到我站桩，起身请戈师给他调整打坐和站桩的姿势……

对于站桩、静坐，我现在重质量，不刻意追求时长。虽然"久坐必有禅"，能长时间静坐站桩固然很好，但亦不必强求，尤其初学静坐、站桩者，有的人更适合少量多次。一上坐，万缘放下，一念不生，身心合一，无为任运。一有空则站或坐。而时间延长，一但无我入虚空了，是一种自然的发生。

戈师和 C 又坐下品茶。

C："我一直在修准提法。"

戈师："可以，所有的法门都只是一个手段，最终要进入一种状态。哪些方法能让你入定，然后能开智慧，能回到觉性，就是最好的方法。"

C："戈师，您觉得我适合修什么方法？"

戈师在询问了他修过的法门，及修行过程中得到的一些好的境界后，应机而说："念头虽然停止了，但是灵觉没有停止，要有一个清醒的'觉'，要把握那个东西。要认识到这个觉性是一直都在的，即使外面乱，觉性也是在的。灵觉，一回来，它就在。所以你修止，最后还是要从止入观。"

C："我感觉我要达到这种状态，还要经过很长时间的专修。有一段时间，我修行很精进，对我的很多的生活细节改变都非常大。但现在忙，我尽量地在生活中保持一个觉察，我自己总结了一个就是：没事多闭眼，回到平静的状态。再就是在平时的生活中，偶尔持持咒。"

戈师："要向心性中走近。心性要明白，要清明，所以我们最终都是要认识到自己的觉性，然后让觉性来做主。平时我们的心向外追的时候，就被外面的'相'给迷住了，你的觉性就被遮蔽了，它还在，但是你不知道，也没有管它。你通过各种修法，最终就是把觉性呈现出来，然后发现这个觉性原来就是你自己，随时让它起用。

"你现在可以修观想。你可以观想，你的思想念头，一切的念头都像天上的云彩一样，飘来飘去。云彩本身没有实体，没有根，念头本身就是空的，观自己的念头就像云彩一样，而你的觉性就像天空一样，天空一直都在，它是无边无际的。但有时你被云彩给遮蔽了，去追云彩，天空没有呈现出来。当你观想这个念头的云彩的时候，它本身就消失了，云彩遮蔽不住了。觉察后面的天空！当你不知道什么是天空的时候，先这样观，一直把这个道理，心性上要明白，要体验出来，就知道你心性的天空是什么。但这个知道，不是你用概念，说觉性是一个什么东西，是你自己明白，心里明白了，找到了自己的天空——无边无际的觉性。当你观熟了以后，只要一观，就能找到。生活当中，有时候被带走了，就到云彩里面去了，不断地从云彩之中去观它——自性的天空。真正观熟了，除了站桩、静坐的时候，用这个方法，平时的生活中随时可以观起来。就是你在一法上把它吃透了，把它融入到生活里面去。"

C："头脑产生一个念头，然后就想象它像云彩一样？"

戈师："分两个部分。一部分就是静坐、站桩的时候观想。看着自己的起心动念的念头，就像云彩一样飘来飘去，你观的时候，发现这个念头没有了，剩下的是什么？就是要找到自己的天空，如果找到了，你就安住在天空当中。等一下念头又起来了，你又观，一直这样观。然后在生活当中，就是你起了烦恼，起了很多杂念时，你这样一观的时候，就马上把它看作是空了，把它当作云彩一样飘来飘去的，就是没有实体，随时随地回到你觉性的天空。最后你能够把一切现象都看成是天空的显现，然后你就慢慢安住在自性的天空当中，外面的人和事都像云彩一样，都是没有实体的，如梦如幻的。破除对这些事情的执着，因为天空就是空性的，空性也就是你的觉性和本心。道理懂了，用心去体会，要体会到。

此刻我有一个短暂的体验，物我两忘，虚空澄净，然后就出定了。拍打按摩后，坐下吃茶。

C欢喜地："我之前观准提法的种子字，还有药师佛都能观起来。"

戈师缓缓地说道："那是一个生起次第，再到圆满次第，再到空性。我刚才讲的东西其实超越这些的，是直接的根本智慧的一个观想，回到自性，最后安住于自性的天空。

"也许你开始什么都不懂，但是你就这样去做，出现念头你就去观它。然后，当你空下来以后，剩下来的就是天空。随时起念，随时起观。念头来了，就观它，最后你的心就会越来越清明。因为我们一般人就是被念头带走，念头就是问题，念头就是头脑，念头就是执着，念头就是分别心……最后都是因为念头。如果你能够观清它是没有实体的，是空性的，你不被它带走了，然后回到无边无际的状态。当你智慧做主以后，工作当中才不会被它限住。

"修行，不要把它看成很严肃的事情，不要把它看成什么负担，好像是一个额外的东西，它就应该像你弹琴一样，是你人生的最大的乐趣，最大的兴趣所在。你有空打打坐，练练功，研究研究，让自己的生命越来越开阔，越来越智慧，越来越有意义，活得也越来越好，修行是一种正向的东西。现在有的修行人好像搞得很沉重，搞得是一个负担了。你不能认为，我天天打坐是一個負擔，那就麻煩了，打坐應該是一種享受！"

C："對，我有點偏向這樣。"

戈師笑："你現在還沒有享受到它的樂趣。就像彈琴一樣，不彈不舒服了。到時候不去站樁，不去打坐，你身心就會不舒服。"

我笑："我現在一天不站樁，不打坐，就不舒服。嘗到'甜頭'了！"

戈師："關鍵是享受到修行的快樂。"

靜默。茶煙裊裊中，C似乎若有所思，我亦心有所啟。

人生乃是一場存在的舞蹈，既然是一場遊戲，則要遵守遊戲的根本規則——唯道是從，遊刃有餘循天理。好比我跳舞，在會基本的舞步，掌握舞蹈的基本技巧下，首先是一個人的自由式舞蹈，是真我的無待逍遙，跳出一個人的活生生的存在之舞！這樣整個舞蹈和諧而美。事業亦是，生活中的應物亦如是。

水壺唱著歡快的音樂，我起身去倒茶。

C："我這兩年更多地在社會中摸爬滾打，也見了不少的人，我開始吃肉，也開始抽煙。"

戈師語氣凝重："煙不能抽。"

C："我開始抽煙。因為我身邊那幫朋友，他們……"

戈師："如果現在還沒上癮的話，盡快把它戒掉。等到完全上癮了，戒都不好戒了。即使戒了，是壓抑自己，也容易復抽。完全上癮了，把它戒了，身體也不舒服。戒了，有一個緩慢的過程。"

C："我是想趁著年輕，體驗一下。"

戈師："有些東西是可以體驗的，有些不行，這個抽煙就跟吸毒差不多，你驾驭不了它！实际上是它驾驭你。我的建议是，你能够驾驭它的时候，你可以去体验它，还要遵循一定的量；但当你被它给驾驭的时候，这就是违背了修行的原则。到时候它控制你了，你自己做不了主了。等你修行的功力到一定的程度，能做主了的时候，你可以尝试它。尝试任何事情永远是清楚的，随时能放下。但是你现在做不到，做不到，最好就别去碰它。但是如果你已经上瘾了，这个事情就比较麻烦了，以后戒都很难戒了。"

C："我一直在两端。小时候，朋友们教我抽烟，我特别清楚地看到，我不想抽，然后我一直都是处于拒绝的状态。所以我拒绝了那么多东西，我跟身边的同龄的人，几乎没有交流。然后我上大学的时候，我才开始……"

戈师："你现在抽几年了？"

C："两年。"

戈师："每天抽多少？"

C："每天半包到一包。"

戈师神情凝重："在你不能戒掉抽烟之前，你一定要在抽烟中练功，看看能不能从这个方式上，把它减少或者戒掉。

"从抽烟的第一个动作开始，保持觉知，在修行上完全做它的主人。最好是别抽烟，但实在没办法的时候，就在抽烟中修行。你抽烟的时候，就想着我在练功，在觉知当中、静心当中抽烟。你的动作，你吸每一口烟的时候，都要清清楚楚地觉知到它，这样通过觉知，哪一天可能对抽烟不感兴趣了！你会发现觉知本身才是好事情，没必要抽烟了。"

C："这两年，环境还是挺限制我的。我身边的人和事……"

戈师："朋友把你拉进去了。"

C："假如我不做这样的事情的话，大家都觉得你是异类，用不一样的眼光看待你。当然肯定也是我自己想啊！"

戈师："也想跟他们拉拉关系？"

C："其实还是我自己想体验。再过几年可能就好了，我现在也在慢慢地转向喝茶，有时喝完茶，就不想抽烟了。"

戈师："要有别的东西作为替代。抽烟，有某种意义上来说，它是伤身体的，关键是到一定的时候，你不抽，就难受。我们修行就是不要被任何东西所困。比如说，我也喝一点儿酒，但是我从来不会被酒所困，是我在喝酒，是我在玩它。但是永远不会过量，永远不会伤己。"

C："因为我从小拒绝了很多东西，比如抽烟、喝酒，所以这两年我想修这个东西。"

戈师："这是可以的。但是比如说交际、性格都可以跟大家融合一点儿，但是抽烟这个事情，从修行上来说，对修行还是有一定的影响的，对身体健康也不利，这个事情没有必要跟他们打成一片。喝酒也是，不要斗酒。年轻人喜欢我斗你，你斗我，这个跟他们一样划不来。这些都不是好事情，把修行提到你的当下来！"

我想起戈师曾讲的，通常我们想要延续快乐的体验，排斥痛苦的体验；当那个永恒的快乐被发现，你就超越它们了。

C："我现在还需要读什么书吗？"

戈师："其实读大师的书就是与灵性保持连接，但是你已经读了很多书了，你更多的是需要去体验，去实证。没有体验，你读书也读不出味道来。我看书也是一种修行，就是那个书的能量一下子唤醒你的记忆。如果是某个大师的，他有他的能量，有他的信息，你读他的书，能把你自己的能量调起来。"

我们开始闲谈。C笑着问戈师："戈师您累吗？我这种方式会不会很不好，一直在问您问题。"

戈师笑着说："如果是那样，就不是你的问题，而是我的问题了！"

·············

我做好晚餐，一起吃过饭后，我们到东郊公园漫步。晚风拂面，清爽而夹杂着淡淡幽香，人欢语，赏佳景，心中旷远。我们载歌载舞，伴着虫鸣，伴着松风花影，池荷寂静，彩霞微笑。

蓦然回眸，一轮明月之下，师生欢游，美景如画……

真正的我是这样的

——听戈师讲《道德经》

我静静地坐在椅子上，聆听戈师的讲座——"《道德经》选讲"（2016 年 9 月 20 日）。这是第二次在"知止中外经典读书会"的专题沙龙听戈师讲《道德经》，第一次戈师的演讲题目是"《道德经》略讲"（2016 年 9 月 13 日）。读书会的发起人刘国鹏先生笑说，是听众们的掌声将戈师又一次押上了讲台！

今天，听众多了将近一倍，有许多新人慕名而来，包括一些"葛粉"（戈师的粉丝）。在中国社会科学院社科书店浩瀚的书海里，聆听戈师演绎轴心时代的核心原典《道德经》的智慧，真是有福又有趣！

聆听之中，心海的念波逐渐歇息下来，万般尘缘当下了彻。戈师的气场强大，一股无形的气息弥散在整个会场，大家聚精会神地倾听。合着戈师的话语指示，我开始了随语入观，会员们的形象渐渐于视野里虚化，戈师之法音也仿如从遥远的天国飘来，柔和、定静、自在，中气十足，轻抚着心海的琴弦，弹奏着优美的如春风化雨般的道之旋律。

一言一语，皆含祖师之真意，戈师对老子的经文进行了全息呈现！一堂课下来，戈师只讲了《道德经》里的一章。机会难得，大家意犹未尽，不禁期待下一堂课戈师能多讲一章。所以，第二堂课戈师收敛了一下如野马奔驰般的思绪，多讲了一章。

虽然戈师纵横驰骋，将老子智慧的精髓——超越的智慧于一字一句中无限生发，然又紧扣文意，统之有宗，并不离题。既点醒人往上提升，至高高的天空之超越境界，又扎根于深深的大地，深入日常纷扰之生活。戈师总是抓住每一个机会去敲醒众生，从自性的体悟中流露出真理的法音，真是慈悲！非大智者不能如此精妙，非通达者不能这般全然。宁静的心海突然感受到戈师的慈悲，心念一动，泪水不禁掉下来；这泪珠背后的心境不可言说！

在戈师的讲解中，我深有领悟！道的智慧，乃是我本有自性的样貌与风骨。道本是我之真正的我，但我却常常偏离，以自我为我。戈师讲道就是在讲我，声声法音意在让我回归与熟悉这个真正的我。这来自远古的呼唤，消我亿劫颠倒想，直窥法身境界——本自具足，本自圆满，本来无缺……有这样一位明师在你身边，声声慈悲地呼唤着你回家，语语于耳畔亲切地说"真正的你是这样的"，这是何等的幸福！

透过戈师对《道德经》的讲解，我对其中的几个关键词有了新的领悟，原来真正的我是这样的——

"独"。独一无二，惟一精真，绝待无对，是本身完整无缺的和谐存在状态。不增不减，超越而逍遥！

"周"。普遍无穷尽地变化。

"母"。乃天下万事万物的源头。真空妙有，具无穷的潜力和创造性。

"大"。合道，无边无际而不可穷尽，至大无外，至小无内。

"远"。深远，无穷无尽，又在当下。远在天边，近在眼前，当下即通十方。

"反"。相反相生，反者道之动。

"自然"。自足，和谐，如如，法尔如此，合于道之自然。

…………

我不断地熟悉着我自己。我观照自己的"无之妙"，我惊叹于自己的"有之徼"。真正的我是这么"大"的一个人！不被一法障住，不为一法所限，不为一法框住。无形，无声，无色，自明不昧；无我，无为，无碍，随缘示现。此乃我本有之智慧、境界与胸怀，只是我因为有私、有执而把自己变小了。

默而识之，我反省到自己身口意尚有许多不合道处，这也加持我修道蓄德。学的目的是为了不学之学，从有为到无为，安住敦朴之心体，自性全然与道合一。戈师说过，见性了，才刚入门，还要保任觉性，净化业力种子，还有很长一段路要走。我已经有见性的体会了，我知道祂的和谐与广大，烦恼已经基本没了，多数时间能观照到妄想，修行给我的生命及生活带来了很大的变化。然尽十方常寂光，见地圆融无碍，断尽无明种子，尚需相续做无为之工夫。

听完戈师的两场讲座，我不禁信笔写道：

观虚唱道，泰然自在。

全息呈现，微妙玄通。

孔德之容，任道流行。

心智大开，顿悟玄宗。

世间第一乐——乐在道中。没有什么比回归道的家园，熟悉真我更重要。人生所有的得，都是小得。

物物皆吾之真体，不需找寻，觉性如如。所有的找寻，乃是与看门人的对话。不费力，一觉便是——清醒、觉知、广阔、和谐。我来自无处，存于万有之中。

我安静地倚在自性深处，祥和了生命的时光。戈师对《道德经》的讲解，让我进一步认识到：真常常在，本是生命之常。

我也对研究中国哲学的路径有了一个窥见。中国哲学，包括儒释道三家，都是讲"道"的智慧，是一个大智慧的系统，亦是修道、修行的系统，其路径可从本体之道、工夫之道、境界之道来把握。通过以心印心的研究方式，而作创造性的诠释。

《道德经》的第一章是最难讲的，但戈师如掏自家宝藏，娓娓道来。讲到本体之道及入道工夫，涉及道的可言不可言，有名无名，道之有无、阴阳二元对立的两个面向的宇宙论，及回归道体智慧的核心的方法"观"的诠释。一般的老师不好讲，也讲不透，但戈师言简义约，讲得那么从容，酣畅淋漓。尤其"玄之又玄"之"三观"，三言两语，心智豁然开朗！

戈师之于我，日沐其化而乐在其中，在戈师的引导下，我加强实修实证，知行合一，生命越来越活出真我的存在境界与状态。

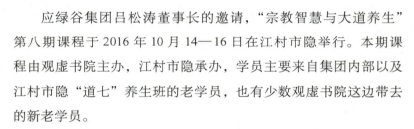

无限觉与无限爱

——"宗教智慧与大道养生"第八期听课感言

　　应绿谷集团吕松涛董事长的邀请，"宗教智慧与大道养生"第八期课程于 2016 年 10 月 14—16 日在江村市隐举行。本期课程由观虚书院主办，江村市隐承办，学员主要来自集团内部以及江村市隐"道七"养生班的老学员，也有少数观虚书院这边带去的新老学员。

　　金秋十月的庙港，丹桂飘香。我们如约来到了江村市隐，戈师在太湖大讲堂开讲。幽静的环境，专业的禅堂，有机无污染的食物……无一处不深蕴禅意。

　　三天里，心灵安静美好地在此地绽放，幸福的日子总是过得太快。见地的清晰，法味的清凉，菩提心的坚定……生命安住于宁静的当下，体味自性的无限——无限觉与无限爱……

　　第一次，我有了见地上的全面清晰之感。"宗教智慧与大道养生"课程一共开了八期，我参加了七期，每一期都有不同的收获与领悟。每一期的戈师是全新的，每一期我的境界亦是全新的，故我能领悟到的戈师传达的智慧境界亦不同。这是一个崭新的开始！我深深地知道，知识可以被掌握，但智慧需要被领悟、被实践！有了正见，还应如理思维，循理而为，才能真正将宗教智慧融会到我的血液里。所以未来还有很长的路要走。

戈师的课是全息呈现,在任何一处理解透了,都能带来人生素质的全面提升。这一期中,我特别记住了"心无挂碍"四个字。但有一分挂碍,则有一分执着!只问耕耘,无得失萦怀;心无挂碍,循理而为。我欢喜于戈师讲解的"内圣外王"的新义。内圣为外王之基,治身与治国同构。外王的标准并非是一定要去治理一个国家,而是你能做好每一件事情!每个人都有自己的天命,你能清醒觉知地做好当下的每一件事情,那就是成功!内圣外王是不偏重于入世,不偏重于出世,是出世入世的平衡。我也当场受益了"心能转物,即同如来"的法语加持。结业小参,到我发言的时候,我先是有一丝紧张,起了分别心念。我提起戈师讲的"心能转物,即同如来"一句,当下看到了自己躁动的心念,应随缘应物而不能随风起浪,于是放松下来,安住觉性。这一切都发生在一瞬间,乃心念的一转!由是领悟到倘心定不拘束,行即无行;安住性体,则一切自在。

这三天,我一心打坐和倾听戈师的开示,领悟真我的模样!心若安祥,这世界就不再喧嚣;心若美好,无人不是兄弟,所为皆含善意。言谈笑语中,默默养护圣胎;不睹不闻处,一灵独耀。禅悦的生命如花儿一样悦放,生命祥和、广阔、自在而美好。我已知道本性的平常!确如戈师言,是一份不受打扰的宁静,不受干扰的喜悦。那生命的七种境界的棒喝,让我彻底警醒,绝不再过散乱的生活!那生命四层结构的划分及其在生活上诸多领域的运用,使我心智大开。我执、法执瞬间俱歇的禅悦,超越宗派的智慧灌顶,都开启了我生命的新视野和新境界!性德全体大用是如此这般——超越三界，无住无执。众生一体，心能转境。内在无顾虑，整体大圆满。活在当下，自在逍遥地庆祝与游戏地生活……我追随戈师，漫步于胜境相续之旅。

我的菩提心越来越坚固。愿我安住自性的天空，开启生命的无量智慧，和戈师一起自觉觉他。

戈师的课，法法归家，处处指归，是讲给那些已经准备好的求道的灵魂。当一个人有深切的觉醒的渴望，这三天里，身心会得到全面系统的提升与滋养。在不断的学习中，我真正地皈依了"三宝"，由衷地发起了菩提心，我彻底明白心是一切问题的根源！生命逐渐趋向圆觉。

本期课程获得了圆满的成功，大家都各有收获。结业分享的时候，戈师首先对吕总及江村市隐的工作人员表达了感恩之情，感谢公司为大家的共修提供了这么好的禅修环境；然后戈师让大家谈谈三天课程的收获与建议，欢迎大家就课程本身提出改进意见。

大家一个个发言，都表达了对戈师的感恩，每个人都有自己的体验与收益。也有人提出了一些建议，比如说，可以多加些典故、小故事，更生动些；专业术语再少一些；多一些互动等。我清晰地看到，每个学员只能在他的境界下，在他的高度上，谈出他的领悟、建言与诉求。戈师的这门课尽管具有广泛的含摄性，适应多数现代人的根机，但由于本期课程的学员多数没有基础，对戈师的教法完全陌生，所以有时候会觉得领会起来会有一些困难。这是一个很清晰的照见，我的心如如不动，真的如一面镜子，全然接纳，而又超越这一切。如戈师所说"众生平等，平等中不碍差别"，无论每个人说什么，都反映了他自己当下的境界和高度，在没有回归真我之前，自我总是在接纳与排拒之间选择。有如一个爱吃糖果的孩子，这是我喜欢吃的，那不是我喜欢吃的。头脑有诸多的知见，而一些判断与比较是含有"意、必、固、我"的，所以有些建言是带有自我的色彩的，也有些建言是具有一定的高度的。任何一个悟道的人，都有他的特色和局限性；任何一种教法，也都不可能平等地适合于所有的人，此亦诸法缘起差异性。当然，对于合理的建议，戈师也会有所采纳。

由于本期课程，人员参差，素质不一，受益也就各不相同。大部分学员都很有收获，也有几个人基础较差，没有很好地活在当下。不管怎样，戈师的教导都给大家种下了无量善根，正如戈师所说，"一历耳根，永为道种"！

戈师的课，你只要以清净心聆听，只需空掉、无我，只要全然地臣服与接纳，你都会有或多或少的禅悦法喜。一颗躁动的心，无法真正接受到来自真理的法音；一个清净的心海，撒一把盐，当下消融，扔一捧沙，当下沉淀。也有人听课时昏昏欲睡，无法接受到戈师要传达给他的喜悦、智慧、慈悲、清静！我惊诧于众生是多么难度啊！在这三天里，即使只听懂一句"心能转物，即同如来"，哪怕只记住"一切都是，一切都好"，生命的存在状态都会发生改变！戈师说："把修行的全部重心回归此时此地，让此时此地成为你唯一的真实！充分全然地深入当下的每一刻，安住于当下，享受当下的风景。只有当下才是能够抉择的入口，错过了当下，就错过了人生。"许多人并没有接受到和认真领悟这个信息，继续着散乱而昏昧，这是对自己生命时光的浪费！一切的受益多少，端看你能不能全然地活在当下。

回到糖果的比喻上来，真我之状态是当下有什么可吃，能吃什么，什么就最好，无分别，无比较，全然地敞开与接纳一切的发生，全然地活在当下！真正的生命只有当下！当然要在三天里让一个人真正地醒来，何其艰难；我自己也是戈师熏了十多年，才有今日之少许觉悟。众生根机不一，所以才需要菩萨的千手千眼，只要应机而教，都有转化的机缘！

三天的演讲，戈师是警醒觉知的，性海不动，心无增减！语速和缓，意识之光遍照！但由于三天不停息地讲话，在回归北京的车上，我听出他讲话的声音有些沙哑，我的心里满溢着深深的疼惜与感恩！随手写下几行感恩的诗句——

感恩师

1

广大精微，独一无二

妙处极乐，远离烦恼

是您

开启了我无量的智慧

是您

还给我一个明净的天空

2

心与物竞，唤醒我者，是您

执着妄想，拨度我者，是您

智光外耀，医愈我者，是您

愚痴无知，不弃我者，是您

无明风起，包容我者，是您

绝待无量，启我智者，是您

返朴归真，加护我者，是您

万化玄同，慈爱我者，是您

性海安宁，启我光明，是您

3

您在我之内

我在您之中

当我有一瞬的了悟

生命悦意花开

始知师之可贵

无限地感恩您

我生命中的佛陀

心智洞开

愿我早证无上觉

一心如如，共担佛陀悲愿

　　三天，过得太快，恍如一瞬！从北京飘移到了上海，一瞬间，又回到北京。收获几许？似乎一言难尽，但究竟无得！唯有当下的明觉，唯有法音飘过，一切了无痕迹，一切回归平常！

以道相忘

　　戈师喜欢《庄子》，曾在什刹海书院的讲座中讲过其中的部分章节，我听得如醉如痴；私心里非常希望能早日听到戈师讲解整部的《庄子》。在戈师的引导下，我也试着学习《庄子》的智慧。

　　《庄子·德充符》讲了这样一个故事。

　　　申徒嘉，兀者也，而与郑子产同师于伯昏无人。子产谓申徒嘉曰："我先出则子止，子先出则我止。"其明日，又与合堂同席而坐。子产谓申徒嘉曰："我先出则子止，子先出则我止。今我将出，子可以止乎？其未邪？且子见执政而不违，子齐执政乎？"申徒嘉曰："先生之门，固有执政焉如此哉？子而说子之执政而后人者也。闻之曰：'鉴明则尘垢不止，止则不明也。久与贤人处则无过。'今子之所取大者，先生也，而犹出言若是，不亦过乎？"子产曰："子既若是矣，犹与尧争善。计子之德，不足以自反耶？"申徒嘉曰："自状其过，以不当亡者众；不状其过，以不当存者寡。知不可奈何，而安之若命，唯有德者能之。游于羿之彀中，中央者，中地也；然而不中者，命也。人以其全足笑吾不全足者众

矣，我怫然而怒，而适先生之所，则废然而反。不知先生之
洗我以善邪？吾与夫子游十九年，而未尝知吾兀者也。今子
与我游于形骸之内，而子索我于形骸之外，不亦过乎？"子
产蹴然改容更貌曰："子无乃称。"

　　这个故事的大意是讲，申徒嘉是缺了一只脚的残疾人，他却
与郑国著名的政治家子产同在伯昏无人门下学习。子产心里有点
看不起申徒嘉，觉得与这个形体不全的人同进同出是一种耻辱。
于是，子产就对申徒嘉说："如果我先出去了，你就留在里面；如
果你先出去了，我就留下来。"过了一天，他们又同堂同席而坐。
子产又对申徒嘉强调道："如果我先出去了，你就留在里面；如果
你先出去了，我就留下来。现在我要出去了，你能留在这里吗？
为什么不能自觉做到这样呢？你见了当朝的执政者，都不懂得回
避，那么你是想与执政者平齐吗？"

　　申徒嘉见子产如此贡高我慢，就回答说："先生的门下，还有
此不能相忘之人啊？你以自己执政者的身份，而看不起别人，觉
得别人不如你。我听说：'我们的本心如镜子一般光明，无尘染，
而没有妄想执着，没有烦忧。有尘染，就是明觉被遮蔽了，生命
真正的主宰忘失了。一个人久与圣贤相处，圣贤智慧的光辉就会
把遮蔽你本性的黑暗都给照少了，令你心灯点亮，诸恶消灭，善
根增长。'现在你游于先生门下，学做'大人'，却说出这般的话
来，难道不是过错吗？"申徒嘉开示子产不知道真正的自己，方
有此言行，根源在无明。

　　子产没有醒悟，进一步对申徒嘉说："你都这般样子了，还

不反求诸己，而与尧争善。我计料以你的德行，不足以自我反省啊？"申徒嘉听了，说："一个人能自知己过，以生灭心来看待自己生命的现状和遭遇，如我的腿残之状，在其中痛苦而颠倒轮回的人多；不但自知己过，且能全然地接纳生命中的一切境遇，如我接受腿废之不完美，而安详地存在者少。知道这是无可奈何的事情，接纳天命的安排，随顺生命整体的法流，一切都是，一切都好，这只有大德者才能做得到。游于像射神一样的羿的射程范围内，那是必中之地，而能幸免者，此天意也。我初未闻大道之前，一些人因为他脚的齐全而笑我脚的不齐全，我心里非常愤怒，等我入到先生门下，听闻大道而修行，回归了生命的本来面目，我知道了真正的自己，先前的恼怒消融于明觉的大海。不知不觉中，先生以善道洗刷了我的心灵，让我自己有所觉悟。我与先生已经游学十九年了，从来就没有感觉到我是个残废的人。如今，我与你以形骸之内交友，相交以德，相知以心，即当相忘以道，不当取于形骸之间啊！现在，你以形貌要求我，这不是过分了吗？"申徒嘉之言落地有声。

子产闻说，惴惴不安，心中惭愧。虔敬地说："我知错了，请不要再说下去了。"

申徒嘉虽然形残，但是他心灵有安顿。此形残，可以扩展为我们所有外在生活的不完美，包括身份、地位、财富等。生命从终极来讲，是不完满的。你和谁比呢？人外有人，强者之外更有强者。若有物对，它总是有高下、多少的。我们终其一生都在追求完美，那是求不到的，现实生活永远没法圆满。但是一个人，不管外在身份地位如何，当回归心灵的本来面目，知道真正的自己，外在的这一切又被超越了，你成为一个富足的国王，圆满无缺。戈师曾说："家园在道路上，解脱在当下里。"一个人终其一生追求圆满，就像追求天边的月亮，永远追不到，圆满在心！让我们以圆满之心，安详地漫步人生路。

子产没有忘我，还有人相、我相，以功名自矜，尚未达到众生平等一体之境界。欲证得圆满无碍的大智慧，求得常住真心，若以色见人，以音声见人……则去道远矣。子产用妄想心见诸法，未见申徒嘉的灵魂，他只看见外形之"色"，见色是色，而不见空，心生厌憎，这是爱习种子潜发现形，此其病源。且念发而未察，因地发心不真，果至纡曲，而有此对申徒嘉的诘难。

在这个故事中，形、神两者形成了鲜明的对比。子产只看到了申徒嘉的外形，没有看到一个人的精神境界。一个善于修行的人，以道相忘，以万物为师，一切法皆在表法，万物静观皆自得。善者，吾师，见贤而思齐。不善者，亦吾师，乃戒师。申徒嘉所说的话，亦让我惭愧，加持着我，我与戈师这样贤明的人学习，当忘形去智，放下小我，超越一切外在的得失而入于平等法界之实相，同融于道而逍遥！

一切都好

　　今天我与戈师行禅，戈师讲到如何面对工作中的人事得失的问题。如果领导没有重视你，你不能就由此消极工作；你越消极，就越是说明领导对你的认知是对的！恰恰相反，你工作并不是为了给领导看的，你要有自己的工作目标，完成自己的人生价值。如果你踏着不变的节奏，努力做好自己的工作，你迟早会得到应有的收获！你可以用行动表明领导对你原有的看法是错误的，真正有眼光的领导迟早会认识到你的价值。

　　由于是闲聊，戈师并没有给我讲太多的道理，但是这却让我想起了戈师讲的整体的思维模式、大圆满是完整的境界……也使我想起曾听闻的一些事，为了利益得失的问题，一些父母兄弟为房子闹矛盾，亲朋家人间因一言、一事而耿耿于怀……瞬间有无限感慨！在此结合戈师的教言，试着谈一下我的体会。

　　所有我们面对的难以接受、难以选择的"难题"，究其背后的人——都有一个"小我"在面对。我们固有的思维模式，就是站在自我的角度来思考问题。这会影响到我的利益，这样做会影响我的生活。你这样说话和做事伤害了我，你没有照顾到我的感受，你没有考虑到我的利益……我们首先顾及的是自我。

　　常人，包括一些修行人和我自己，在生活中面临一些事情的时候，我们通常下意识地选择了对抗，钻到自我的坑洞里去思维，来看待和解决事情。戈师曾讲过"心外无物""万法唯心"，生命中所有的对抗，乃是自我和另一个自我的斗争，最后都是自己跟自己过不去，而其深层根本原因，是人的内在修养不够，生命存在状态没能达到和谐，而不能处于整体的法流，全然无私地循理而为。

修行带给我们的是思维方式的颠覆与改变。修行，会让一个人从自我的有限的思维模式，转化、升化为无限的整体的思维模式，在空性的一体的境界中，以整体的眼光来看待和处理生命当中发生的一切问题。我领悟到，在认识到万般皆幻的"空性"后，我们要能从空出假，不是钻到本体的世界里不出来，躲在本自具足的世界里"逍遥"。那并不是真的逍遥。真的逍遥是以中道之心，过日用平常的生活，是一位人间菩萨，能随顺道的整体的法流而随缘纵浪，心无尘扰。它是戈师讲的"一切都是，一切都好"的境界，是一种全然的存在状态。

道理都懂，为什么我有时做不到呢？首先，我还没有安住于真心，须先合"仁"。只有常住众生一体的境界，打成一片，应物对境时才不会有自我之私。第一念才不会有我，而算计、分别和比较，考虑利益得失。当处于仁爱之心，第一念就能站在整体的角度，廓然大公地来面对与处理问题。而不是第一念想到的是自己，也不是仅有他人，自己也是众生之一，而是以整体的思维模式，合天地之心，循理而为。

处于万物一体的仁者境界，你由于自身的和谐，对诸法呈现出包容。你不再去与物对，而能同化众生。所谓"大觉者不见世间过"，不是世间人无过，是觉者的心处在圆满的状态。常人面临不同于己意者，不合我心之事者，要么选择对抗，要么选择放弃，如同西医的"切割"。觉悟了本性的人，会选择"同化"，让对方去觉悟。他知道一切众生皆有佛性，皆有改变的可能性，只是在迷当中，而去在见地上，让他达到一个高度的认识，让他回归道境。如中医治病一般，慢慢地给药，给"觉悟"的药，去同化他。

世界上万物都在刹那变化，没有人是不可改变的，人性本善，所以圣人以一体之爱，曲化万物而不遗，而内心是一切都好的。

感恩生命中有您

　　这一年是觉悟的一年，一切生活都纳入自觉觉他的菩提心，生活与修行不二。在生活中静心，在觉知中存在。念兹在兹，心齐法界。有一些心念的偏离，觉察后都回来了。因为修行，心态越来越祥和。因为修行，生命越来越广阔，我能看开一些事情，放下一些事情，我执、法执减少了。因为修行，智慧有所增长，悲心逐渐增长，愿心更加坚定。我正在跟随戈师走在正确的轨道上，这条路是对的，我所有修行的征候，都在向着戈师指示的方向发展。觉悟，让生命享受单独，从此不再孤单，大多是从安详到安详的旅程。

　　这一年，以圣贤为友，每日沐浴真理，步入了广学多闻之旅。在尊师的引导下，我读了憨山大师的部分著述和一些三教经典。大开眼界，思路洞开！那个根本的道，戈师早已经指引我找到了，有了登顶的体验，再读三教经典，非常亲切。道是一味的，自然就有一种心灵的相通，这些仁爱的导师们给出的是生命不同侧重的指引。三家虽各有自己的体相用，但是我可以各取其长，丰富我的生活。十一月上了戈师的"中国智慧—三教实修"课程，大有收益。我觉得三教融通是必要的，深入学习之余，争取在人与自身的和谐、人与人的和谐、人与自然的和谐这三大方面，有进一步突破。

我能有今日之成长，全要感恩戈师！没有您的引领，就没有我生命的开花，至今尚在颠倒的轮回中！我这少许的觉悟，愧报师恩！感恩生命中有您，您的爱温暖着我，您的光照耀着我！感恩生命中所有的成全！您的鼓舞，您的支持，您的勉励，加持着我，不断前行！

此刻，金色的阳光抚慰心灵，世界静谧而祥和。外面下雪了，一片纯净的世界。不管外界如何风云变幻，禅家胸有四时春！这个我已小有体会。那是在一个宁静的午后，我端坐在书桌前，自然地进入了定境。坐中，一片大光明，无比明亮。出定后，我睁开眼，窗外虽赤日高照，却没有定中明亮。自此，我更确信心能转境。

这一年时光飞逝，转瞬一年，岁月有流转，道心无增减。增长的是年龄，不变的是真心。我们无法阻止身体的老去，但是有一个永恒的、不会长皱纹的、不会生老病死的真我。所以这一年，不管你在事业上，成功也好，失败也好，还是稳步前进也好；在亲密关系上，有爱也好，无爱也好，爱的不够、糊涂的温度也好，只要你知道，这是生命暂时的幻有，只要你沐浴真我之大日，觉悟常住真心、性净明体，那就是幸福圆满的人生。所以只要在修，在回归真我，就值得庆祝！智慧种子将生生世世存在于意识仓库里，陪伴我们前行。

空灵中，世界太美好了。这一年，我在对真我的探索中，更爱这个世界！我与法界一体，心外有谁呢？

元旦，我的一颗心柔柔地充满了感恩！除了感恩戈师，我也要感恩一切有缘的道友们，你们的欣赏与鼓舞，勉励我来分享道上的风景。愿我们携手共进，早证圆觉！感恩生命中所有成全我的师友们！感恩存在！

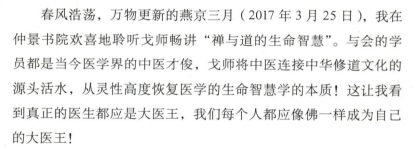

医学是生命智慧学

——听戈师讲"禅与道的生命智慧"

春风浩荡，万物更新的燕京三月（2017 年 3 月 25 日），我在仲景书院欢喜地聆听戈师畅讲"禅与道的生命智慧"。与会的学员都是当今医学界的中医才俊，戈师将中医连接中华修道文化的源头活水，从灵性高度恢复医学的生命智慧学的本质！这让我看到真正的医生都应是大医王，我们每个人都应像佛一样成为自己的大医王！

戈师的演讲在我看来天理流行，如数家珍！是的，如数家珍，因为他就是存在！超越演讲者，只有演讲在发生，在歌唱，在律动，金光灿灿的能量弥散课堂，存在的信息得以开显，滋润心田。真理就是如是，光辉灿烂，响彻大厅的是戈师的法音。心开意解的当下就是解脱，相遇大医王真是幸福。

每一句话都那么有力量，那么有深意，令人备感加持！这里略举几句课堂上的妙语：

关键不是你在做什么，而是你以什么状态去做！

练功不是你外在的形式，而是你内在的状态。

任何一件事，接受它，庆祝地去做，觉知地去做，就是练功。

真正的修道，就是人生的内在工作，是每个人都需要做的头等大事。

修道的意义，就是找到生命的主人，活出真正的人生的风采。

最高明的医生是一个导师、精神的导师。佛是大医王！有很多的病都是通过心理的调节、精神的调节治好的。

所有的问题，归根结底是主人不在场。

…………

我认识到真正的救赎是自我的救赎。人体先天的精气神乃上药三品，当生命与无限的能量海连通，生命就会创造奇迹。戈师讲了《死过一次才学会爱》的作者艾妮塔的故事。如果生命只有这一刻，只有灵明不昧的觉性能真正给人力量，让人活在神的王国！没有人可以救你，但是你可以自己救自己！戈师深入讲了生命的四层结构及其应用，觉性的力量可以转化精气神的前三层结构，这也让我看到一些情志病源于能量的阻滞。人要有意识地蓄养元气，减少生命能量的耗损，每个生命都应对自己负责。当你能放下妄想和执着的屠刀，幸福地存在，心无挂碍，存在的一切就都染上了觉性的芬芳！每时每刻，生命都应该庆祝地活在此时此地。你不再奔向目标，你不再为了报酬而工作，你只是享受工作本身！你只是为了活出真正的自己，只是为了给人类带来爱和欢笑，那么你的一切工作都是在修行。当我们把养生的焦点放在身体上，放在依靠医院上，放在依赖保健品上，你就错过了养生的真谛！唯有生命的彻底觉醒，活出浩然正气的状态与境界，才能真正达至长生久视！也才能真正利益这世界的所有人。一个神全、德全的人是最美的人，也是真正解脱的人，也是真正自我救赎成功的人——他全然地活出了自己的大生命，永恒不朽。

一个医生要能从整体的视域来治病。戈师谈到医生给病人治病，要从身心全面进行调理，医生透过病症要看到病因，应考虑到情志的因素。通过问症，通过治疗，打开病人心结，同时配以药物调理。唯有身心全面的调理，才能提高治愈率，造福人类。我们举目当今之世，有多少医生仅靠机器诊断，为了治病而致病，造业人类。

作为传统文化的传播者，我又何尝不是一位医生呢！晚餐的时候，道友笑着问我，能对他讲点什么吗？我说："这些年跟随戈师的修行，让我认识到，我们每个人或多或少都是有病的。我们有什么病呢？有贪病、瞋病、痴病……只要你没证得圆觉，你就是处于亚健康的状态。只是病得有轻有重罢了。病得严重了，久积成疾，就去'监狱'——医院了。但是你作为医生，我们一方面要知道每个人都是有病的，一方面我们要看到每个人的本来面目，他是没病的，都是佛！当你以这种心态与病人相处，能量场是不一样的。在你与病人交流的当下，你们之间有一个能量的流动，你自己喜乐自在，并能带给他快乐，你就是在度众生。"我愿随戈师一起，向戈师学习，成为真理的管道，处处带给人源头的芬芳。

晚上的问答环节仍是无与伦比的精彩，一到问答环节，戈师仿佛就化身成为百科全书，天上地下，无论什么问题，戈师都不假思索，应答如流，妙语连珠！每一个回答，都那么准确，那么细致，那么有力！戈师谈到了"放下"的意义，我受益很大。戈师说，不执着不等于不做事，不执着就是在正念的状态下有意识地去做，而你没有负面情绪，你心无烦恼！你知道自己在做什么，不被客体带走！我会心地笑了。

夜风袭袭，我们开着车驶在回家的路上，头脑格外地灵明。忆起白天席间一位七十六岁的慈眉善目的知名老中医的讲话，他谈到中医学是人学，医生要会善巧方便地问症，言简意赅地开方，开方时每个字都要能承载信息能量。我又想起会上那些立志传承祖国医学智慧的新一代中医们，他们都对中医学有深厚的兴趣和深切的责任感，他们都在灵性的追寻中。

在朦胧的夜色中，我看到了中医界的曙光与希望……

从圆满到圆满的旅程

忆起"中国智慧—三教实修"（2016 年 11 月 18—20 日）的课堂，一幅无与伦比的美丽画卷在眼前浮现……

戈师正觉之中端坐讲堂，意态从容，气度恢宏。堂下坐着二十五位"菩萨"，气氛浩瀚而宁静，桌椅和地面看上去熠熠生辉。戈师徐视一周，然后开口说法；我只是简单地存在，专注地聆听在此时此地。

是谁一身朴实，光耀璀璨，风尘遮不住的道骨仙风；是谁步履从容，早已忘情的世界，不舍大悲，一种平怀。

是谁那深邃而明亮的眼神，仿佛穿越了无数亿的光年，光与水的交融，穿越亘古的记忆，自由的灵魂在这里重逢！

那是无比熟悉的我，也是终极和谐的你，是戈师！我认出了你，你一直在等我们，我们一直就在这里！

我听到戈师传来的了义密音，抚慰心灵，温暖而空灵，窈窈冥冥，在明媚的时空里传达亘古的呼唤！

戈师轻轻拨开三教动人的面纱，让我看到三教背后的真相——三教虽殊，一真何异。如每个生命都是独特的，光耀璀璨，有区别而无分别。三教各自成独立的系统，都是圆满的，都是宇宙灿烂的花，然三教亦各有其独特性——佛教偏重于心理，道教偏重于生理，儒教偏重于伦理，我们可以取其精华，为我所用，更有利于生命的全面发展。戈师用他独创的"生命的四层结构"理论融会贯通三教奥义，形成一个内圣外王的完整的智慧系统。

当我真正地领悟了"佛心道骨儒表"，其实是单独一人，我会心而灿烂地笑了。戈师的"生命的四层结构"理论模型真是万能钥匙，在生活中，我也常常试着把它灵活运用到生活的方方面面。比如，我与一些人接触，我很快就能感知到他处于生命的四层结构的哪个层次上，我也常常能清楚地洞悉到他的生命模式和怎样才能让他活得更幸福。

透过戈师对儒释道一些重要经文的讲解，我看到中国文化教给我们的是清醒的大智慧。生命是圆满的，智慧与爱是它的两个翅膀，正如戈师课程一开始揭示的观虚书院的院训："清晰、慈悲、镇定、优雅。"我们都应活出这种大智慧的生命境界与状态，以笃定的心志、以一颗自由的赤子之心自然地帮助和影响更多的人，自强不息中，内心一直有一份不受外物打扰的喜乐与自在。

我明白了应该如何于世间安身立命，如何智慧地生存——存在就是你在这个地球上最佳的生存方式。课上，戈师每个板块都是重点提示三教的精华。

在佛教板块，戈师讲了《楞严经》《大乘起信论》和《摩诃止观》的一些重要的章节，这让我领悟到佛教的圆满与丰美。佛教更让人看清诸法空性的本质，看到一切的痛苦都是源于执着与妄想的真实，一切都是我们自导自演的一场体验，回归源头的圆满，人才能离苦。

道教板块的讲解，听得我如醉如痴。神不外驰，精不外泄，身心合一，性命双修，吾养吾浩然先天一气！整个生命的旅行，就是遇见最美好的自己。你只需一个回眸，知道真正的你是多么地好，而情欲自化。

戈师讲了儒家的处世之道，我也明白了在生活中如何应事，你是自己生命世界的造物主。仁是儒家的道，仁者，浑然与物同体，生生不息。成为一个有爱的人，当心中有了爱，生命尽是天籁。不论我做什么，爱就是目的，一切都是圆满的爱的进行时，爱于爱中普遍和谐。

我洞悉到无论任何的发生与境遇，心圆满了，世界就是圆满的。一个人完全可以过富且贵的生活，也可以过贫且贱的生活，超然物外，素富贵而行乎富贵，素贫贱而行乎贫贱，爱的能量场生生不息——天理流行。这份清醒，让我懂得在纷扰的世间生活中如何自处，也知道怎么样处理一切缘起中的二元境遇。

你是圆满无缺的光与爱的存在，允许一切如如，允许诸法如其所是地存在，一切都是这般的海阔天空，一切的发生都恰是最好的安排，一切都是法界浩瀚的祝福！我从心里升起一种信念，修行人应该更有能力在这个世界上活得精彩！因为道在加持我们！般若智慧让我们不再回避困难，回避矛盾，逃避现实，而是面对困难，面对矛盾，面对问题，能清醒地透过现象看清本质，知道如何智慧地做出选择，智慧地解决困难，解决矛盾，把问题处理得更好！而你的内心又是圆满自在的，随时随处，心无挂碍。

课下，我也曾跟戈师说，上完戈师的三教智慧课，深有"万卷经论等轻尘"之感。在我随戈师登山越来越高的同时，我越来越喜欢读闪耀灵性火花的文字，与道人交融。我已经领悟了那个道，不喜再读没有觉醒的人的"梦话"。如今，我再读三教经典，三教各自之道、工夫论、境界论，我已基本了义于胸，能够有一个更高的整全的视野，能够不带任何宗教偏见地来学习和理解。我有一种站在山顶俯瞰的气势，且读来备感亲切有味！因为那是描述"我"的"传记"。

三教万卷经论，千言万语，都不能离开真理的本身，都在讲源头的清凉。神秘是真我的面纱，人们追寻祂，探索祂，渴望与真我融合，却鲜有人知道祂的本来面目。在戈师的引导下，我看到圆满是真我本具的一种属性。在"我"的字典里面，没有成功、失败，是非得失，好坏对错，不增不减，乃永恒的大圆满。

第三天的站桩，有一个片刻，我感到天地一片大光明，无比的清透与明亮，我融化在光中！下课，我到庭院，看到天空是阴郁的，并没有太阳。由于我已有正见，不执觉受，就一笑而过了。

> 一座直上九重霄
> 天庭闲逛乐逍遥
> 偷得老君一味药
> 化作人间度人桥

在戈师精湛的正法导引下，我获得了真切的灵性体验，同时在实修的体验之中，生命越来越通透和明亮，一些洞见流淌出来。

唱歌吧，跳舞吧，欢庆吧！一切如此美好！那哀伤的过往一笑而过，转过身来的是永恒的喜悦的容颜。茫茫法界谁不是我，成为一片光，照亮更多的人。

感恩戈师，你给了我整个存在！让我有能力看到每一件事都圆满，人生成为从圆满到圆满的旅程。

真正的明师让你从梦中醒来

—— 听戈师"禅修：灵性的奥秘"课程有感

观虚书院首期"禅修：灵性的奥秘"法会于 2017 年 4 月 7—9 日在北京佛医堂顺利举办，我有幸聆听戈师的美妙法语，心中充满了喜悦！课程刚刚结束，早上醒来，晨曦无限的爱围绕着我，让我有了一刻美妙的静心。生命充实而饱满，鲜活而生动，心灵之光穿透世界，天清地宁，一切无与伦比的璀璨。戈师的"禅修：灵性的奥秘"课堂仿佛仍在继续，在宇宙栩栩如生的画卷上一切都在同时发生，都是一个时空点，生命只有这一刻。没有过去，没有未来，这一刻就是全部的人生。这一刻竖通三际，横遍十方，这一刻即是永恒！

在去佛医堂的路上，我们的车意外地出了故障，但这并没有使我们的心情变坏或升起烦恼。戈师看向我，微笑着说："一切都好！"我们以平静的心迅速做了应急处理，然后打车前往。这甚至是一种祝福，它让我们看到，由于学员们到达时间不一，我们也不必太早去等待；下次开课完全可以让大家先办理好入住，把报到时间定到晚上，再选一个时间点统一接待。

报到之后，大家聚在一起座谈。戈师让大家做自我介绍，并与大家互动。戈师说，新弘大家比较熟悉，就不用介绍了。我于是享受着自己的单独，非常安静地坐着听戈师和大家的发言。我进入自己的宁静的场，享受单独，享受大家的分享，享受月光和空气，处在一种喜悦、平和而宁静的意识状态。戈师教了我讲真话，也教了我不讲话，一切随缘！

戈师的课每听每新，永远是鲜活的流动。每一句话都是灿烂的密音，每一句话都连通源头活水，每一句话都印证着宇宙人生的真谛，真的是不可言说，我陶醉在他的法音里，满满的能量注入，心越来越广阔与自在！

戈师的课，不论是宗教智慧与大道养生课程，还是"中国智慧—三教实修"课程，它们在我看来，虽总体上有完整的次第，但同时也是有次第而又无次第的。戈师的课的特色是以心传心，每一堂课都直指根本！它们的表现形式各有偏重，但法法通玄，处处指归，都在"开权显实"，指引回家之路，唤醒与帮助我们活出圆满自在的人生。

戈师的课也是非常通透与纯粹的。没有乱七八糟的废话，没有东拉西扯、不着边际的胡言乱语，字字珠玑，哪怕你在课上真正听懂了、明白了一句话，都带来生命颠覆性的提升与改善！随着我修行的深入，我越来越领悟，越是能常住真心的人，生活中的废话越少，形散神不散，句句带着源头的芬芳与清凉。我们看憨山大师的著述，还有莲花生大师的开示，他们的教言都是非常精练，可谓至诚无妄。废话是什么？是凡人的胡思乱想、胡言乱语，这是大多数的常人的状态；而道人的话都是有意识的表达，是为了点醒他人，而不是为了表现自己的自我。

两天的课程下来，戈师全方位多角度的指引，让我沐浴禅悦法喜，深感每一点指示都需落地生根，践行到生活中的做人做事上。比如说，戈师在课堂上指导我们，要把所有的理论的了解在做功夫时凝练成精要的修法口诀，这一点就是我要改进的！于是课后，这试着用十六个字凝练我在"禅修：灵性的奥秘"的课堂的法益：常住真心，自做主宰；全然生活，超越两极。我只能说自己管窥到戈师无量无边智慧大海的一滴，让我试着对此总结一下，以便于更好地践行戈师的教言。

戈师围绕"禅修：灵性的奥秘"这一主题展开阐释宇宙人生的真意，意在唤醒我们的觉性，开启灵性的世界，成为自己，找到自己的现实而又理想的超越之路，做自己世界的主宰，在尘世活出真我的风采，活出喜悦圆满的人生。围绕禅修这一主题，戈师讲了什么是禅修？从"我是谁"的追问切入，深入地阐释了禅修的核心原理、境界和道路，为我们厘清了人生的方向。

禅修是归家的必由之路，是人生幸福的基石。一个人的生活，他为什么不快乐，不幸福，因为他没有成为他自己，没有找到自己的天性，活出真正的自己。戈师说当人看到不增不减的真相，三加四或四加三都是七的真相，看清楚了宇宙人生的真相的大彻大悟后，就能放下执着，认真而不较真地活在当下，你只是扮演一个角色，一切都是随缘而化的游戏。在生活之中游戏，你知道这只是一场游戏，就不当真了，另一方面，在人生当中善于演戏，而心无烦恼。

所以一个人唤醒内在的觉性，找到了自己，这个时候才能真正成为了自己，而不需要不断地更换舞台。禅修，使人从自己制造的监狱中逃出来，做主人，驾驭外物，驾驭情绪，超越语言，超越名相，由对抗变成和谐，让人与整个世界和谐相融。

戈师教给了我安心法，让我内在的心灵有了一个安顿，我明白了我是一切！我们不需要放弃什么，只是你不受其所限，只需看到一切都没有问题的真相，只需持有一分无得无失、不垢不净的平常心，心无挂碍。真是有了智慧，方会活得解脱自在。天还是天，地还是地，不同的是内在境界变了，你变得自由了，你有一颗超然的心。当一个人的心彻彻底底地敞开，才能够开心！才会有真正的幸福！才会有真正意义上的自由自在！才会摆脱机械性的运作，真正成为生命的主宰！

戈师说，回归无量无边的自性、本来面目就是至福！我们都有理想，有人生目标，而光有一个好的理想，若缺少内在的核心，得到的结果有时就会恰好相反。关键不在于我们做什么，而是我们怎么去做，我们以什么样的状态去做。我们通过内在工作，素质得到提升！外在工作才有新思路，方能注入源源不断的鲜活的能量。内外皆富，才是人生理想的状态！我们对目标的执着是一偏，当人不断地追逐目标，活在目标中，就制造了某种压力和紧张，就失去了当下。有目标而享受当下，一路歌唱着，欢舞着，走向目标，生命就有了从容与自在。人不需费力地生活，无意而为之，就达到了有意而为之达不到的效果。

通常人的目标实际上是一种贪心，偏向了欲望的一边。人拼命地占有、浪费，这表面是占便宜了，其实是损失了自己的福报。机关算尽太聪明，反伤了卿卿性命。比如，饮食过多会使人昏沉，因为能量都浪费在消化之中了。适度是养生的第一原则，饮食、睡眠、运动、性生活等，莫不如此。智慧的生活之道是能量不压抑，不放纵，正向地转化和升华。

瞋心亦是偏离自性的表现，你被他人的刺所伤，因为你心中有刺在。如果你是空船，你不会觉得被伤害。你的意识状态怎么样，你的生命就会具有同样的品质。唯一的道路是转化，转化的方法是观照。禅修，让人看见玫瑰刺当中的花！禅修，让我们有智慧成为无我之舟，全然生活，安然地接受两极，超越两极，无条件地幸福。

我体会到中国传统文化是圣化教育，它的核心是自觉觉他，觉行圆满的大智慧，而这个圆满又是当下圆满！它最终是法尔如是，就是法你自己，真正的你自然而无为，本自具足，却有生生不息的创造力。一即一切，一切即一。这世界是同一颗心，我们唱着同一首歌。你创造了自己，就创造了世界。做人的核心就是回归道，就是智慧的增长，这个道在儒家为"仁"，在道家为"道"，在佛家为"觉"，把握好这个核心的根本点，就超越两极对立到两极和谐。

我也进一步地领悟了"爱"是什么。爱是觉醒，爱是智慧，爱是阳光，爱是一个人的圆满，整个宇宙的涅槃。你不需要完美，只需要完整。完美是人类的标签，完整是天道。当你完整了，你也就完美了。天道演化四季更替，万物死生，一切都是完整演绎，一切都是熠熠生辉的完美，当我们对存在说是，对生命当中的一切发生、境遇说是，接受一切，拥抱一切，爱一切，在这样一个全然接受的态度当中，一切就发生了转化。每一刻你的心都在，全然地享受与庆祝当下圆满的生活，你就活出了觉者的风采。

戈师说："没有喜悦的宁静是枯寂的，没有宁静的喜悦是肤浅的。"戈师的课堂气氛虽是全然的宁静，但并不缺少欢笑与掌声。戈师的妙语，常常让我们爆笑。在谈到驾驭情绪时，戈师说"一个吊诡的事实是，我们讨厌别人的坏脾气，但我对别人坏脾气的讨厌，就是一种坏脾气"，"你讨厌他人的无礼，你对他人的无礼的讨厌，恰恰是一种无礼"，这些话是如此耐人寻味，深邃而充满哲理，精辟而幽默，我不禁笑出声来。如此会心的合鸣还很多。

晨起和黄昏，我和戈师都会去附近的紫竹院公园里散步。我们沿湖边绕行，一切随缘随喜顺流而下，没有目标，当下是最好。山花烂漫，那是虚空之香；湖波荡漾，那是心海的微光；竹林沙响，那是宇宙风情万种的歌唱；春风吹拂，那是大地母亲的相拥。偶遇几个同修，大家欢喜地微笑或简短问候，一切都是自动发生，我们亦是自由行走的花，人在景中，景在人中，湛然一片是宇宙的繁华。

依依惜别的深情。一些人过来告别，或合影留念，或深深祝福……因道而聚，因道而无分，温暖心田的是感动。

这一刻生生不息地演化。这一刻，我是一个单独的纯真的孩子，我自身就是无限的海洋。千万里，我追寻你——我敬爱的戈师；千万步，只有当下的这一步。真正的明师让你从梦中醒来，带你到源头，让我以一颗全然的心，走好当下这一步！

心性直指：生命的伟大奥秘

一、存在每时每刻都在给我们礼物

生命满是恩典，无论大小，存在每时每刻都在给我们礼物。戈师说，我们一起去拜见乐黛云先生，我喜出望外。乐先生的书我是看过的，颇受熏陶与启迪，心里赞叹先生的才智。如今有机会亲近老师，同时聆听戈师讲道，内心的喜悦自无法言喻，遂欢喜相随。

听戈师说，乐老师前段时间摔了一跤，腿受伤了，目前坐轮椅调养。德高望重的她，因为行动受限，暂时推掉了一切外面的活动。

乐老师住在北大校园内，这里充满了浓厚的文化气息，环境优美宜人。盛夏的校园，满眼葱郁，苍松翠柏，青藤处处，绿柳依依。山花微笑，碧水含情。仿若世外桃源，宁静而神秘，温馨而美丽。

我们两个走过蜿蜒的曲径，在一处临湖的幽静处，就是乐老师的家。老师正坐在椅子上临窗远眺，静候着我们的到来。推开门，相视一笑，温暖顿时周流身心。老师看上去安详而慈爱，我的能量场开始上升，刹那从心中涌现无缘由的爱，这可能就是所谓的有缘。

戈师落座后，没有特别的寒暄，道心虔诚。戈师很谦恭地说："我是学生辈，我们一起探讨一些问题吧。"

乐先生温和可亲地说："你是我的老师，真是。我对你是非常尊重的。我知道你曾是少年班的学生！"

乐先生的声音听起来清透、温婉，充满磁性，如涓涓细流流过心田。

这一笑，这一言，我深深地感受到了老师的谦虚和极高的修养。从辈分上来说，乐先生是戈师的师母；但在某个意义上，戈师的宗教智慧又可以给乐先生以启迪。

我对乐老师介绍说，我现在跟戈老师修道，活得很快乐，每天欢欢喜喜的。

乐老师："这样就好。我就希望我能这样！"

戈师："我是2013年开始出来，做一些弘道的工作，创办一个'观虚书院'。书院已经开展活动，但是还没有实体，我也在着手创建实体道场。新弘跟着我修道，做我的助理。她这几年跟着我学，跟着我一起走，她成长也很快。"

乐老师笑："你们俩志同道合啊！"

戈师："我研究的或者说我探索的东西，它是人生的一些根本问题，跟一般的专业知识不一样。比如说某个专业的教授、某个专业的知识，对你的帮助并不大。但是我的探索恰恰是探讨一些宗教里面的根本智慧或者人生的根本的意义，所以这个对您来说，可能更有一些启迪。"

戈师单刀直入，直奔主题。戈师并不是单纯地来看望乐先生，他是希望这次会面能给乐老师"直指心性"，开启伟大的生命智慧。

乐老师应声道："绝对会有的。"

戈师诚恳地说："因为您现在到这个年纪了，社会上的一些事情、一些东西都已经看淡了，放开了，现在确实要回到一个生命的本源上来。印度就有一个习惯，一个人的一生被分成几个阶段，最后就会体验出家的生活，体验那种形而上的东西。年轻的时候，他确实要去打拼，去体验世间的丰富多彩。对您来说，您现在学术、学问那些都已经功成名就了，完全可以放下，那么现在确实应该找到内心的家园，安安定定的能够过形上的生活。"

乐老师点头："对那些已经不太感兴趣了。"

我笑着对乐老师说，您到新阶段了。

乐老师："应该到一个新阶段。"

我欢喜地赞叹老师有福报，这是福！

乐老师："很难有这种觉悟啊！"

戈师："对。也许摔一跤，一下子让您看清很多东西。不要再去要强或者要去怎么样，很多事也能放下。其实人生本来就应该放下，不管你放不放下，都得放下。"

乐老师："最后总是要放下。"

戈师："但是这里有一个觉悟的早晚或者觉悟的高低的问题。宗教里面最终就是一个觉悟。那觉悟什么呢？您刚才讲了，身体也不太好，需要去养生，那么也需要一些具体的练功的方法，一会儿我也会讲一下，但是更重要的我们是要找到精神的那个根！找到那个根之后呢，它对身体，对养生，对你身心的状态都会有帮助。"

略微停顿，戈师继续："您学问那么大，现在您年纪大了，阅历又这么多，所以您应该是有更好的机会可以领悟的。我今天正好可以给您讲一下最核心的东西。最核心的东西怎么讲呢，用禅宗的话来说，就是'明心见性'。"

我静静地聆听。此刻，我不需要做什么，存在就好，享受这生命的恩赐。真正的存在就在此时此地，静静地聆听，已是至福。

二、直指心性：奥秘中的奥秘

每个人都是光灿灿的存在！你可以拥有无限的能量、智慧、富足和美好，当你意识到最好的自己。真正的幸福快乐不需要富可敌国，不需要名满天下，不需要位高权重，不需要貌美如花，甚至可以不需要健全的健康的身体，所有外在的东西都不可能永久地让您幸福快乐！财富会流动，权位有有效期，容颜会老去，身体会老病……那什么是心灵永恒的安顿？且听戈师慢慢道来。

戈师："明心见性是什么东西呢？我们这颗心平常都是向外追逐，关注着一件一件的事情，关注着无数的外面的事情，我们把它叫作'客体'。包括您北京大学的事、国家的事，都是关注的客体。"

乐老师："外在的。"

戈师："对，意识向外看！明心见性就是你要把意识的目光返回来，看自己，就是明白我自己是什么。

"明白我自己，不是明白变化莫测的自我。自我每天都在变化，今天有一个想法，明天有一个想法；今天一个感觉，明天又一个感觉——这些都不是我们要明白的。我们要明白的是我们心的本体状态，就是我们讲的真正的'我是谁'的问题，这是所有的宗教谈论的问题，我们修炼的核心的问题。

"我现在可以用最直接的语言来给您讲'我是谁'的问题。不要再去追问了，我们今天时间有限，因为那是需要去参悟的，我们现在要直接来说清楚。

"您看，我们的心，每天变来变去，一个念头跟着一个念头，跟着外面跑。当我们没有去观照的时候，没有去觉知它的时候，它就是一个无数的发散的东西，你的精神就被无数的东西带走了。当我们反过来，一看这个东西，那个能看的自己，能够看见我自己的想法和念头，观照它的，不是眼睛，是心眼，精神的眼睛能看见我的念头。

"当我们一看，你现在就跟着我做。假如你有一个想法，看着这个想法的时候，那个想法它就没有了，就找不到了。就是一切的思想、一切的念头本身都没有实体，如佛家讲的是空性的。

"您现在可以体验一下。就是任何的思想念头，你去找它的时候，都找不着。它就像我们在空里面写字一样，写完就消失了，当下就消失了。"

心性直指：生命的伟大奥秘

乐老师疑惑地问："那字还在啊，那字的痕迹还在。"

戈师："对。每一个念头都没有实体，都不是实体。字的痕迹在空中是没有的！我们来做一个比喻，当你写在纸上，它就留下痕迹了。但是我们的念头，它不是像写在纸上，而是像写在空中，像空中写字一样。你看现在我在空中写字，写完就消，是这个意思；就像鸟在空中飞，没有痕迹！也就是我们的念头是空性的。把这个问题再扩展一下，就是所有的思想念头，包括你的情绪、烦恼，当你去看它的时候，也是找不着的，没有固定的实在的东西。当然它有作用，但没有一个真的东西在，没有一个挂碍在里面。这样一看，所有的东西，被你看破了以后，再回过头来，你的那个心的作用，那股能量是在的。这个时候，你的心是空空如也的，同时又很光明。这个明是有知觉性的，它不是像石头一样无知，它是有知的。这个能知能觉的那个东西，它就是我们所有思想的底色。

"打个比方来说，所有思想就像天上的云彩，飘来飘去，但是我们那个本体它就像天空一样，它就一直在那。它虽然是空的，但是它是有能量的，有作用的。

"明心见性呢，就是要明白那个天空，那个心性的天空，而我们一般人就是不断地被念头带走，被这些云彩带走了，而遗忘了天空。

"我们明心见性第一步要认知到自己心性的天空，第二步要不断地回到天空上来，记得天空，那个天空就是你精神的安顿和家园。

"这个房子是你的身体的家园，但是你精神还有一个家，那个家就是这个天空。找到了那个天空，你的心就扩大了，就活出一个本体的状态或者活出一个无边无际的、无限的状态。

"在唯识学当中，有一个比喻。就是我们的思想念头，包括前七识都像海上的波浪。不断起波浪，境风起识浪。一遇到外境，它就起波浪，但是我们心识的本体是像海洋一样的。"

这时，乐老师叫助理，希望能给她纸、笔，做个笔记。她笑言，你讲得很深了，我不懂，我得慢慢来。

戈师对乐老师说："我可以录下来，回头发给您。您再听一遍。"

戈师继续："刚才我讲了心性的问题。就是我们的起心动念，就像海上起波浪，但是我们心里面有一个像海洋一样的东西，它一直就在。我们的心有一个无边无际的存在，我们把它叫境界或者叫本体，或者叫什么东西；有一个东西但是我们一般人是不知道的，一般人是，忙忙碌碌向外追寻的时候，你就变成了那个波浪。你感觉到的那个东西，也是一个思想，哪怕你写下来成为一个思想体系，也是跟那个东西没有关系的，也只是一个思想念头的集合物。我们人是没有活出他的本体的状态的，因为你一开始就没有认识到，更谈不上后面的保任；把这个本体状态活出来，便是最重要的问题。"

乐老师："保任？"

戈师："保任就是说，假如说你已经知道了这个本体状态，认识到了，但是只是偶尔认识到，现在要不断地回到那个状态里面去，去把它延续下来，叫保任，这是禅宗的名词。保住它，保

心性直指：生命的伟大奥秘

389

是一个阶段。任呢，就是你保护得比较稳定了以后，就可以放手了，这个时候它也在。这第二个阶段，它叫任，加起来就是保任。保任，就是让那个状态延续、相续。这个认识自己的心性，是所有修行的根本。就是佛讲了那么多的修行方法，最终就是要回到禅宗的明心见性。因为禅宗讲的，就是要追寻这个成佛的觉性是什么，直抓根本。"

乐老师："明心见性。"

戈师："对。我们现在人生的最重要的问题，就是要找到精神的本体。找到了这个本体以后，你的心就会有安顿。

"当你生活在本体状态中，你就会生活在一个开阔的无限的状态当中、无边无际的状态当中，你跟整个万物为一体。王阳明讲的'万物一体'，儒家、道家、佛家不管哪一家，最终都要回到这种状态。天人合一，万物一体，讲的都是这个，你在本体当中，就是天人合一，就是万物一体。但是如果我们生活在这个波浪当中，执着这些念头，跟着外面走，那就是一个一个分散的念头，这样的精神它没有一个一以贯之的中心点，就是说我们要回到这个中心。

"修行，它修那么长时间，就是为了这个东西，但是我现在直接把它指出来，您现在就去领悟它，认识到这个天空，然后想办法不断地回来。

"回到天空当中，您在家里没什么事的时候，就可以做这个功夫，就是观心，回到这个本体状态。这就是最高的功夫，也是根本的练功。其他的练功都是渐修，就是一步一步来，我们这个就是直抓根本。而且这个功夫呢，它会有养生的效果，身心都会很舒服。"

乐老师："我就是去想，不断地心里想着？"

戈师："观它，起了一个念头就观它。它是空的，然后回到无边无际的心的本体状态。

"刚才本体上，我直接告诉您，就是首先是空的，找不到是什么东西，同时它又是明亮的。明亮的，就是它不是睡着了，不是昏昏沉沉，它有一个觉性在。知道，什么都知道，但是你没有、不执着于分别。知而不分别！平常我们是知什么就分别什么，对不对？跟着外面走了，听见有鸟叫，就跟着鸟叫跑了，就起念头。现在我们的心能够听见鸟叫，但是我没有起念头，就是有意识，但是没有分别。"

乐老师："这个还是很难做到的——要起念头，又是没有分别。"

戈师："要不起念头，没有分别，但是有意识。有意识，就是有那个觉知，就是还知道，但是仅仅是知道，不是去知道具体的事情。"

乐老师："那你知道什么呢？如果不知道具体的事情。"

戈师："您看，知道什么，就变成念头了，变成了波浪了。把这些知道什么，这些东西都去掉，你看到它是空的，回到那个知的本体，这个本体就是无边无际的，但是它同时知道一切，但是又不去分别。

"您现在就可以体会，不要去做理论上或者概念上的分析。我们就是来直接体会这个。现在起了一个念头，你马上看着它，这样一看的时候，当下就没有念头了。没有念头，但是你也没有睡着，也不糊涂，我说话还是能听见，这个知还在。"

乐老师："对。"

戈师："对。就是这个知。但是并不是跟着后面跑了，去分别了。因为一分别，你又糊涂了。就是不断地回到知本身，不是去分别什么东西。有知而无分别，无知而无不知，般若之知！这个就是把佛学的道理，要回到心性上来体会它。

"认知到这个本体之后，我刚才讲了，本体不光是有养生的功能，实际上这就是寻找我们人生的终极性的东西。就比如说，我们就说明白点，我们肉体总是要归位的，要回到尘埃，不管你活多长，你活一百二十岁也是要走的。

"肉体消失之后，还有没有东西存在，这是我们宗教要追问的一个问题。对不对？如果说肉体消失之后，什么东西都没有留下来，那所有的宗教都无法成立，宗教就是要找到一个不随肉体而消失的那个东西，所以我刚才讲的本体状态，恰恰是一个超越肉体的存在，那是给我们人生的一个安顿的东西。

"其实，我觉得我们应该相信这个东西。因为相信它，对你没有什么损失，但是不相信它呢，对你会有损失。"

乐老师："相信什么？相信人死后，还有存在？"

戈师："对。人有一个精神的本体存在，它会继续流转。

"这个在基督教里面有一个论证。假设上帝存在，你信它，那正好了，你就有收获。假设上帝真的不存在，人死了以后，什么也没有，你信它，也没有什么损失，也没有损失什么。但是如果它有，你不信它，你这个就损失很大。这是一种论证。但是这是一种赌博式的论证。

"我们现在其实更重要的不是这种赌博式的论证，就是确实在你深层的体验当中，会有一个精神的延续。这不光是说，我们的思想，你写的书会留下来，确实会有一个精神的载体，会留下来。"

　　乐老师："那是一个什么东西呢？"

　　戈师："在《楞严经》当中有一个论证，我现在就借用那个论证来给你说明一下。比如说，你现在年纪很大了，身体也跟以前不一样了，但是你回想一下你小时候，比如说七八岁的时候，在某一个河边或者山上看风景的状态，那个时候的心，你现在的心跟那个时候的心之间有没有本质的差异？有没有因为身体的衰老，那个心就衰老？"

　　乐老师凝思一下，欢愉地说："心情可能还是一样的。"

　　戈师："不光是心情，就是那个心——我们后面精神的那个东西，随着你的肉体的衰老，它自己有没有衰老？没有吧？跟童年的心是一样的。"

　　乐老师："没有什么衰老，没有什么变化。"

　　戈师："对啊。"

　　乐老师："怎么可能啊？跟小时候一样。"

　　戈师："不是心情。就是后面能够思维的心的本体，刚才的那个知，有没有什么变化。它是精神的一个不随着肉体的变化而衰减、衰落的一个东西。你现在身体不如以前了，但是你的精神可能比以前还更加敏锐。"

　　乐老师："这倒是真的。"

　　戈师："还更加有智慧，都有可能。假设我们在临终的一刹那，这个精神消失了吗？不会。前一刻还有，后一刻就没有了，从物理学上来讲，它也不会这样，不会从有到无。就是物质在循环，能量在循环，意识也是一种更高的能量和信息，它也在循环。

"佛家的轮回，就是说精神它会换一个载体，或者换一个硬件。肉体相当于我们的一个硬件，我们的精神相当于我们的软体、软件。电脑硬件坏了，软件还可以换到另外一个电脑里面去。有了这种精神的一个支撑之外，我们首先可以看破生死，超越生死，然后不断地找到你的精神的本体状态。

"一个是它对你现在身心都有帮助，对养生有帮助，一个是找我们精神的超越性的家园。这个后面的意义更大。"

乐老师："找到这个东西以后，可以超越你的精神。"

戈师："比如说，你这个知，如果你知道你的知，不随着身体变化的话，那么不管我这个身体怎么样，有什么疾病，我能够看见感知我的疾病的那个知，还是那样好。知道吧？你就不断地保持这个知！就是你能够观照我这个身体的痛苦，观照我身体的这个疾病，但是我后面观照的那个知是一直新鲜的，一直是年轻的。回到那个知，回到那个海洋，你的精神就有支撑了。

"假如有一天，当然不光是你了，每个人都要面对那一天，就是我们的身体败坏了，要离开这个身体了。那一般的人，他就精神没有家了，他要留恋这个东西，他要抓住，这种执着就会影响你下一世的走向。反过来说，这觉知的瞬间，你能够回到知的本体上来，能够看清楚这个身体虽然变化了，但是我这个心还是一样。回到了本体，就超越了轮回。就是你下一次如果再来，就有智慧了，就是一个聪明人。

"明心见性，一个是对现实的意义，当下就是一个安顿。当下就是安详，回到自性安详的状态。一个是它有永恒的、超越生死、终极关怀的意义，生死都改变不了它。

"有一个禅师，被别人下了毒。他躺在病床上说，我现在脚已经麻了，慢慢地肚子部位也麻了……他一步一步地看着他的身体的变化，他自己很清醒地看着自己身体的变化。他说我现在知道了，佛陀讲的是真理。你们可以毒害我的肉体，但你永远毒害不了我的佛性。这不就是解脱了！"

乐老师："他也在看着身体的变化。"

戈师："就是这个能看的本体一直在。"

乐老师："这个实际上是很难的。"

戈师："说难也不难。如果你有足够的智慧的话，也可以当下'言下见性'，当下就体会到！因为那个东西呢，是你自己的，是本来就有的东西，就是你家里的东西，不是去造出来的，它就是你真正的存在。只不过你以前把它忘掉了，我们常人呢，会被现实生活，被各种各样的事情带走，遗忘了自己心的本体。你一念回机、回观的时候，找到它了，这就是言下见性。"

乐老师："言下见性？"

戈师："对。禅宗讲的言下见性，体会一下。"

乐老师闭目凝神，开始内观。

我环顾老师的家。简单自然的装修，乐老师的电脑桌上方醒目地贴着汤一介先生生前的照片，我感受到的是伉俪情深。

乐老师抬起眼帘。

戈师继续说道："您把人生向求道的方向来走，您反正也没啥事了，您一个人的时候也就不寂寞了。

"您要不断地去追问这个问题。把我今天讲的东西，不断地回味、体会，然后去找到它。这样你的人生就不再浪费时间，还是有一个追求的。世间的东西没什么好追的，那些功名利禄对你来说，没有什么意义了。但是这个东西不一样，这个是当下受用，而且有永恒的价值。

"如果您的眼睛还能看书，您也可以看看我的书。"

乐老师："好的。明心见性！"

戈师："我刚才讲的整个就是明心见性的核心的东西。"

乐老师："言下见性。"

戈师："言下见性，就是谈的时候，你当时就明白了，知道我刚才讲的那个东西是个什么东西了。它不是神奇莫测的东西，禅宗把它叫'平常心'！对，平平常常的，你不去想这想那，当下一放下，那颗心就是空的。又是空的，又是明白的。空的就是没有什么念头，没有什么挂碍，什么都放下了，但是又不是混混沌沌的什么都不知道，有一个明白在。但这个明白又不是明白各种各样的东西，不是说去想这个想那，当你想这个想那，你又不符合'空'这个条件，要具备又空又明这两个条件。"

乐老师："这两条就最重要了？"

戈师："对。空和明，就是回到你的心的本体状态的两个条件。

"空就是没有挂碍，没有念头，没有分别，没有杂念，不去管什么东西了，什么都放下。明就是你的心是明明白白的，了了常知的，不糊涂。"

乐老师："这个讲起来容易，听起来也容易，好像明白似的，但是做起来……"

戈师："这是根本。"

乐老师复述："心性，空，明。"

戈师伸出右手："再换个方式讲。这一个手掌，这五个手指头，代表各种各样的思想、念头，向外追逐的分别心，平常我们的心是这样走的，箭头向手指头的方向。"

戈师用左手在右手上方由掌心划向指尖。

戈师："这是'顺则凡'，现在要'逆则仙'，要回来。'顺则凡，逆则仙'，这是道教内丹学的术语。顺着世间流转的方向，向外追逐，向着五个手指尖追逐，这是一般人、凡夫；逆则仙，回来！回到手掌心这个地方来，这是我们心的本体，刚才讲的大海、天空，不去分别外面的念头，回到这个，这是逆则仙。

"回到这里来，回到这个地方，然后让它延续下来，安住在这里面。这样你的身心都统一到这个地方来。

"当我们向外追逐的时候，就是分裂的。今天追逐这个，明天追逐那个，没有和谐统一。当你回到手掌心来的时候，就统一到这个点上，就是整个精神状态有一个中心点。

"用儒家的话来讲，这个喜怒哀乐'已发'的状态就是手指头，'未发'就是手掌的中心。'喜怒哀乐之未发谓之中，发而皆中节，谓之和'，就是回到这个'中'，再有意识地起心动念，从

心性直指：生命的伟大奥秘

397

体起用，前面是由用归体。喜怒哀乐之未发，这是回来，回到中心，回到这个本体上。发而皆中节，是由体起用。

"儒家、道家、佛家讲的对心性的道理，都是相通的。"

乐老师："懂点儿了。"

戈师："懂了就不难，不懂之前就难。"

乐老师微笑："这个从不懂到懂之间有个过程。我不能说我现在马上就都懂了！"

戈师笑："是，有个过程。但是根器好的，懂得就快点儿，看情况。如果不懂，就慢慢再学习，但是要知道这个方向。就是在方向上我们要知道人生的最后的意义，要向这个方面走！

"儒、释、道三家，中国文化里面，几千年的智慧的核心就是这个，它不仅仅是我们做学问的对象，还是我们的心性本体和精神安顿的地方。"

乐老师："我好好消化一下。"

戈师："上面讲的，这是第一层的，明心见性是根本；第二层再讲讲具体的练功的方法，对养生有帮助的方法。"

我听得口舌生津，心中明白戈师这一席话的分量。戈师真是掏心掏肺，以简单明了的语言道出了明心见性的真谛，直指核心中的核心，奥秘中的奥秘！

三、本体与功夫

法法归家，深入你存在的中心，在寂静中回归心灵的故乡，那里清净安详……一个做事清晰、有条理的人，一定有伟大的宁静与你在一起。

戈师："我现在教您一个练功的方法。刚才那个是比较高层的，那个懂了以后，就什么都解决了，那是根本的东西。下面我再讲一些具体的养生的功法。"

乐老师："那个是精神的。"

戈师："您没什么事的时候，坐在椅子上就可以练。因为我们现在年纪这么大了，也不要太讲究具体的姿势，您就是怎么舒服就怎么来。坐好后，就是尽量全身放松，把自己全身放松下来，然后你呢，就把心集中在你的呼吸上来。

"你的心总归还是有各种各样的念头，总归还会想这个、想那个的。我们现在就什么也不想，我们就关注自己的呼吸。我们的呼吸一直就在，平时我们也没有注意到它；现在把注意力放到呼吸上，就是鼻子前面的空间，感觉到气的进出。

"生命在的时候，呼吸就在。人不能没有呼吸，所以你的呼吸是一直在的，但是我们把它给忘掉了。我们现在就把心回到这个呼吸上来，但是不是去分析，不是去控制，而是去观照它，就是注意到它，就是留意到自己的呼吸。这个叫'心息合一'，就是把心和息合在一起。

"呼气、吸气加起来，整个呼吸就叫'息'。

"我们的心平常是心猿意马，到处乱跑。现在呼吸就像一个树桩子一样，把它拴起来。这样，我们的心就有一个安顿的地方，就是安顿在呼吸上面。

"刚才讲明心见性的时候，讲到心的本体状态，如果你能安住在那个上面是最好的；但是如果那个还没有明白，你就先安住在呼吸上面，找一个具体的替代品——注意到自己的呼吸的进出。

"这颗心就拴在呼吸上，起心动念跑了，又回来。你只要记得自己的呼吸，呼气、吸气都知道！

"您就做这个功夫。它随时随地都可以做，坐着可以做，躺着也可以做。

"好，然后你的心就慢慢安定下来了。不想这个，不想那个，这样慢慢心越来越安静。这就定下来了！

"定下来以后，你再想想明心见性的问题，要找到空和明的本体。

"前面是做功夫，后面是找本体，这两个加起来，形上形下都有了。有具体的操作方法，也有明心见性的方法。这两个加起来，就够你用了。

"如果观呼吸觉得太累了，我们再补充一个方法，就是念'阿弥陀佛'。

"阿弥陀佛，是代表无量寿、无量光，它就是我们刚才讲的本体的代名词、代号。阿弥陀佛就是把我们的自性变成一个可以理解的东西，实际上念佛，就是念我自己的自性。"

乐老师："无量寿，无量光。"

戈师："无量寿就是时间的无限，无量光就是空间的无限。那么这就是我们的本体，就是我刚才讲的那个大海、天空。

"你念阿弥陀佛，这样一个字一个字地念佛，心就定下来了。就像绣花似的，一针接着一针，一个字压着一个字，不起杂念。念佛的同时，也提醒你回归那个本体。

"念，包含着一个是'口念'，一个是'意念'。精神想起来，想起阿弥陀佛，就想起我的自性本体。提醒我不向外面追逐，不向外面跑，回到我心的本体状态上面来。

　　"你平时没什么事儿，可以观呼吸，也可以念佛，然后再参悟这个本体，这三个一块加起来，高级的低级的都有了。

　　"我刚才讲的这些道理你要用上，不去追逐外面的，回到能知自性上。就去参悟它，参悟就是不去把它当作一个道理去分析，而是要让它呈现出来，让心性的道理呈现为你的现实状态。

　　"我说的道理，你确实明白了。我说这心性的天空，你确实知道了，什么是天空了，而不是像我们以前写论文一样，你去研究它，分析它，这样的话又变成杂念了。跟一般的想不太一样，它不是去分析外面的道理，而是用我们自己的心性去跟它相应，然后去契入它。"

　　乐老师笑："一下明白了。"

　　戈师："当你去体会它，当它在你的心确实认识到的时候，你就成为那个状态了。它不是得出一个结论，或者得出一个道理来，而是把这个道理在我参悟的时候，我就把它活出来了，在生活中活出来了。

　　"比如说，我刚才讲那么多道理，都是指点你的心性的，指点你就是让你的心去跟它相应。

　　"比如说，我们再来一遍，你跟着我的话走。你现在反观你的心，看你的心里面有什么？看你的心里在想什么？"

　　乐老师依言微闭双目，向内观。

　　戈师继续引导："你看见什么？当你回过头来观照的时候，是不是什么都没有？"

乐老师睁开眼睛："有啊，那一刹那我觉得我在听戈国龙讲道。"

戈师："刚才是一个念头。你看你的心在哪里的时候，来了一个念头，这个念头你看它的时候，念头已经没有了。这个时候，那个当下是什么也没有的，那一瞬间什么也没有，当你有什么念头的时候，马上看它的时候，它是没有的。就如刚才讲的空中写字的道理。你的念头是当下消失，当下就灭的，没有实体，所以念头都抓不住，剩下的就是空明的东西。什么也没有，空空如也，但是你的心还是很明白的。就找这个状态。"

乐老师："明白了。"

大家会心一笑。

乐老师："我的心里什么也没有。"

戈师："没有就对了，没有的当下又不糊涂。

"禅宗里面有个公案。达摩祖师从印度到中国，他的第一代传人叫慧可。慧可原来是一个佛学家，什么都懂，但是他没有找到心性，没有明心见性。然后他就向达摩求法。开始达摩不理他，考验他，后来看他求道之心很坚决，达摩就问他，你想干什么？慧可说：'我心未宁，乞师与安。'我的心不宁静，请求师父帮我安心。达摩眼睛一瞪，说：'拿心来！吾与汝安。'慧可马上找他的心，回复说：'觅心了不可得。'达摩马上就说：'吾与汝安心竟。'我给你的心安好了！慧可就开悟了。这就是我刚才讲的这个道理。

"慧可已经有一定的基础了，他需要关键的点化，所以一点就通。

"不要把它当作很高的东西，你也可以当下明白。我刚才让您找你的心在哪里？你说没有，你说什么也没有，没有又很明白，这个没有而又明白的状态，就是心的本体。"

戈师："找到了它，安住在那里，不断地安住在那里。"

乐老师："这个能记起来很久吗？"

戈师："这就是要不断地回归它，直到你完全能够记得它。从保到任！如果你能够完全记得它，那就是彻底解脱了。超越肉体，超越生死……都超越了。你就回到那个天空里面，就解脱了。

"但是当你不能够完全记得它，能记得一部分也好。也留下了一个种子，留下以后终极解脱的种子在心田里。

"现在就有方向了，就是不断地向这个方向努力。"

乐老师："知道方向了。"

戈师："对，这就是宗教里面要找的那个东西。

"我们平常活一辈子都不知道"我是谁"，都是跟着外面跑。有无数的事情，有无数的念头，跟着外面跑。但是外面的那个东西，你真正回过头来看，它跟你真正的生命还是隔了的。那是在外层的，不能说那个东西不重要，都是人生很重要的东西，但是那个东西不能给你安身立命的。"

乐老师："不是内在的。"

戈师："对。内在的安身立命的东西是你自己的真正的本体状态。"

大家开始喝茶。

戈师："乐老师已经在知识层面上对这些有了一定的了解，懂了一些道理。现在就是怎么样在心性上去体会到，因为你现在到这个时候，也比较容易接受。以前讲这个，你可能还会把它当道理去理解，现在确实要用你的生命去体会它。生命的体会！

"等你真正找到这个东西，人在精神上就有一个安顿的地方。然后你才能真正放下外面的东西，甚至放下我们的身体。

"放下身体的执着很重要。我不是说身体不要健康，身体当然越健康越好，但是放下执着恰恰能够帮助你健康。

"就是说，你精神上是超越的，回到本体状态，然后你的身体恰恰是以最好的方式运转，在你现有的状态下以最好的方式运转。

"泰国有一个禅师，他曾是一个跳水运动员，年轻的时候有一次跳水，不慎出了意外，把脊椎摔坏了，终身坐轮椅。

"他残疾了以后，精神很困惑，没有支柱，没有安全感，每日都在忧愁中度过。后来他就接受了一个禅师的点化，禅师给他讲了这些道理，然后他就去做。当他找到真我以后，他就解脱了。他从身体里面跳出来，回到他的精神的安顿以后，他就解脱了。后来他自己也成为了禅师，去帮助别人。他也去演讲，去教导学生。他身体是残疾的，但精神是解脱的。

"我给您讲这个道理——精神的安顿非常重要。

"而且他开悟之后，本来他的身体是只能活几年的，他后来活了很长时间。就是他放开了身体，他的身体反而比以前健康多了。

"如果他不接受禅师的点化，他就是精神上痛苦，身体也不健康，很快就会死亡。他找到了精神的生命以后，他的身心都焕然一新。虽然还是残疾人，但是他已经比别人快乐了，比健康人还要活得快乐。

"你要回到本体状态。我今天讲的这些道理就能够帮助你活出快乐，因为那个快乐是你的源泉，它是不外求的，不依赖于什么条件的。你身体不好，什么不好，都不影响它。它就像那个天空一样，一直都在。什么都不能干扰它，它是不受干扰的宁静。"

乐老师："可是我现在处在现实的问题，就是这条腿经常会麻，会胀，好像也没有办法，让它不要那样。"

戈师："对了，就是我刚才讲的这些功法，这些锻炼，对它都会有一些帮助。具体帮助到什么程度，这个我不能保证。但是你找到精神的安顿之后，对它会有帮助。

"再具体地讲，身体上的毛病，我建议您做一些中医的调理，您现在把身体弄健康点，找到本体，这是你人生中最重要的事情。其他的事情也无所谓了，无忧无虑，也没有什么世间的牵挂了。你尽量往这方面走。

"我们讲精神很重要，首先就靠精神的力量。精神本质上是一种能量！就像我们电脑的硬件，也有可能被软件改变了。病毒软件操作，把那个硬件都给破坏了。精神的运动和身体之间，通过气的关联，它是衔接在一起的。气就是中间的纽带，气就是能量的流动。气是一个实实在在的东西，不是虚的，就是我们讲的'气功'的'气'。如果你练功坚持一段时间，会感觉到身体有气的，有能量。"

乐老师:"感觉不到。"

戈师:"坚持下去,就会感受到能量,能量通了以后,身体就会好很多。"

乐老师:"怎么让这个能量通呢?"

戈师:"刚才我讲的那些功法都会有帮助的。尤其是进入空性的状态的时候,对身心的调节,能量的变化是意义最大的,虚空、空性的状态它本身就是最好的一个状态。这相当于虚空的能量弥补你的身体,在那个状态当中,身心是一种最好的状态。那就是'道',我们人在道之中,把那个道忘掉了,就像鱼在水当中,把水给忘掉了。你要不断想起道,回归道的状态。道就是无边无际的本体,找到它,就找到了所有,也找到了所有宗教的奥秘。"

全然地照见,

不带任何念头和评判;

欢喜地,

让一切如实显现!

四、找到快乐的源泉

为某一个问题,

夜不能寐;

停下,

让心灵沉寂下来！

沉入法界整个的波流，

智光遍照，

灵感如泉喷涌，

思维的节奏刹那直抵永恒的真实，

心猿意马归于收放自如。

静心，要时刻留意观察已经发生在自己身上的事，而不是向他处追寻，也不是一件事情稀里糊涂地过去就完了。这种盲目地向外追求与对当下的糊涂，实际上是一种散乱与昏沉的展现。你知道自己身上发生了什么事情，洞悉它的真相，有意识地思考解决方案，处理问题。这就是清晰！

我看戈师与乐老师的谈话差不多要结束了，也想要表达一下我的关心。

我满心欢喜地对乐老师说："您虽然腿受伤了，但心不要有烦恼，不要受腿的影响。身心是相互作用的，腿伤肯定会给你的心里带来一些不舒服的感受或觉受，它同时也影响了您的一些社会活动，这都会让您一下子很不习惯，心里产生烦恼。

"您要明白身心是相互作用的。您明白了身心相互作用，您就可以有意识地选择快乐。您可以大笑几回，比如三次。您是一天高高兴兴的没事人，您笑一笑，百事消啊。

"您也可以坐在窗户这，沐浴阳光，阳光照着您，穿透您，您每天如此，这个人的心情是不一样的。人的心情不一样了，百事都和谐！这也会有利于您的身体更快地恢复健康。

"要做到心没有烦恼，开开心心的。身体虽然有病，但是你真正的你，它是没病的。就是你的真我，戈老师一直谈的，让您找的这个真我，它是没病的，它特别健康！就是您不要受身体的影响，这个身体不是真正的你。您要有一个超越，有一个'知道'，我们不受它的影响，心不要有烦恼，不要受它的打扰。

"活在您真我的境界当中，这个境界是什么样的呢？它是非常喜乐自在的。您每天欢欢喜喜的，这个欢欢喜喜的心啊，刚才我讲了身心相互作用，它是会影响你的身体的，能量上会更加打通，就是会让您的身体更快地康复！更有利于您腿的康复。"

乐老师："我也想静下来，每天都快快乐乐的，可我不知道怎么样能静下来。"

我想让老师把她的烦恼讲出来，就问老师："您有什么事情挂怀吗？"

乐老师："也没有什么太具体的事情，就是心烦。"

戈师："您这个烦，实际上还是您的身心状态的相互影响。不管是缺少活力也好，缺少能量也好，总之是没有找到快乐的源泉。"

乐老师："可以怎么样找到这个源泉呢？"

戈师："我一开始就讲了，怎么样找到本体，找到生命的安顿，那里面就有喜乐自在、圆满、安顿，都在里面，这是根本。后面又讲了具体的功法，您可以观呼吸，可以念佛。您现在就开始树立一个方向，人生的方向就走向这个目标。佛家叫发愿，就是我的人生要走向觉悟。以前名啊，利啊，功成名就的东西我都放下，都没有意义，我现在重新开始，找到人生的一个方向。这个放下，就是走向觉悟、光明的人生，找到我精神的安顿。"

乐老师："具体的就是你今天教给我的？"

我连连点头："对。您就照着做。"

戈师："找到道，那个是家园。不管您懂多少，人生还是有奔头，有方向。其他的没什么好追的，也没什么意义。"

乐老师："是的。"

戈师："我的书，您可以看看。不管年纪有多大，都来得及追问人生的真理。正好您现在也放下了所有的一切，因为世间的目标对您来说都不是目标了，但这个是很重要的。就是确实您的生命当中，要找到生命的光、那个道、那个安顿。"

乐老师："安顿，是什么意思？"

戈师："安顿，就是您找到了生命的本体状态以后，你的心就像有一个家一样。你的身体要有一个家，有一个安顿，精神也要有一个家，那就安顿了。终极关怀，宗教里面讲的精神的安顿。

"您为什么觉得不快乐呢？就是精神没有安顿。就是不知道剩下的人生还有什么意义，还要追求什么。您不可能对外面的东西再感兴趣，那些您都有了！那您现在人生还有什么奔头呢？身体也不是很健康。你就没有快乐的原因了嘛。"

乐老师："对。"

戈师："所以你要找到这个道以后，有了这个方向，它就有原因去快乐，而且有方向了，有事情可做，人生也会越来越开阔。那您就把真正的余下的人生就利用上了，不是去打发它。没有智慧的人就只是打发时光，消耗时光，把这个生命时光蹉跎过去，但是有了智慧之后，人生它还是有一定的方向的，永远不晚，因为生命是一个永远的进行时，是一个永远的相续的流动。这样你的生命观打开，就从一个更开阔的世界来看人生，然后你精神还是有奔头的，有追寻的。那追寻什么呢？追寻宇宙人生的真理，追寻先贤大哲——孔子、老子、释伽牟尼佛——他们追寻的到底是什么？现在我们要用生命去探索，不是做学问，不是写论文，不是写书，而是用生命去活出这种智慧来。"

乐老师："今天很受教。"

戈师："在这个领域，您就跟着我学，我们就不管那些辈分。这个确实很难得，这也是我来这里最大的意义，我在这方面能帮您一点儿忙，其他的您也不需要。"

乐老师："这个就是很大的帮忙。我可以理解，可以做下去试试。"

戈师："这种智慧的追寻，就像登一座山一样，境界不断地有变化，每次都有新的风光，你的人生也不会再寂寞了，也不会觉得没事可做了。对吧？而且练功也不需要到什么地方去，它在家里就可以练。

"您现在有事做了，精神也有追寻了，也有奔头了，您就可以专门来学道。以前很多当官的或者发财的，他到了晚年还是没有寄托的，所以很多老年人学佛嘛！学佛也就是找个精神寄托。"

乐老师："很多人晚年都学佛？"

戈师："对。但是我们是不同于一般的宗教，不是搞一个宗教去信一信，就完事了，我们是要进到里面去，追问智慧是什么？光信佛教也不够。信了佛教又怎么样呢，让佛陀来加持我、来解脱我吗？不对。学佛的意思就是学佛陀的智慧，像佛陀一样去觉悟，这才是真正的学佛。学道也是这样，你要学老子的智慧，学孔子的智慧，不是说我要成为一个儒教徒、佛教徒、道教徒，然后去信仰一些教条，那就没什么意思。"

乐老师："把这个道理弄通？"

戈师："对。学他们，像他们一样。"

乐老师："这跟我过去不一样，我这一生学的都是文学。我研究西方文学、小说、诗歌，并没有真正探寻这些东西。"

戈师："但是您跟汤先生也会熏染一些中国文化的东西，是吧？"

乐老师："那都是很浅的，并没有深入到内在。"

我笑说："老师谦虚！老师好谦虚，老师乃学界泰斗，您的文章我也是读了点儿的。"

戈师："您在自己的专业领域确实是做得很好了！但现在确实要换一个方向，就是追寻生命的学问。"

乐老师："对。"

戈师："就是找根本的东西。"

乐老师赠送我们她的新书，并题字留念。同时非常谦虚地说，我写得不好，你了解一下我的思想。有什么不对的地方，多指正。

乐老师又看向我："你一天到晚活得多快活，高高兴兴的。"

我笑说："跟戈老师修行，才致如此，真的是翻天覆地的变化。老师，我真受益了，所以您也修吧。戈老师今天讲的话，已经言简意赅地道出了修行的核心和精华。"

乐老师："好的。我会仔细听的。你可能对我更有益处，因为你是后来学的，更能切中要害。"

我笑言："我可能正好在半路上，戈老师在山顶。"

戈师因老师此言，将我写的《观虚斋教学侧记》发给老师。

戈师笑言："有的人说看我的文章看不太懂，看她的能懂。"

乐老师："是呀，一定是这个道理。像她说的在半山腰，可以拉我一把。"

我笑："交流起来，更相契，更相通。您就每天欢欢喜喜的。"

乐老师："可是说是这样，我说自己每天不要发愁，没用啊！这么想的时候，你就觉得自己在骗自己，你本来不高兴。"

戈师："你按照我刚才讲的路线去走，去做功夫，然后去看这方面的书。就是确定这个方向和目标，然后去追问这个东西，慢慢地找到你心性的本体，然后高兴就会洋溢出来。"

我笑着说："喜悦就从内在生发出来，源源不断。呵呵，您会越修越欢喜！"

乐老师欢喜地笑："像你是的，听你的笑声就特别的好，发自内心的笑。"

我笑："没有装。"

乐老师："对，没有装，就是没有什么负担的，没有什么牵挂。"

我表示赞同。

乐老师："你说我有什么具体的牵挂？我也说不出来。我也没有什么物质生活的压力。"

我笑着说，"您生活上已经很满意了，很好了。您这个心情不好，就是腿引起的。"

乐老师："儿女都大了，而且自己的生活也不需要什么。腿是很大一部分原因，如果我能跟大家一样去走，就好了。"

我说："对。您现在唯一要看到的，就是你不是你的身体。不是它，不是它！真正的你，就是你的大生命不是你的身体，然后你这样不认同了，你就有了一个超越，有了一个观照。看到那个空性，你看到了那个空性之后，你就不再受身体的影响了。就是它不能影响你了！生命里所有的发生，都是来成全你的，一切都是生命的成全！不纠结，烦恼都是自己想出来的。好坏苦乐全空掉，觉性朗照哈哈笑。

"比如说，我们平常生活当中，别人的一句话，说你这个人怎么这样啊，或者说了你一句坏话，你立马就不高兴，是不是？情绪就下来了。

"如果你知道了真正的自己的美好，就是你真我的美好、大生命的圆满璀璨，你就不会再受影响了。不管你说我什么，我知道我是谁。我知道真正的我是什么样子的，它是美好的。

"所以说，当您意识到这一点的时候，您就知道真正的您不是这个腿的痛，这个时候，它就影响不了你了。不管它痛也好，它麻也好，它胀也好，它都影响不了你的情绪，影响不了你的心情。

"您有这么个不认同的时候，有这么个超越和出离的时候，您观照到这一切的时候，您就观照腿麻、腿痛，但是您心情是不受它影响的！那是不是您就活得更自在一点儿。"

乐老师："自在一点儿。"

我："对！而且真正的你确实是非常自在的，安详而喜悦。虽然你现在天天坐在椅子上，处在一室之内，但是你的心独立于宇宙，而不觉得孤单。就是说，你整个大生命它不局限于这个室内的空间，而是整个宇宙，整个存在都是你的家，那你的天空就不一样了！是吧？海阔天空。"

乐老师："还没想到这样。"

我："你的大生命确实是这样的。海阔天空！你的精神生命那么浩瀚，那么广阔，你就是那存在。这也是我的修行领悟。如北宋张载言'为天地立心，为生民立命'，你的真我确实是天地之心，就是您的纯真之心，赤子之心。刚才戈老师也谈到过就是您年轻时、小时候的心灵状态，您现在依然那样，但是更有智慧了，智慧的赤子！智慧的婴儿！是吧？变成智慧的婴儿，多高兴啊！欢欢喜喜，快快乐乐地，哈哈哈。"

乐老师："真能做到吗？"

我："这就是一个转念。非常简单，就一个回眸，你知道自己自性的美好。真正的存在就在此时此地！而我们总是向他处追寻，当下简单、平凡……第一你要有见地，第二要有觉受，第三证得这个正等正觉。"

乐老师："见地就是有认识啊？"

我点头。

乐老师："我也要好好修，跟你们修道。"

戈师："我们来总结一下。就是一开始要有一个目标、方向，我们要找到生命的家、本体，其他都是次要的，人生要找到那个东西。怎么找？它的原理是什么，方法是什么，你要把这个东西掌握。一步步来追，追问人生的方向、目标。"

乐老师："技巧也很重要？"

戈师："具体上要做功夫。道理如果你不懂的话，不知道如何下手。你先练功夫，把身体调节好了，然后再来追问那个问题，会比较有力量。"

乐老师："观呼吸哈？"

戈师："对。就是你的思想、精神注意自己的呼吸，这样就不再乱跑。一跑就把它拉回来，感觉到自己的呼吸。"

乐老师："第二呢？"

戈师："第二就是一个方便法门——念佛。"

乐老师："第三就是？"

戈师："第三就是你的意念可以运动，可以转圈。你可以踢毽子，蹬自行车。"

乐老师："做一些具体的活动。"

戈师："在你这个状态里面，不需要什么条件去做。包括你手也可以转，转手转脚，你的手只要能动，就能锻炼身体。比如说，你可以做甩手的运动。你注意这个手指头，因为手指头连着你的心，连着你的气脉。你这样一直动，你的意念就放到手指头上，感觉手指头。这么甩下去的话，让你全身气血都畅通。"

乐老师："那腿呢？不管它？"

戈师："对。你动手，就别动腿。这就有很多运动可以做了，不需要到外面去锻炼身体。"

戈师起身示范。

戈师："转圈运动。头转圈，手转圈，脚转圈，眼睛也可以转。这样头练到了，脚练到了，手也练到了。"

乐老师一起做着。

戈师："那个觉性，我知道它在动。能知道在动！

"你的心最主要的功能是知。有一个知性在！你的手运动，能知道它在运动，能够观照它在运动。

"从这个手指头的运动，开始感觉到那个知。然后再进一步从情绪上，你有什么情绪，你能马上知道什么情绪。知道情绪的时候，你的那个知道和情绪就分开来了，不被这个情绪所带走，不给它认同。再上升一步就是我讲的，知你的念头，起心动念你马上知道它，发现它也是空的。最后回到知的本体，知的自身，能知能觉的那个东西——觉性。那就是最重要的，回到那一步！觉者，佛也。回到那一步，就是佛了。佛就是觉悟的人，就是不断地回到觉性上来。而我们一般的人，就是完全不知道那个觉性，只是跟着外面跑，只有一个一个念头，但是没有统一的觉性在后面支撑。

"有一个禅师，他的师父就教他从手指头开始练。先做手指头运动，觉知手指的运动，从外逐渐向内走。"

乐老师："一步一步走。"

戈师："您现在正好可以做这个运动。做这个运动，加上觉知，就行了。觉知您的手的运动。"

乐老师："我感觉到我的身体？"

戈师："对啊，注意到！当你做事心不在焉的时候，那是不一样的。一种是我全心全意地知道我的手的运动。然后一步一步地，你再感觉到你的思想，感觉到你的情绪。"

乐老师继续做着戈师教的动作。

戈师："不管你怎么运动，你都要觉知它。"

…………

临别，我们和乐老师合影留念。照片里戈师的眼神全然地宁静，神气十足，睿智明透，有一种心无挂碍的大智者的风采。乐老师笑着，我深深地感受到老师的虚怀若谷和宽厚仁爱。

告别乐老师，我和戈师在未名湖畔转了一圈儿。每次转未名湖，总是那么充满诗意。我临湖远眺，意识空灵，深深地呼吸，不愿高声语，恐惊湖中鸟。

主人在家，起心动念才能是有意识的。这时候，你所做的一切，不是胡思乱想的念头游戏，而是善分别的智慧展现。所以在没有彻证圆觉之前，你的第一念，一定要有一个觉察，看清它是自我的局限，还是法身大海的声音。你唯一要做的是你自己！当你成为生命的主人，你的一切才会以最好的方式运转。

随戈师出席心文化研讨会并参访楼宇烈先生

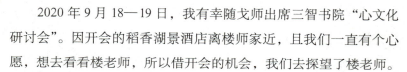

　　2020 年 9 月 18—19 日，我有幸随戈师出席三智书院"心文化研讨会"。因开会的稻香湖景酒店离楼师家近，且我们一直有个心愿，想去看看楼老师，所以借开会的机会，我们去探望了楼老师。

　　会上，戈师的谈话一如既往地高屋建瓴、高瞻远瞩，完全是大智慧、大境界的自由展现。第一天的会议戈师谈到心文化这个项目要有"心高度、心视域、心境界"，结合儒释道来讲，要有一以贯之的灵魂的东西。项目方向，不要做纯学术研究，得一个学术成果，当为超越学术的智慧传承。

　　我也在会上作了两分钟简短的发言，我说"心文化"这个名字挺好！即心即佛、即道、即理，含括儒释道三教。在最高处，此心同，佛祖之心、道人之心、圣人之心是同一颗心。那么人为什么会受苦呢？因为人们追物迷心，不断地妄想、执着了，所以必须重新调整心态，回归佛祖之心、道人之心、圣人之心。不要你本来是幸福的，你却要去受苦，各种的瞎折腾。项目方向，我同意戈师的观点，宜立足于超越学术的智慧传承，教人怎么样活出健康的身心状态来，活出本自具足的富足。让人体会圣人的心，立足于智慧的提升，心态的调整，终极的心觉醒！觉悟，醒来，活出真正的自己！

最后高斌院长的总结真是精彩，是个干大事的人！他当场定案：心文化项目完全无界，大家可以自由做自己，自由创造，不做纯学术研究，而是立足智慧传承。然后当即点将，由谦逊的彭鹏老师、老顽童一般的周月亮老师、随缘自在的张曙中老师等，每个人负责一份项目工作，戈师作为项目的顾问。

晚餐时，大家都很开心，轻松地谈笑风生，亲如一家，无界才是最大的界。

第二天戈师的发言谈了"心文化运动"的构想。他谈到"心文化"项目可以成为一种"心文化运动"，以宏伟的愿力，引导心文化的传承、融合、创新，让人心通三教，心归于道，因为修道要修心，炼心，明心，让人们活出真正的自我，共建我们自性的无限家园。心文化运动是中国文化的复兴运动，是儒释道三教在新时代的融合发展运动，是重建中国人的文化自信和精神家园的运动。

会议结束后，我们去拜访了楼先生。整个谈话亲切有味，谈到了工作、生活、孩子的教育、身心的保养。我择其重点，记述如下。

戈师向恩师汇报了自己现在正在做的工作："因为传统文化跟现代人有隔阂，我们要去传承它，做它的转化和诠释，讲给现代人听。近年我主要创编观虚斋教学，主讲观虚斋教学课程，取得了一定的成绩。"

楼师去年生病做过手术，气有些不足，声音略小但柔和坚定："要用中国文化自己的语言理解中国文化，不能用西学来比附。"

戈师："这两年想自己建立实体道场，很费力，吃了苦头，没有完全做到随缘自然，有所造作。今后要做自己，修好自己，随缘利众生，能帮到什么帮什么，随缘尽力即可。"

楼师："中国文化就是随缘，度有缘人。人们都能接受这些道理，也能听明白这些道理，但是一碰到自己身上，事到临头，就变了方向了！就有了刻意，有了强为，有了执着。"

戈师："所以古人要跟着师父修一段时间，没有到火候还是会偏离方向的。"

师母拿出楼师近出的新书送给我们，楼师示意师母再取他的"三不"堂训来，这是楼老师的重要教导，我们后面再谈。

我是读过楼老师的文章的，看到楼师消瘦的身形，不禁流下泪来，于是话题自然转到谈病和养生上面来。

楼师娓娓而谈："曾国藩在《曾氏家训》中说：'治心病以广大为药，治身病以不药为药。'昨天有一个养生节目来采访我，我就谈到中医不是治病，是治人。上医治国，中医治人，下医治病。中医它是治人的，这一点儿一定要回归到它的本来。那么人是一个整体，不是一个局部。第二人是一个生命体，这个生命体不仅是肉体的生命体，它更是一个精神的生命体，他有更多的情感，有更多的认知，有自己的情绪，有自己的认识。你认识上出了问题，你也没办法。比如贪生怕死，自己吓自己，总是想长生不死。所以很多的养生节目都是吓人，它让你提心吊胆，起反作用的。

"《淮南子》曰：'天下有至贵而非势位也，有至富而非金玉也，有至寿而非千岁也。原心反性则贵矣，适情知足则富矣，明生死之分则寿矣。'那什么是贵？什么是富？什么是寿呢？'原心反性则贵矣',回到真实的自我、最朴实的自我,最为贵。'适情知足则富矣',能够知足,知道生命的本自具足,只要符合你的需要,就行了。'明生死之分则寿矣',寿者非在短长,毕其寿也,活到它该活的年头,就是寿了。只要你自己不去糟蹋自己,不去损害自己,自然而然活到死,这就是世寿尽其天年。问题是我们没法不自己糟蹋自己,后天的各种引诱,各种欲望,它就必然的会伤害到你的天性。所以为什么道家的养生要回归原始状态呢,复归于婴儿,最纯真的这样的状态最好了。但就是很难做到,所以人们都不能够尽其天年,而中途夭折,就是这个原因,不知道养护生命。"

楼师接着谈到养生有"五难":

第一,名利不灭,不要谈养生。一天到晚追名逐利,不要谈养生。

第二,喜怒不除,不要谈养生。情绪变动太大了,一会儿高兴得不得了,一会儿又生气,喜怒不除。

第三,滋味不绝,不要谈养生。一天到晚贪好吃的。

第四,声色不去,不要谈养生。贪色,贪味,声色不去。

第五,神未收藏,精神不集中,不要谈养生。一天到晚胡思乱想。

这五个方面如果不解决的话,根本别谈养生。你靠什么药,也没用,靠什么营养,也没用。尤其追名逐利,害得人根本就心神不定。

戈师:"要做一个内在的工作,达到自己真正的精神生命,这个生命有主人公了,它能够转化外物的引诱,能够自己做主,不随外面的东西转。"

　　楼师："我为什么讲心主之位呢？人心是君主之位，处于管理之位，五官是跟外界接触的，你要管理外物，不要让外物来管住你。所以要心管五官，管外物，不能反过来，外物管了五官，管了心，那就麻烦了。"

　　戈师："就是心是奴隶，还是主人的问题。不要为外物所扰，常人这颗心本身就是一个发散的。"

　　楼师："对。君子驭物，小人驭于物。君子要去支配物，小人才被物所支配。我们现在就是这样，现在的社会就是让物来支配我们，我们人已经丧失了主体性。最清楚的就是你到了医院，你完全没有任何自己的主动性，把自己全交给了仪器，全交给了医生，全交给了药物，没自我了。哪有自我？自己做不了主！"

　　戈师："去了医院，已经是没有办法了。"

　　谈话中间，戈师说以前在学校听楼老师讲昆曲，还没有注意，近年来才发现昆曲之美，也学唱了几段。戈师给楼先生播放自己学唱的昆曲，并让楼师看他的书法习作。

　　楼师："中国文化是有情趣的文化，不是干巴巴，单调的。唱唱昆曲，自娱自乐就好。"

　　师母问到云儿的学业和我的近况。

　　我说："这些年学习传统文化感觉到很受益。在这个修的过程当中，感觉自己心态越来越平和，越来越快乐，知道了生命的本自具足和无限富足，原来生命的潜力无穷大，生命本身具足无限的智慧和力量，然后我们怎么样来活出这种本自具足。就是非常非常受益，这些年很少会生气，看问题的眼光和角度都不一样了。"

戈师："就是这个道理。人生要超越外物，追问自己的精神生命，找到自己的精神家园，不被外物所动。"

我："尤其昨天的会议，我突然有一个感悟，传统文化的修行，就是让我们成为一个'大健康'的人，我总结为'三好'——心态好；身体好；外在的一切都好。你跟整个世界都很和谐，就是一切都好！如果用一句话说，就是一切都是如的好！"

楼师："健康这个词，就是身健心康，身健康心安康。健康就包括身和心两个方面。像我活这么大（86岁），已经很感恩了，没必要过分刻意养生，顺其自然，不要去伤害自己就行了。做自己力所能及的事，有的时候做了以后，心情还更愉快。"

戈师："老师您是传统文化的一面旗帜，不一定非要亲自做些事情，事情我们来做。您要多保重，健康长寿！"

楼师："我只希望努力把传统文化发扬、传承下去。能够动弹，能够说话，能够动脑筋就行。若是脑筋也动不了了，那还不如走了好。我讲了'三不'，我还讲'三乐'——'知足常乐，助人为乐，自得其乐'。"

楼师看上去神态安详，思路清晰，对生死早已达观，我凝视着他因病消瘦了许多的身体，突然从他的身形中竟看到了光芒万丈的"大"！

临别，我和戈师都流泪了。我不禁感慨，做人就做这样的人——到老了，人们依然敬爱着他，不因为他的年龄；有好多老头老太太，一天到晚絮絮叨叨的，病的不轻。要成为楼师这样，一个伟大的灵魂！

回家后，我认认真真地学习了几遍楼师亲授的"三不堂训"

及其释文。

三不堂训：不苟为，唯贵当；不刻意，顺自然；不执着，且随缘。

"不苟为，唯贵当。"《荀子·不苟》曰："君子行不贵苟难，说不贵苟察，名不贵苟传，唯其当之为贵。"此意谓人不应为显示自己的行、说、名而背离常情苟且为之，唯以其所为之事合于常情常理（当），才是最重要（贵）者。

"不刻意，顺自然。"《庄子·刻意》："刻意尚行，离世异俗，高论怨诽，为亢而已矣，此山谷之士，非世之人，枯槁赴渊者之所好也……若夫不刻意而高，无仁义而修，无功名而治，无江海而闲，不道引而寿，无不忘也，无不有也，淡然无极而众美从之；此天地之道，圣人之德也。"此意谓众人皆以种种故意做作来显示己之与众不同，而不知若能顺其自然，不刻意而高……则众美皆从之矣。

"不执着，且随缘。"佛陀时时处处教导曰，人生一切烦恼皆源于因贪嗔痴而生起的分别执着，所谓，以有所执着，流转生死中。（《无所有菩萨经》卷第二）若能看破缘起无常之诸相，于一切法无所执着（《说无垢称经》卷第四）随缘而处之，则成自在人矣。

这里有老师的殷殷爱心、敦敦教导，希望我们活出真我，谦和无争！随缘自在！不强为，当合常理；不刻意，随顺自然；不执着，成自在人！

这两天的会议旅程，尤其是参访楼老师，使我开阔了视野，沐浴了精神盛宴，感恩戈师的引领，感恩楼老师的教诲！

后 记

　　我要做的就是写下真相，同时要知道读者想要读到什么，由此来决定话题。

　　想一览山上的风景，你就必须自己亲自去登上山顶，光听戈师的描述是不够的。

　　我非常享受和戈师在一起时的每一件事情。因为生活在戈师身边，而"近水楼台先得月"，常常沐浴法露。师警觉的"在"的状态，师的语言，都能把我带到当下，让我记得自己，这对我是非常好的加持和点醒；有的时候，我看他的书，那些来自法界的信息能量，也能将我带入静心状态。

　　这就是为什么和戈师在一起，会带给我如许的"金色时光"！

　　我忠实地记录下戈师的教言并分享给大家，让天涯海角的道友都能同沐法喜。

　　我同时也因为分享而道业不断进步，这也让我和师的心越来越贴近，越来越相融。我开始真正地走进他的内心深处，去感受他的思想，他的情怀，和他的心灵同频共振。有时，我很惊讶，我和师在一起生活几十年，以前似乎并没有真正地进入他的内心，倒是现在才真正深入了解他的所思所想，他的心，他的精神品格和愿力。我们之间在精神层面真正地相爱了！这不能不让我感恩诸佛菩萨的加被！感恩师给我创造了这样的一个机会！

每每翻看我的文章，也惊讶于自己的提升。写作的过程就是修行的过程，长养圣胎，才能真正写出好文章，万古流芳。

有时在我一上午的专心、觉知的写作过程中，时光一下就飞过去了！我的内在喜悦祥和，有好几次，我都口含玉液，然后咽下。由此也真正明白戈师说过的："觉知而专心地写作就是修行。各行各业皆可入道！"在用心去写，用自己的全部感知去写的过程中，我一次次超越自己。没有丝毫的马虎和应付，而是进入空灵，进入道我，融入法我，去挖掘和发挥自己的全部潜能，才生出一个"灵性的小孩"，由他来写作。

在写作过程中，我也深有"书到用时方恨少""书到今生读已迟"的感觉。但是我马上又想，最有魅力的文字应该是充满灵性的文字，我是行者，只要我肯用心灵去细腻地感知和描述，多写贴近心灵的文字，此应是别有一翻风景在，可补我学问之不足。

在珍藏戈师的"教言"的过程中，我拥有了这一份无上的珍宝，掌握了它，就能超越自我，这是我最大的收获。

杰德·麦肯纳曾说："写下你知道是真实，或者你认为是真实的事物，然后继续写，直到你找出确实为真的东西。"他称之为"灵性自体解析"。我慢慢地放下小我，放下我执、法执，放下无明烦恼，在创造性的写作过程中，我对"道"越来越清晰，越来越相融。烦恼越来越少，喜悦自在祥和增加，觉知、庆祝的时间越来越多。走向"成道"的过程是一个有点痛并快乐着的过程，就像一只蛹虫慢慢蜕变成蝴蝶，当幼小的蝴蝶钻出来，你就超越了苦乐、好坏，心恬淡而宁静，与道合一，与自性在一起，回到道的整体的和谐，回归了心灵的家园。生命一步步完成了从"奴隶"到"主人"的转换，实现了生命境界的一次新飞跃。

我深深知道，我已经踏上了一条解脱的路；越是靠近顶峰，我和戈师会越有共通与合一，我期待着那登上顶峰的时刻。

新弘
2020 年仲夏